职业院校"十四五"规划教材
职业教育课程改革规划创新教材

会计岗位实操教程

——专业教师与企业专家联袂编写

戴少敏　曾碧君　罗　娇　主编

中国石化出版社
HTTP://WWW.SINOPEC-PRESS.COM
中国经济出版社
CHINA ECONOMIC PUBLISHING HOUSE

内 容 提 要

本书是以实际操作为主、简洁理论为辅的一本实用性教程，采用"流程+图表"的形式向会计新手示范、演练一般企业日常会计业务的具体处理流程。该书以工作任务为模块，以实际操作为导向，展示会计工作岗位上各种业务的处理方式，专业、实用、易学，同时附上常见行业的企业主要业务的账务处理方法及会计人员每月的工作流程及清单，方便新手随时查找，是会计新手工作过程的实用指导工具书。

本书适合职业院校财经专业学生及财务人员使用。

图书在版编目(CIP)数据

会计岗位实操教程 / 戴少敏,曾碧君,罗娇主编 .
—北京 ：中国石化出版社，2021. 5
ISBN 978-7-5114-6297-8

Ⅰ. ①会… Ⅱ. ①戴… ②曾… ③罗… Ⅲ. ①会计学-岗位培训-教材 Ⅳ. ①F230

中国版本图书馆 CIP 数据核字(2021)第 094893 号

中国石化出版社出版发行
地址:北京市东城区安定门外大街 58 号
邮编:100011 电话:(010)57512500
发行部电话:(010)57512575
http://www. sinopec-press. com
E-mail:press@ sinopec. com
北京富泰印刷有限责任公司印刷
全国各地新华书店经销
*
787×1092 毫米 16 开本 13 印张 326 千字
2021 年 7 月第 1 版 2021 年 7 月第 1 次印刷
定价:52. 00 元

《会计岗位实操教程》编委会

• 会计新手一看就懂、一学就会、现查现用 •

内容简介：

“课堂上会计理论学了不少，到了上岗也是忐忑不安，真希望有位师傅指点迷津！”这是每个新入行会计人员的感觉！

消除会计新人的岗前恐惧症，我们是专业的。无论您是会计专业毕业生，或者是刚入行的会计新手，这里有场景化的教程让您沉浸式体验每个月的会计工作流程，我们手把手地指引您完成会计具体工作：完成企业登记及注销、不同行业的账务处理、报税、多种会计软件的使用方法……我们不仅领您进入会计从业的大门，并且会陪伴您走一段路，让您在会计生涯中迅速成长。

零经验学做会计岗位实战教材

编辑推荐：

从零开始：针对会计新手或者会计经验不足的人，手把手指引。

简单实用：导向明确，全流程做账实操，即学即会，提高会计工作效率，让你短时间内获得老会计们专业经验的传授，起到事半功倍的效果。

贴近实际：专业素材真实、丰富。针对每个任务展示工作流程、图表操作，直观展现会计处理方法。

查找宝典：涵盖了一般企业财务工作所需的基本内容，是会计人员案头的技术速查宝典。

一册在手，菜鸟变高手

编者按：

为了适应会计职业教育实践性教学的需要，帮助学生实现知识的迁移和能力的提升，将会计新手领进会计从业的大门，我们依据国家最新的会计准则和财税政策及会计基本工作流程编写了本教材。教材内容贴近会计岗位实际业务，职业契合度高，实用性强，适合中、高职院校财经类专业学生和会计从业新手学习使用。

本教材由全国多所中、高职学校的一线专业教师和有丰富工作经验的会计专家联袂编写，并由常年从事会计职业的行业专家审核。编纂团队有东莞市商业学校戴少敏、曾碧君、罗娇、严珮、吴桐、谢鸿基、黄容，内蒙古经贸学校米光鑫，东莞理工学校张一鸣，韶关市中等职业技术学校陈冰，广东省中山市建斌职业技术学校彭海珠、梁漫霞，信宜市职业技术学校宁关连，东莞市技师学院周昌水，重庆市武隆区火炉中学校刘小敏以及重庆市云阳职业教育中心周国英、吴紫绢等。审核人有广东中职信会计师事务所(特殊普通合伙)的陈莹所长，东莞市鸿仁财税服务有限公司农慧芬经理、莫善智主任，内蒙古厚发会计服务有限公司的詹惠经理以及中天一站式财税(东莞)有限公司的林展红经理。

广州市职教名师、国赛广东队总教练谢丽萍老师给予本书指导，并提出了宝贵的修改意见；东莞市鸿仁财税服务有限公司、内蒙古厚发会计服务有限公司均给本书提供了大量的票据资料，在此一并表示感谢。

教材编写是一项严肃的工作，编者也付出了很大的努力。但我国会计、税收政策不断在变化，也限于作者学识水平，书中疏漏之处在所难免，恳请专家、读者批评指正，以便今后修改完善。

目　录

CONTENTS

模块1 办理工商税务登记

1.1 办理企业登记业务

开办企业要领取工商营业执照，首先要进行企业登记，就是我们通常说的工商注册。工商注册的方法既可通过当地工商部门进行纸质材料提交办理，也可以通过网络登记办理。这里介绍网络登记的方法及流程。全国工商注册的方法或者操作的界面会有所不同，但大部分还是相似的。这里以广东省为例，广东省办理工商注册业务一般都在“企业开办一网通办”系统进行在线办理，网址：https：//qykb. gdzwfw. gov. cn/qcdzhdj/。

任务1 办理企业登记注册

一、核准名称

（1）打开浏览器登录进入广东省企业开办一网通办，单击我要新办企业，进行注册登录。选择企业开办所在地，进入企业开办所在城市的企业开办一网通办系统。

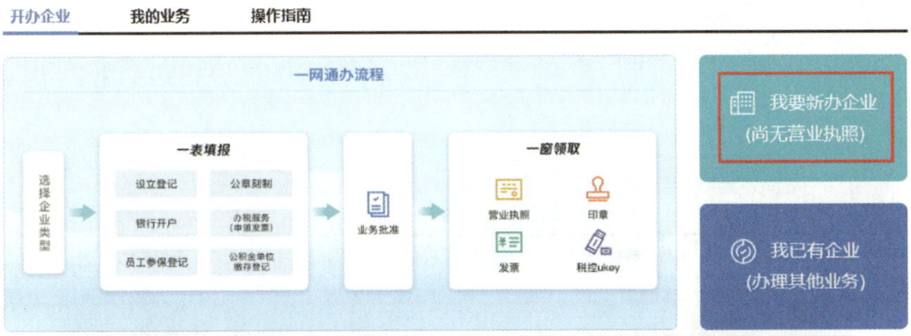

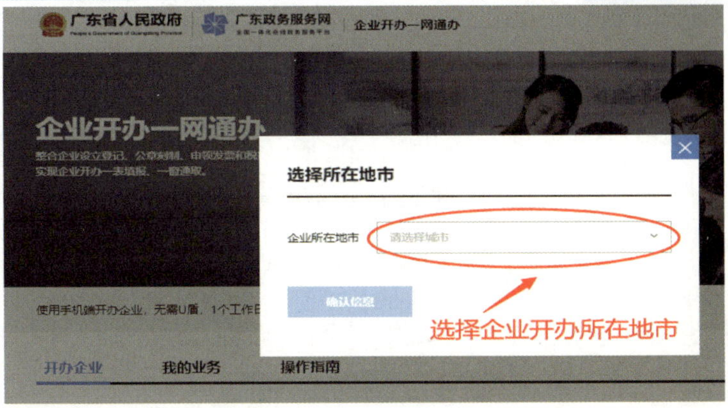

（2）单击 首页 返回到各地市 企业开办一网通办 系统的主页面，单击办事业务中的 名称业务 。

（3）在名称预先核准页面单击 企业名称自主申报 ，进入企业名称自主申报服务系统，按提示完成企业名称申报工作。

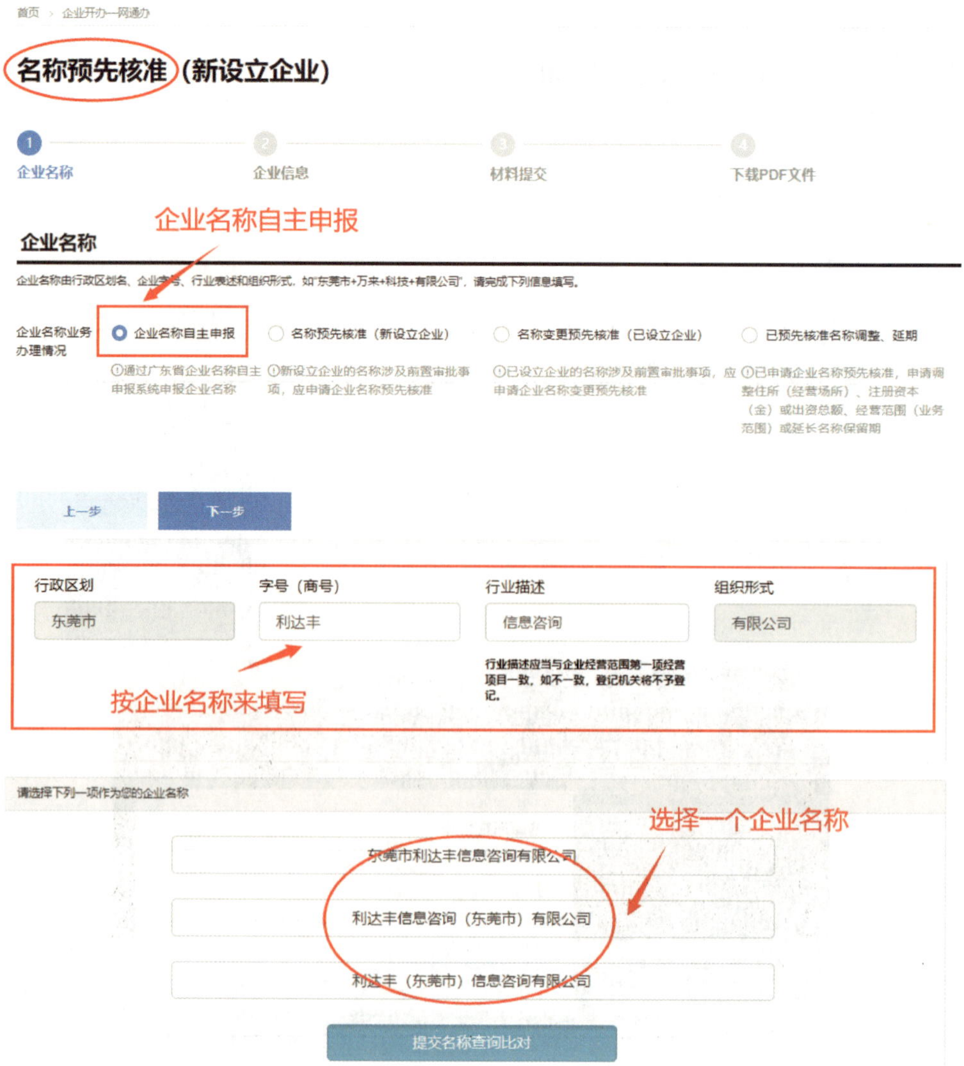

（4）自主申报的企业名称经系统查询对比后，确实没有重复的或冲突的就可以确认。有重复的，须更换名称。

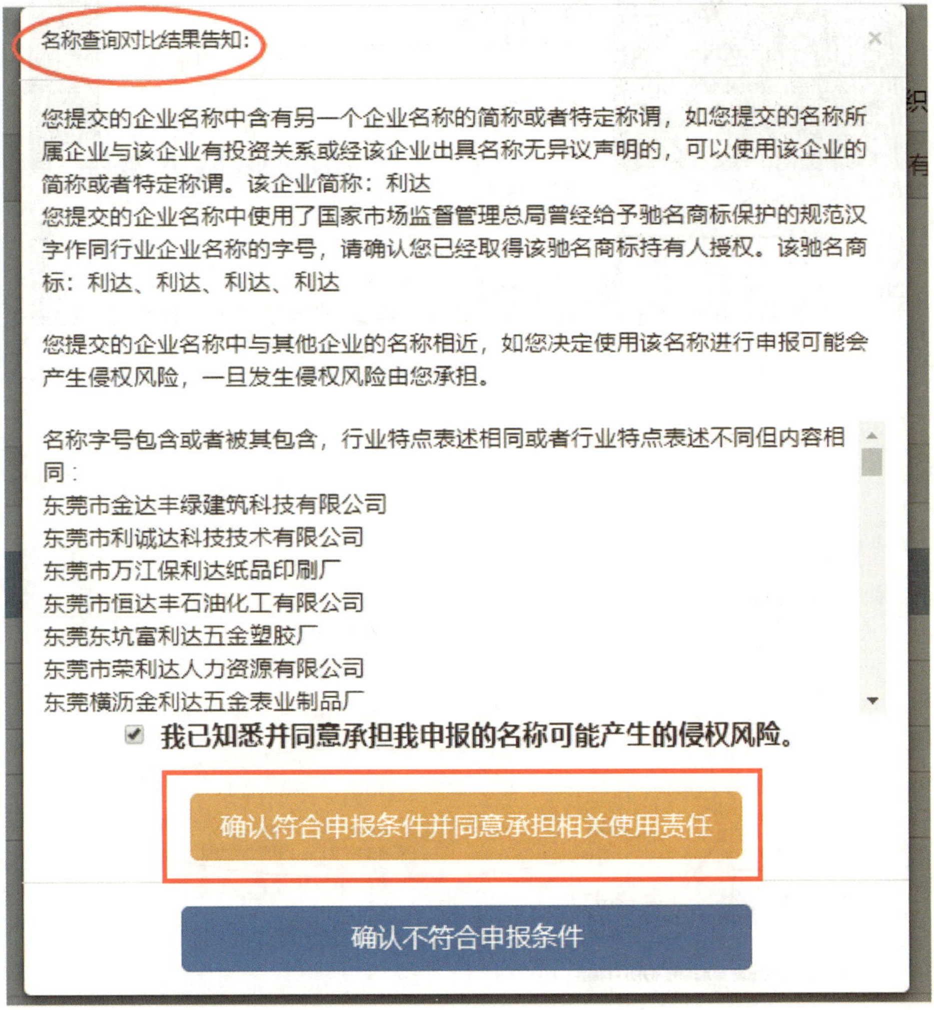

小贴士

涉及前置审批的企业名称请选择“名称预先核准”，不涉及前置审批的企业名称请选择“企业名称自主申报”。

二、工商登记

（1）登录进入各地市 企业开办一网通办 系统首页，单击 我要新办企业 ，选择企业登记类型，进行业务选择，然后在线办理企业登记业务。

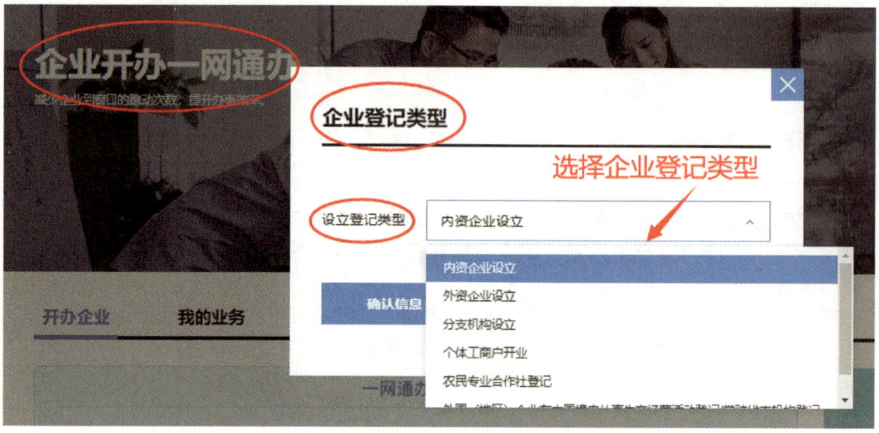

（2）单击企业设立，选择“企业名称”的相关申报情况。

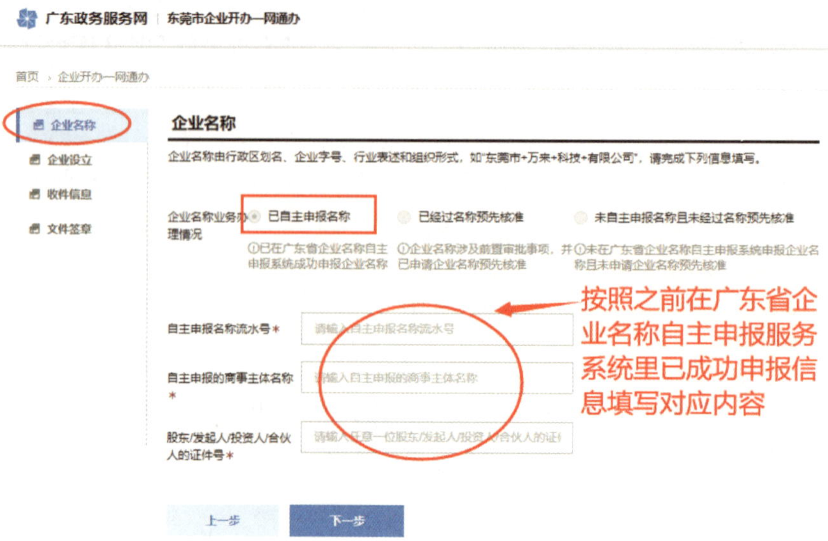

小贴士

企业的名称情况，分已自主申报名称、未自主申报名称两种情况。

已自主申报名称：需填写名称自主申报的申报流水号、自主申报的商事主体名称、以及任一个股东/发起人/投资人/合伙人的证件号码，信息填写正确后方可启动进入下一步。

未自主申报名称：如果上述情况没有做可以选择直接填写名称信息，根据界面提示填写拟定的企业名称信息。

如果未事先申报企业名称，可以直接单击“未自主申报名称且未经过名称预先核准”进行申请办理。

（3）填写企业设立信息（包括企业信息、人员信息、机构设置）。

小贴士

1. 如果是名称已预先核准或名称已自主申报的情况，股东信息会将之前填报的信息自动带入并不允许修改，仍需要补充出资额、认缴期限等信息。

2. 如果是名称未预先核准或名称未自主申报的情况，需根据系统提示增加股东的全部信息。

（4）提交设立材料。

业务填报完成后跳转到收件信息，展示结果材料的领取机关信息，确定无误后单击提交。如果是其他类型的企业，在这之前还需要完成材料的上传工作，才能跳转到收件信息的填写。

小贴士

只有内资有限公司与个体工商户是不需要上传材料的。

（5）完成文件签章。

系统会根据填写的信息自动生成设立登记相关申请表，需先下载申请表，进行电子签名或粤信签（广东地区）签名。

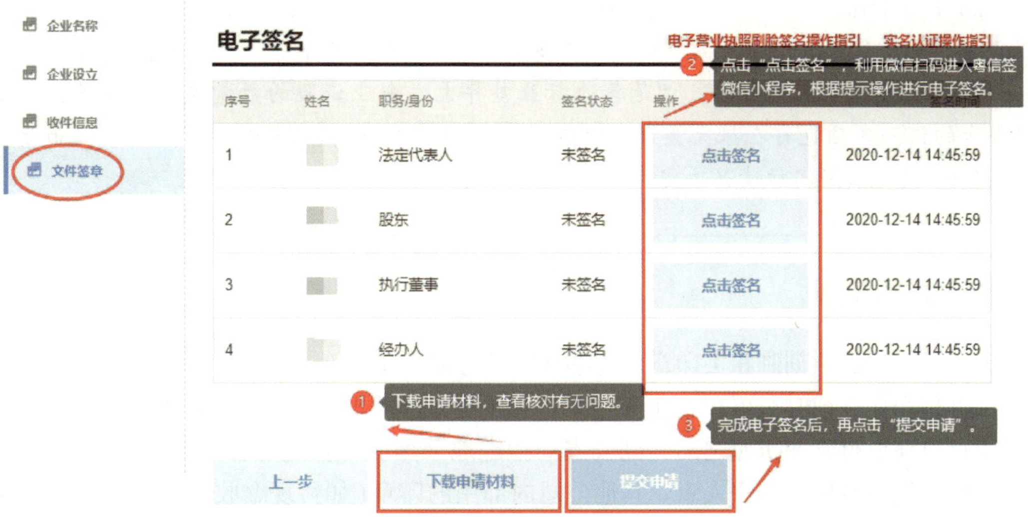

三、领取执照

1. 查询办理进度

企业工商登记业务办理后可在“企业开办一网通办”首页的“我的业务”里查询相关业务办理的进度。

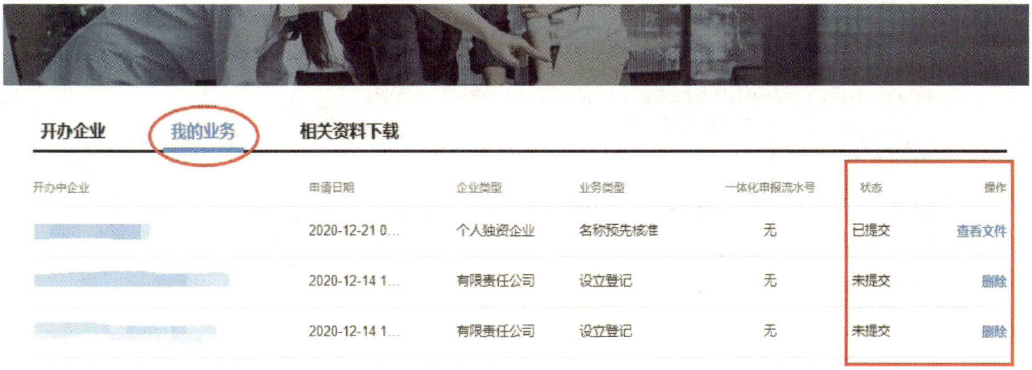

2. 领取营业执照

网上办理审批通过后，可以按照办理时选择的领取方式领取营业执照。领取营业执照的方式有三种：一是在设立登记时申请快递邮寄服务；二是自行在营业执照自助打印终端打印；三是到各区行政服务大厅窗口领取。

小贴士

2017 年 4 月 28 日，国家工商行政管理总局(现为国家市场监督管理总局)表示，要求在 2017 年 10 月底前，在全国全面推行“多证合一”。“多证合一”是建立在“三证合一”“五证合一”的基础上进行的，但是各地行业差异大、企业证照的数量也因地区各异，需要整合的证照事项也存在很大差别，所以国家层面并没有对“多”进行明确规定，而是由各省(区、市)根据实际情况决定。

四、篆刻印章

公司成立后必须刻制相关印章才能办理后续的银行开户等业务。

在办理企业登记时，可在企业开办一窗通办业务选择里选择“刻章申请”，一同申请办理，也可以在取得营业执照之后，到公安局指定地篆刻五章：企业公章、财务专用章、合同专用章、发票专用章、法人章。其他公司内部用的印章(如：现金收讫、现金付讫)一般由企业自行刻制。

小贴士

随着无纸化办公的推行，目前越来越多的企业开始使用电子章，因此新设企业需要对今后经营中所需用到的印鉴进行刻制，除了实物印章外，如要使用电子印章，需要到电子印章管理中心平台申请办理。

五、银行开户

1. 银行预约登记

一般情况下开立基本存款账户要先去银行预约，在企业开办登记时，可以一并选择“银行开户”业务进行预约登记。

2. 填写开户申请书并提交相关资料

企业开立银行账户时，需填写开立单位银行结算账户申请书及印鉴卡片（盖有开户单位公章、财务主管或会计经办人员名章）。

填写完申请开户资料后，需向银行柜员提交相关申请资料：

（1）营业执照正副本及公司章程；

（2）法人代表身份证；

（3）开立单位银行结算账户申请书；

（4）单位公章、财务章、法人代表私章；

（5）签订账户管理协议机构税收居民身份声明文件；

（6）如非法人代表本人办理，由法人代表委托他人办理则需提供委托书及委托人的身份证复印件；

（7）当地银行要求提供的其他资料。

3. 开户银行审核备案

企业基本存款账户开立后，当日在中国人民银行系统进行备案即可，中国人民银行不再核发开户许可证。

4. 完成企业银行开户

开户银行完成企业基本存款账户开立及备案后，需打印基本存款账户信息交付企业，企业就可以持基本存款账户信息办理相关银行业务。

六、税务登记

企业自取得营业执照的三十日内，需持有关证件，向税务机关申报办理税务登记。因此新设企业在拿到营业执照后，需先到税务局进行报到，进行网上登记，然后去银行开户（税务登记和银行预约开户可以同时进行），并签订扣税协议。

纳税人通过实名认证之后，即可准备好相关资料通过电子税务局提供的“新办纳税人套餐”功能完成企业的税务登记，流程如下：

（1）登录电子税务局→新办纳税人套餐申请表，完成一照一码登记信息确认、财务会计制度及核算软件备案和投资方信息。

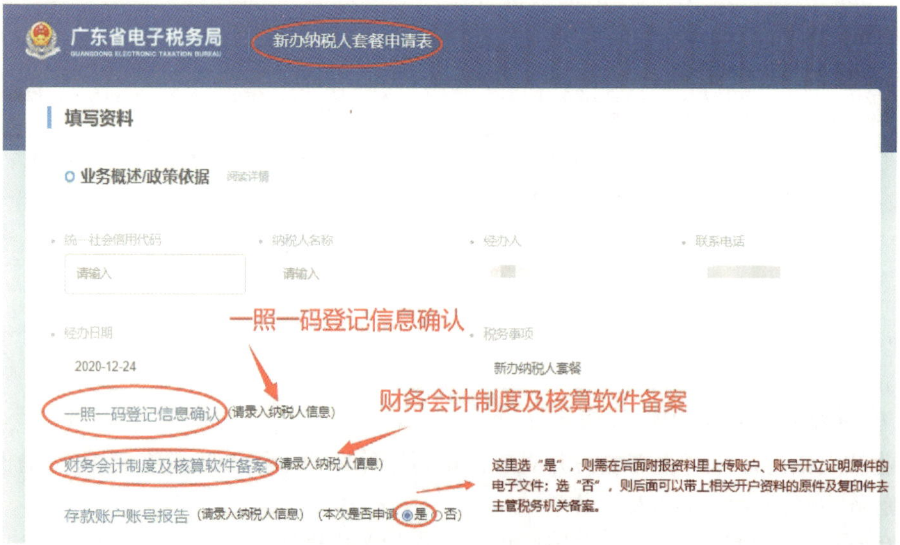

（2）完成纳税人资格认定、票种核定及最高开票限额申请、单位缴费登记（社保）、存款账户账号报告及附送资料（有＊的就报送）。

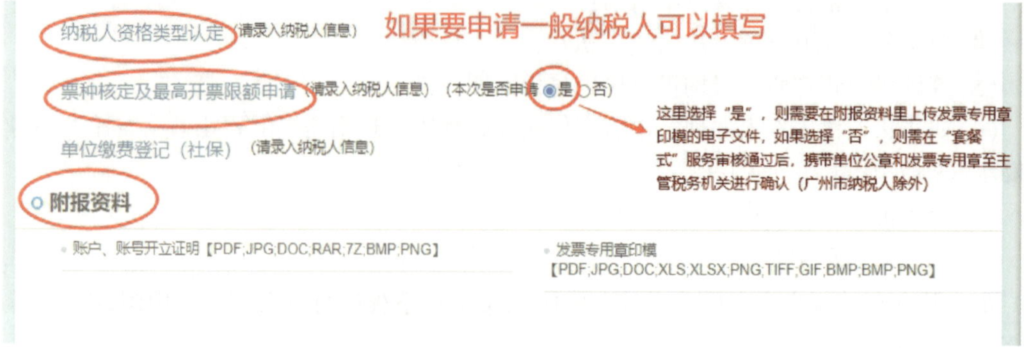

（3）税务部门审核后完成登记。税局审批通过后自动核定税种税率。

七、社保登记

根据《国务院关于修改部分行政法规的决定》(2019 年 3 月 24 日中华人民共和国国务院令第 710 号)有关规定，“企业在办理登记注册时，同步办理社会保险登记”。登记完成后可直接到管辖的人社部门办理保险关系增减员或开通网上申报功能。具体操作如下：

(1) 登录 电子税务局 →单击 涉税事项办理 →进入 网签授权划缴税(费)款协议 ，录入相关资料签订《委托银行(金融机构)划缴税费款三方协议书》(以下简称“《三方协议书》”，并通知所在地的税务分局进行修改扣缴方式为“批量扣缴”。用人单位也可选择到银行签订《三方协议书》并到所在地的税务分局办理扣费资料登记手续。(办理《三方协议书》所需资料根据当地所在银行要求)。

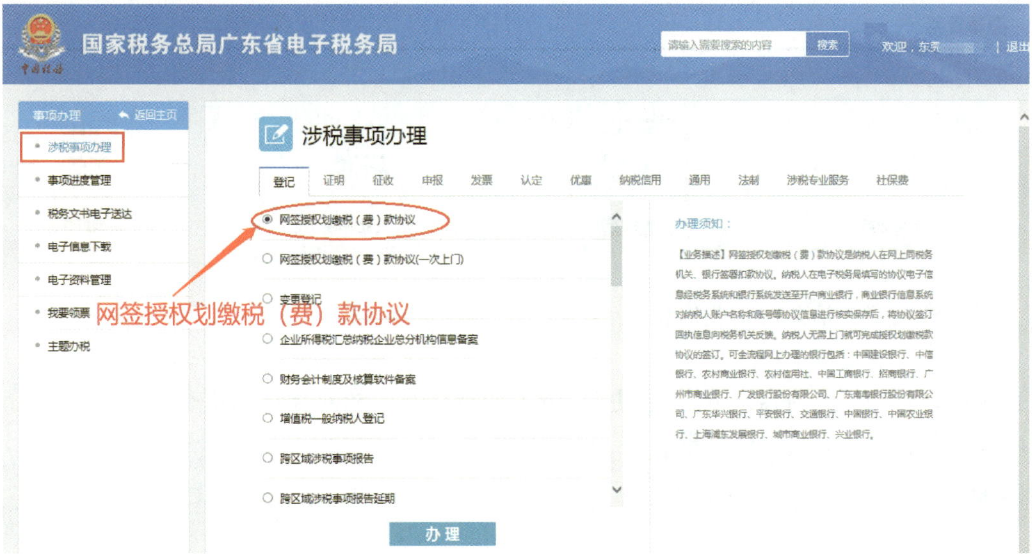

(2) 用人单位到当地各税务分局办税服务厅窗口提出申请，办理用人单位扣费银行资料。

(3) 办理保险关系增减员并开通网上申报功能。

用人单位应提前在企业所属地的 人力资源和社会保障局 网站的社保频道下载并填写两表[社会保险网上服务申请表、参加社会保险人员增减表(企业、个体工商户)]，预约在当地社保局办理参保人员的增减员业务。同时还可以开通网上申报功能，以后增减员业务可以直接在线上办理。

任务 2　办理企业变更登记

企业变更是指企业成立后，企业组织形式、企业登记事项的变化。企业变更主要包括：工商变更、税务变更、银行账户变更。

一、工商变更

根据《中华人民共和国公司法》的规定，企业营业执照记载的事项发生变更的，企业应当依法办理变更登记，由公司登记机关换发营业执照。

企业在完成工商注册之后，如企业法人、股权、地址、经营范围等事项发生变更，需通过工商部门进行信息修改，及时更新营业执照信息。

目前只有内资企业变更（备案）和个体工商户变更（备案）两种变更业务类型可在“企业开办一网通办”系统在线提交变更申请。其他类型的企业需在当地的市场监督管理局实地办理。操作如下：

（1）登录 企业开办一网通办 系统，选择 备案变更 功能。

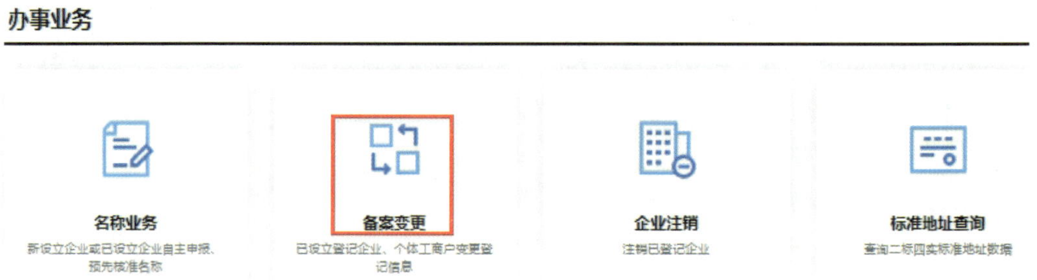

（2）输入变更备案的企业信息。

（3）输入变更事项信息。

选择需要变更的内容，单击“变更”，输入变更信息，核对无误后提交进入下一步，输入收件信息，最后进行文件签章。

二、税务变更

变更税务登记是指纳税人办理设立税务登记后，因税务登记内容发生变化，向税务机关申请将税务登记内容重新调整为与实际情况一致的一种税务登记管理制度，分工商变更登记变更和非工商登记变更两个内容。

目前办理税务变更登记可直接在国家税务总局电子税务局网站上办理。以广东省的企业为例，变更操作如下：

（1）登录电子税务局，单击我要办税→事项办理。

（2）进入“事项办理”页面后，单击涉税事项办理→变更登记。

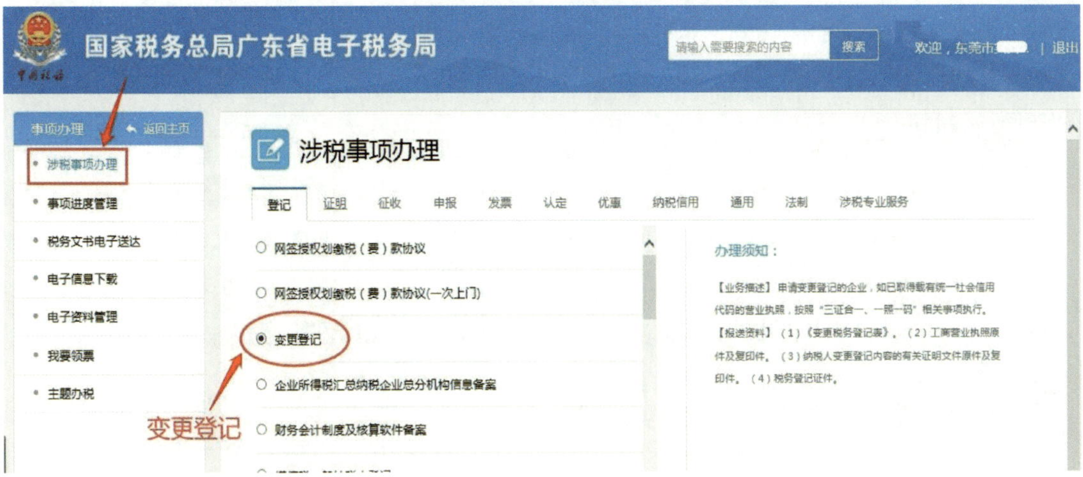

（3）依据变更事项，填写“变更税务登记表”。

（4）上传附报资料后，再提交。

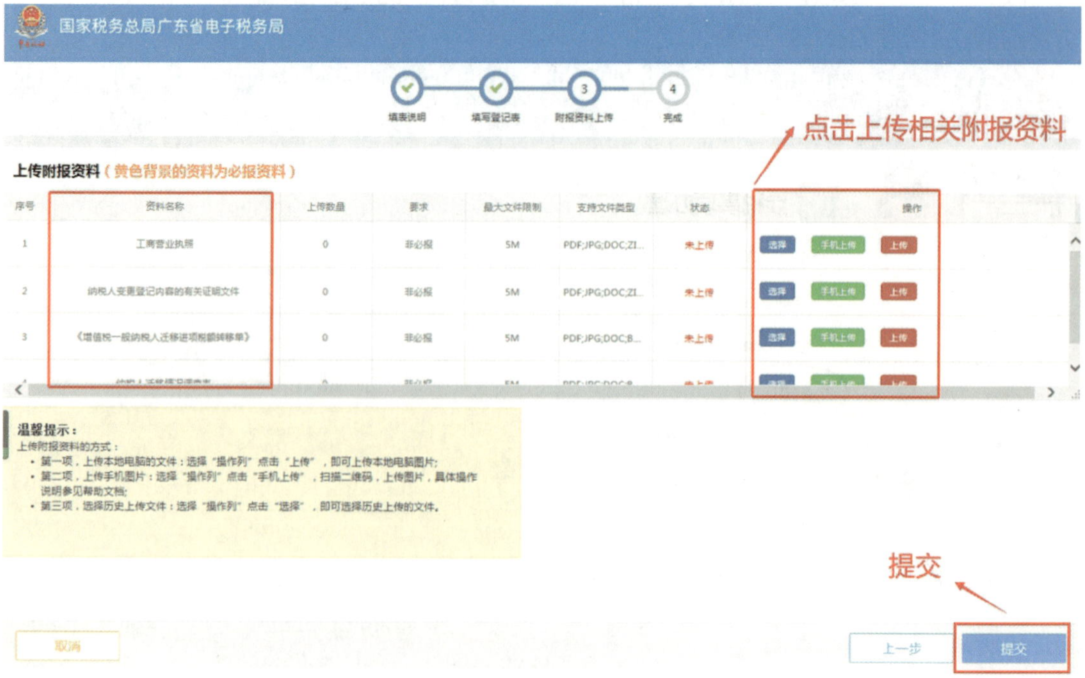

三、银行账户变更

变更银行结算账户是存款人变更账户名称、单位的法定代表人或主要负责人、地址等其他开户资料后，应及时向开户银行办理变更手续，填写变更银行结算账户申请书。

申请变更银行结算账户的时间：实际情况发生变更后的5个工作日内。具体变更所需资料需咨询开户银行，按银行要求提交。

任务3　办理企业注销登记

企业注销是指当一个企业宣告破产，被其他企业收购、规定的营业期限届满不续、或企业内部解散等情形时，企业需要到登记机关申请注销，以终止企业法人资格的过程。企业注销分为简易注销和一般注销。

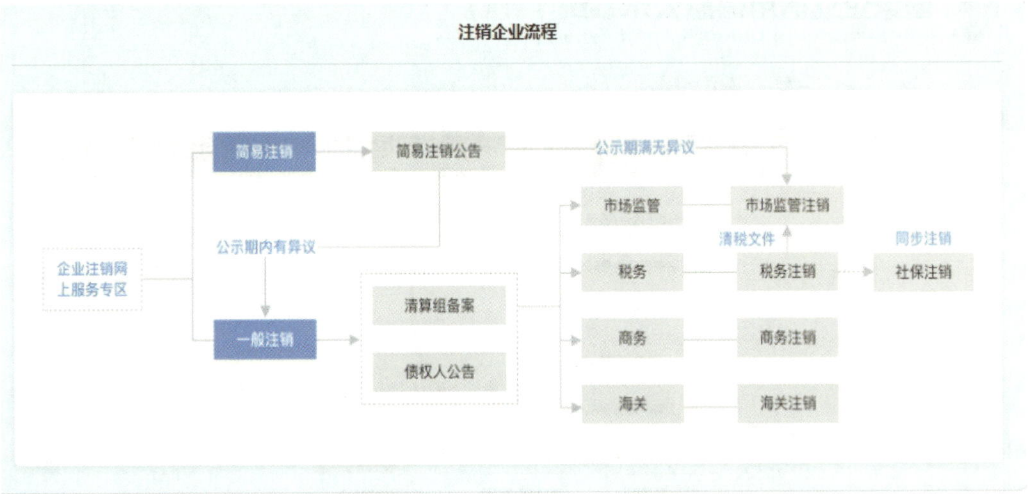

一、简易注销

自2017年3月1日起全面实行企业简易注销登记改革。简易注销是领取营业执照后未开展经营活动、申请注销登记前未发生债权债务或已将债权债务清算完结的有限责任公司、非公司企业法人、个人独资企业以及合伙企业选择的一种公司注销流程。企业应当自公告期结束之日起30日内向登记机关申请简易注销登记。操作如下：

（1）登录 国家企业信用信息公示系统 ，单击 企业信息填报 →选择企业登记机关所在地→ 工商联络员登录 → 注销公告填报 → 简易注销公告填报 ，需要根据提示内容上传“全体投资人承诺书”以示公告。“全体投资人承诺书”需要全体投资人签字盖章（如是自然人，需本人亲笔签字，不可代签）。

国家企业信用信息公示系统
National Enterprise Credit Information Publicity System
企业信用信息
经营异常名录
严重违法失信企业名单
请输入企业名称、统一社会信用代码或注册号
查 询
热搜榜：宁波金广投资股份有限…
诸城市相州镇后塔桥经…
潍坊经济开发区北城街…
更多
企业信息填报
信息公告
企业信息填报
小微企业名录
使用帮助

国家企业信用信息公示系统(广东)
National Enterprise Credit Information Publicity System
工商联络员登录
工商联络员登录
电子营业执照登录
广东省统一身份认证平台登录
年报填录演示
返回首页
* 统一社会信用代码/注册号:
* 工商联络员证件号码:
* 企业（个体、农专）名称:
* 工商联络员姓名:
* 工商联络员手机号:
登录
验证码:
获取验证码
登 录
重 置
返 回

国家企业信用信息公示系统(广东)
National Enterprise Credit Information Publicity System
注销公告填报
2021年5月26日
您好！东莞市
公司
退出登录
年报报告填写
自主公示信息填报
年度报告模板下载
注销公告填报
集团成员信息填报
营业执照作废声明填报
填报须知
年度报告管理
序号
报告年份
最后修改日期
状态
公示日期
操作
1
2020年年度报告
2021年04月21日
已公示
2021年04月21日
编辑
查看或打印
首页
上一页
下一页
末页
第1页
共：1页

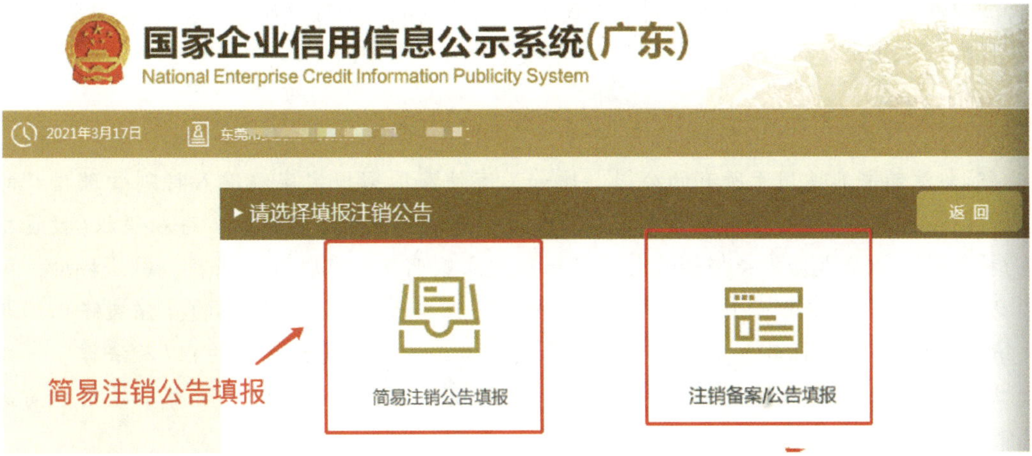

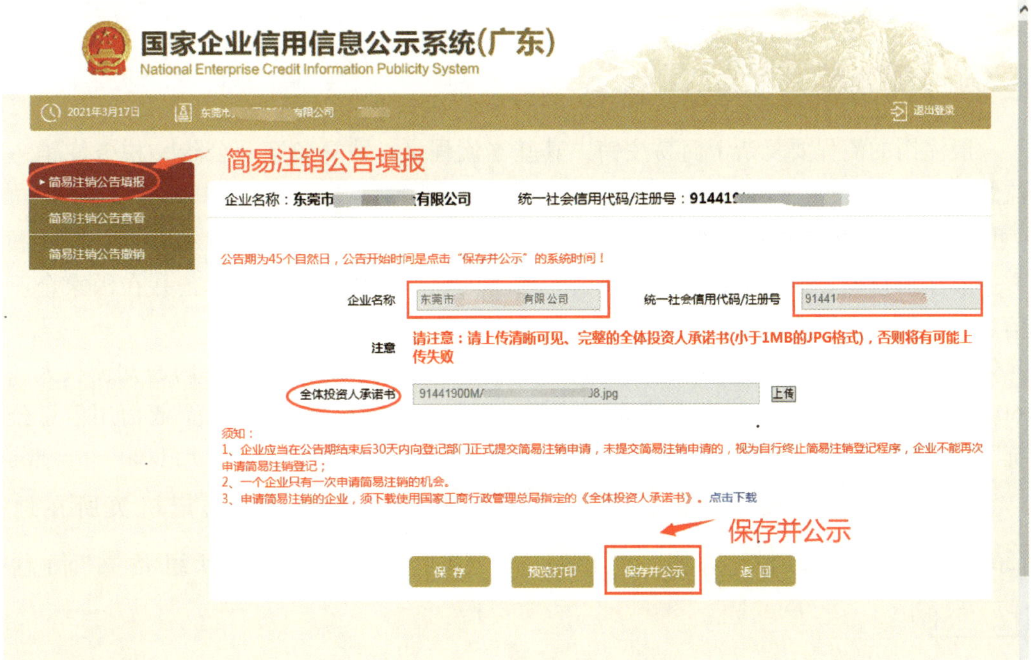

小贴士

企业填报简易注销公告前，应当完成清算工作，确保本企业未发生债权债务或已将债权债务清算完结，不存在未结清清算费用、职工工资、社会保险费用、法定补偿金和未交清的应缴纳税款及其他未了结事务，清算工作已全面完结。否则，将依法承担相应法律责任和后果。

(2) 公告后，公示系统会显示到当地营业执照登记机关办理的时间段(不可提前，更不可延后)。在公告满45天后，企业可携带《申请书》《指定代表或者共同委托代理人授权委托书》(表格可从国家市场监督管理总局网站上面下载)、《全体投资人承诺书》(必须是上传公告的原件）、营业执照正副本原件到当地营业执照登记机关提交申请，登记机关会在 3 个工作日内依法作出是否准予简易注销登记的决定。

小贴士

简易注销并非适用于所有的公司。比如，有涉及国家规定实施准入特别管理措施的外商投资企业；被列入企业经营异常名录或严重违法失信企业名单的；存在股权(投资权益)被冻结、出质或动产抵押等情形；有正在被立案调查或采取行政强制、司法协助、被予以行政处罚等情形的；企业所属的非法人分支机构未办理注销登记的；曾被终止简易注销程序的(不同地区政策不同，部分地区是可以再次进行简易注销的)以及法律、行政法规或者国务院规定在注销登记前需经批准的，有以上任一情形的公司都不适用于简易注销。

二、一般注销

一般注销的流程要复杂于简易注销，其基本流程是：清算备案及公告→税务注销→市场监管注销。

1. 清算备案及债权人公告

一般注销首先要成立清算小组，对公司所有的财产等内容进行清算，并在国家企业信用信息公示系统进行清算备案，最后完成企业清算报告。

依据《中华人民共和国公司法》规定，清算组应当自成立之日起 10 日内通知债权人，并于 60 日内在报纸上公告。企业在成立完清算小组之后，即可登录“国家企业信用信息公示系统”进行清算备案并向债权人公告。操作如下：

登录 国家企业信用信息公示系统 → 企业信息填报 →选择企业登记机关所在地→ 工商联络员登录→ 注销公告填报 → 注销备案/公告填报 →填写“清算组备案”信息→ 债权人公告。

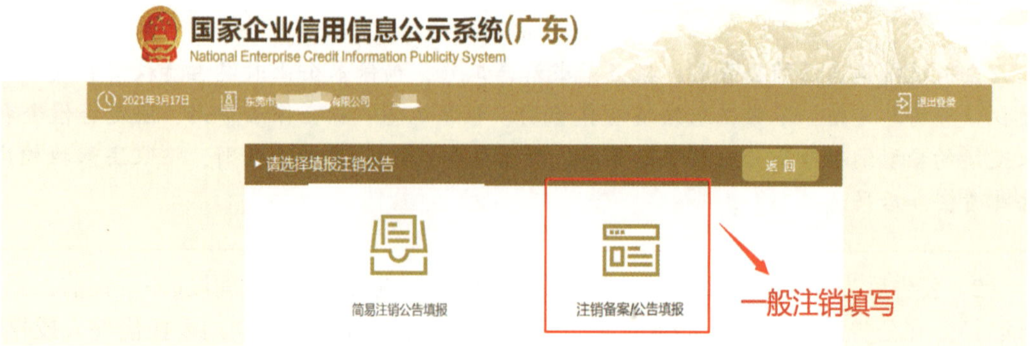

2. 税务注销

自公司宣告终止之日起 15 日内公司需向原税务登记机关申请办理税务注销。纳税人在办理注销税务登记前，应当向税务机关提交相关证明文件和资料，结清应纳税款、多退税款、或涉及罚款和滞纳金，缴销空白发票、经税务机关核准后，办理注销税务登记手续，打印清税证明。注销申办有两种途径(线上或线下)，下面分别介绍其操作流程。

第一种：线上申办税务注销操作流程如下：

(1)登录[电子税务局]→[套餐业务]→[清税注销(费)申报及缴纳套餐]进行申报。

(2)登录[电子税务局]→[套餐业务]→[注销登记综合办理]→根据提示操作即可。

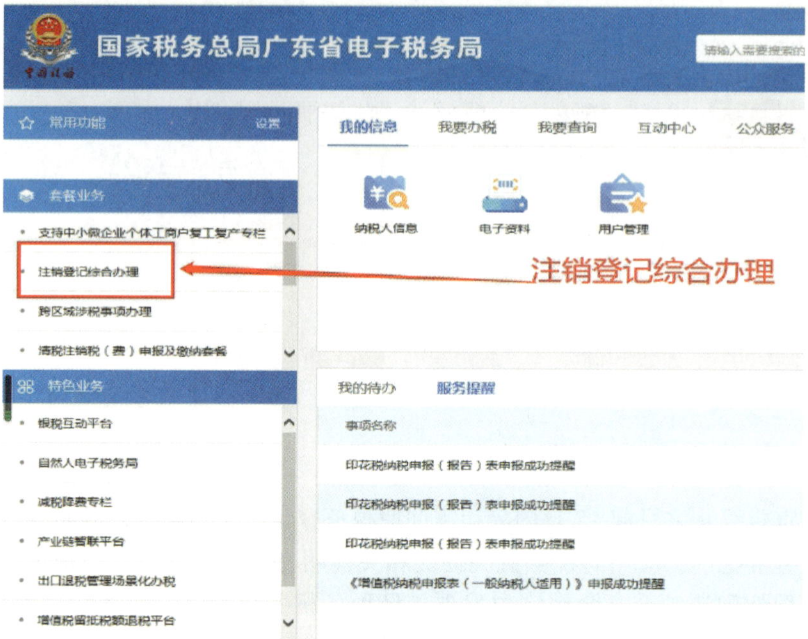

系统将自动进行指标校验，对于符合承诺即办即批注销的纳税人，经税务局后台工作人员审批后，可以在注销套餐中直接将企业进行注销，并打印下载清税证明。

第二种：线下申办税务注销操作流程如下：

登录[电子税务局]→[注销登记综合办理]→[其他未办结事项]（如下图），参照未结事项告知书所提示的要求准备材料到税务局门前办理。

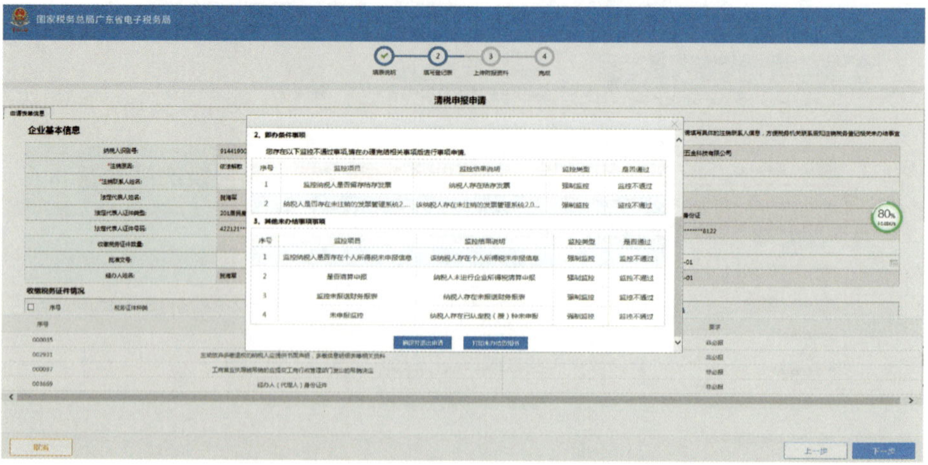

在提交税务注销申请的同时可以同步办理终止社会保险费缴费登记。

3. 市场监管注销（工商注销）

企业不再继续经营时需要及时注销营业执照。当企业公告满 45 日后，企业需在规定的时限内携相关资料去登记机关办理注销登记。市场监管注销登记需要提交以下资料：

(1)企业注销登记申请书；

(2)确认清算报告的确认文件；

(3)企业清算报告；

(4)清税证明；

(5)已领取纸质版营业执照的要交回营业执照正、副本；

(6)公司依照《中华人民共和国公司法》作出解散的决议或者决定，人民法院的破产裁定、解散裁判文书，行政机关责令关闭或公司被撤销的文件。

不同类型企业注销以及注销原因不同提交的材料或有些许不同，以监管部门的要求为准。一般完成市场监管注销以后，还需去公安机关注销印章，去银行办理销户。

网上登记办理流程图

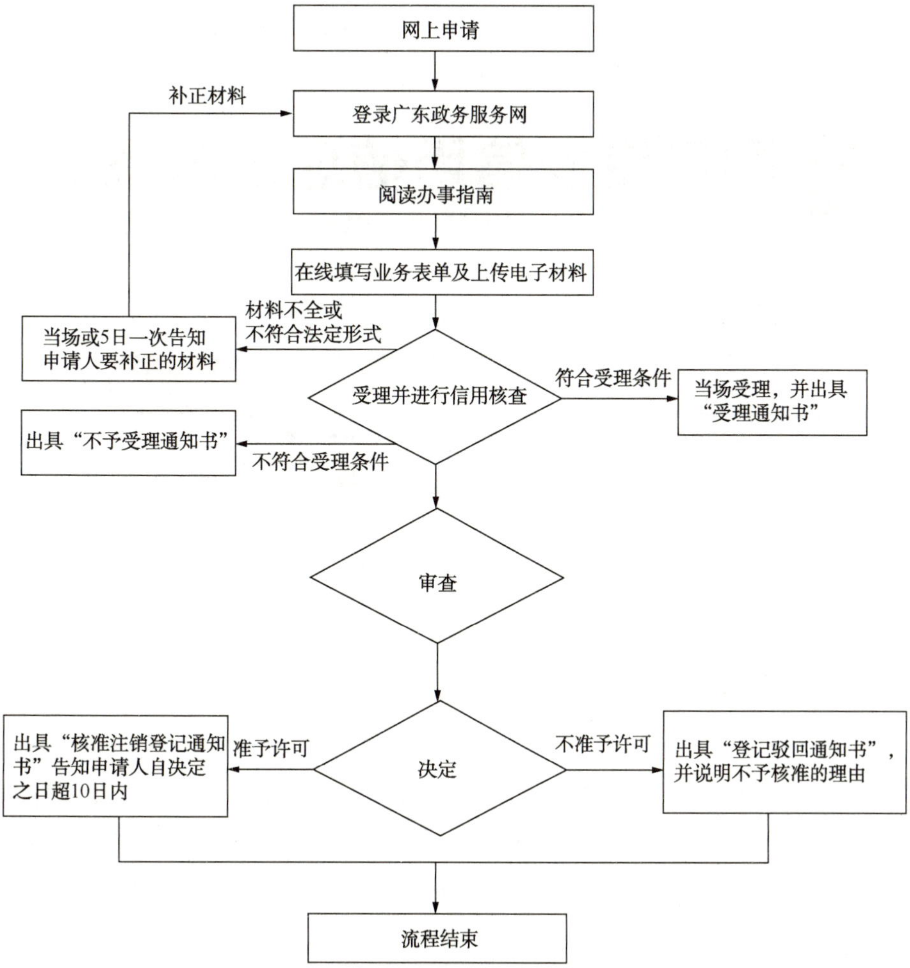

1.2　办理企业工商年报

任务　网上办理企业工商年报

工商年报是工商部门组织开展的企业年度报告公示制度。按规定企业需要在每年1月1日至6月30日完成上一年度的企业年报，企业可以在国家企业信用信息公示系统中线上进行企业年报。

以广东省为例，企业工商年报网上申报流程如下：

（1）进入国家企业信用信息公示系统首页，单击企业信息填报图标，进入企业信息填报页面。

（2）在"统一社会信用代码/注册号"栏内填写社会统一信用代码，企业名称会自动弹出，在"工商联络员身份证号码"栏内输入联络员身份证号码，工商联络员姓名及手机号码会自动弹出，再输入密码、手机验证码，单击登录。如果是初次参加年报，先单击企业联络员注册，完成后再登入。

（3）单击年度报告填写，根据提示完成年报内容。如果以前存在没有参加年报的年度，先需要将以前年度补报后才可申报本年度的。

国家企业信用信息公示系统(广东)
National Enterprise Credit Information Publicity System
工商联络员登录
电子营业执照登录
广东省统一身份认证平台登录
年报填录演示
返回首页
* 统一社会信用代码/注册号:
* 工商联络员证件号码:
中华人民共和国居民身份
* 企业（个体、农专）名称:
（东莞）有限公司
* 工商联络员姓名:
* 工商联络员手机号:
验证码:
获取验证码
登 录
重 置
返 回
说明：1.在首次【企业公示信息填报】之前，请先【企业联络员注册】，若注册信息发生变化请【企业联络员变更】！
2.2019年度报告填录时间为2020年1月1日至6月30日。
3.广州、深圳、珠海(含横琴)的企业请按当地登记机关年度报告工作部署进行，无需在本系统填报。
主办单位：广东省市场监督管理局（知识产权局）

国家企业信用信息公示系统(广东)
National Enterprise Credit Information Publicity System
2021年1月18日
您好！（东莞）有限公司
提示框
年报年度
请选择
2020年度报告
说明：补报完成后才能填报本年度的年度报告。
确定
年报报告填写
自主公示信息填报
作废声明填报
填报须知
年度报告填写
年度报告管理
序号
报告年份
最后修改日期
状态
公示日期
操作
1
2019年年度报告
2020年03月30日
已公示
2020年03月30日
查看或打印
2
2018年年度报告
2019年04月11日
已公示
2019年04月11日
查看或打印
3
2017年年度报告
2018年06月20日
已公示
2018年06月20日
查看或打印
首页
上一页
下一页
末页
第1页
共：1页

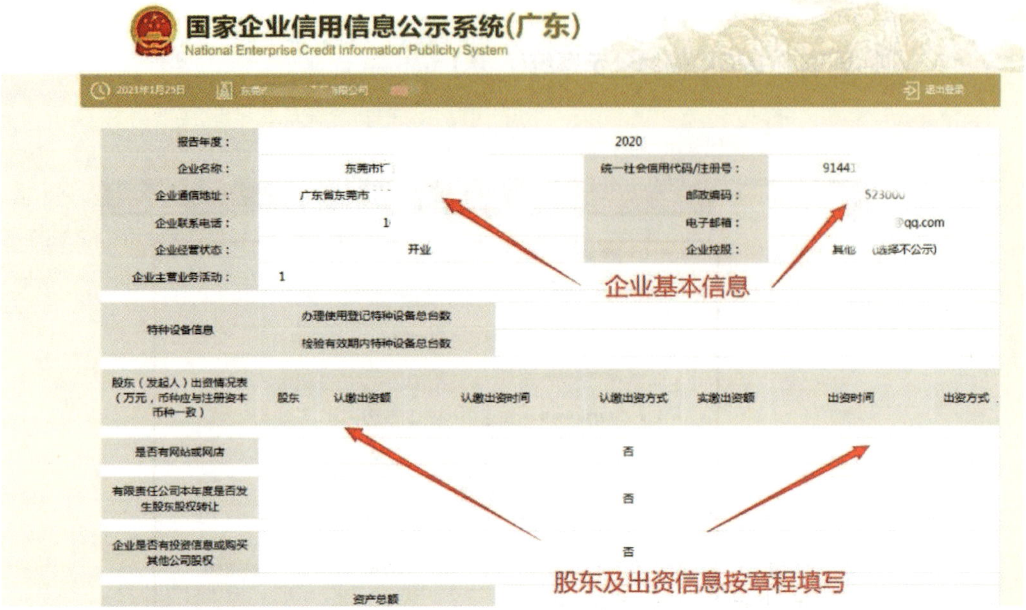
国家企业信用信息公示系统（广东）
National Enterprise Credit Information Publicity System
2021年1月25日
东莞市 有限公司
退出登录
报告年度：
2020
企业名称：
东莞市
统一社会信用代码/注册号：
91441
企业通信地址：
广东省东莞市
邮政编码：
523000
企业联系电话：
1
电子邮箱：
qq.com
企业经营状态：
开业
企业控股：
其他 （选择不公示）
企业主营业务活动：
1
企业基本信息
特种设备信息
办理使用登记特种设备总台数
检验有效期内特种设备总台数
股东（发起人）出资情况表（万元，币种应与注册资本币种一致）
股东
认缴出资额
认缴出资时间
认缴出资方式
实缴出资额
出资时间
出资方式
是否有网站或网店
否
有限责任公司本年度是否发生股东股权转让
否
企业是否有投资信息或购买其他公司股权
否
股东及出资信息按章程填写
资产总额

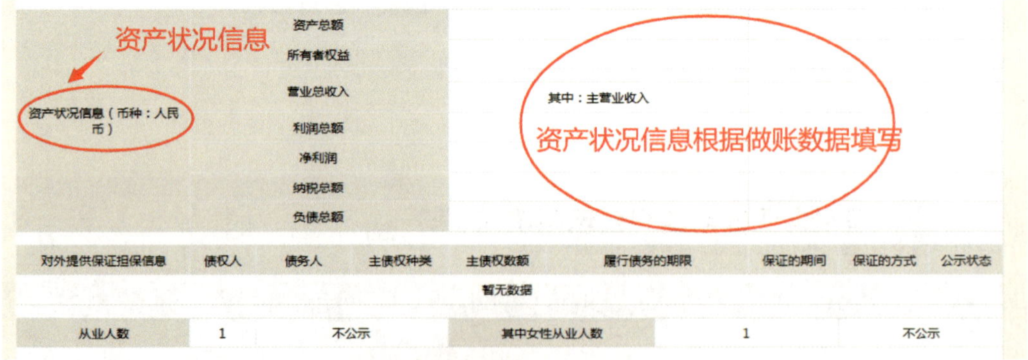
资产状况信息
资产状况信息（币种：人民币）
资产总额
所有者权益
营业总收入
其中：主营业收入
利润总额
净利润
纳税总额
负债总额
资产状况信息根据做账数据填写
对外提供保证担保信息
债权人
债务人
主债权种类
主债权数额
履行债务的期限
保证的期间
保证的方式
公示状态
暂无数据
从业人数
1
不公示
其中女性从业人数
1
不公示

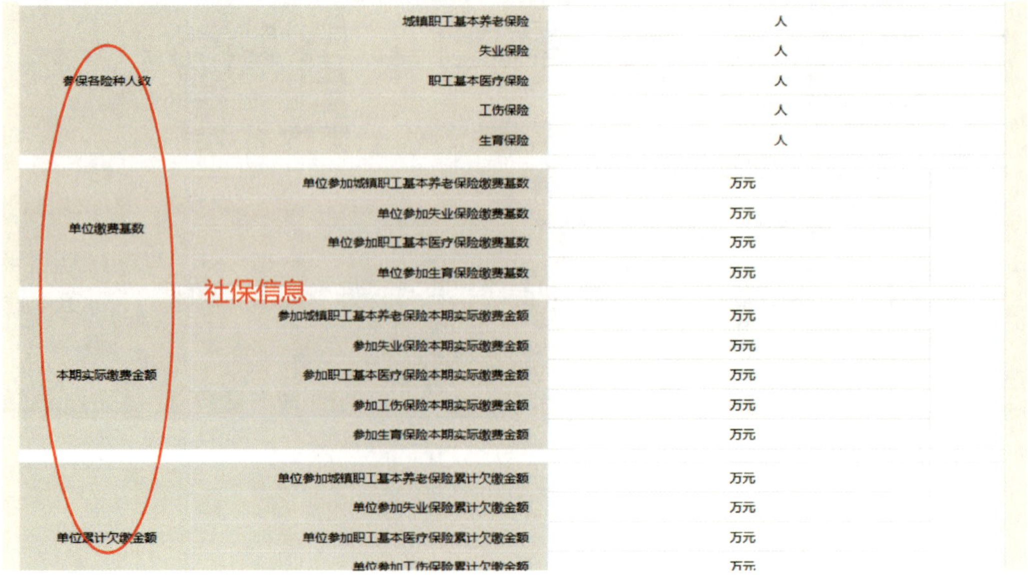
参保各险种人数
城镇职工基本养老保险
人
失业保险
人
职工基本医疗保险
人
工伤保险
人
生育保险
人
单位缴费基数
单位参加城镇职工基本养老保险缴费基数
万元
单位参加失业保险缴费基数
万元
单位参加职工基本医疗保险缴费基数
万元
单位参加生育保险缴费基数
万元
社保信息
本期实际缴费金额
参加城镇职工基本养老保险本期实际缴费金额
万元
参加失业保险本期实际缴费金额
万元
参加职工基本医疗保险本期实际缴费金额
万元
参加工伤保险本期实际缴费金额
万元
参加生育保险本期实际缴费金额
万元
单位累计欠缴金额
单位参加城镇职工基本养老保险累计欠缴金额
万元
单位参加失业保险累计欠缴金额
万元
单位参加职工基本医疗保险累计欠缴金额
万元
单位参加工伤保险累计欠缴金额
万元

(4) 预览并公示。这是公示的最后一步，单击左边的[预览并公示]，检查所填写的所有信息，如果没有问题单击[提交并公示]，出现“提交成功”，单击确认。年报就完成了。

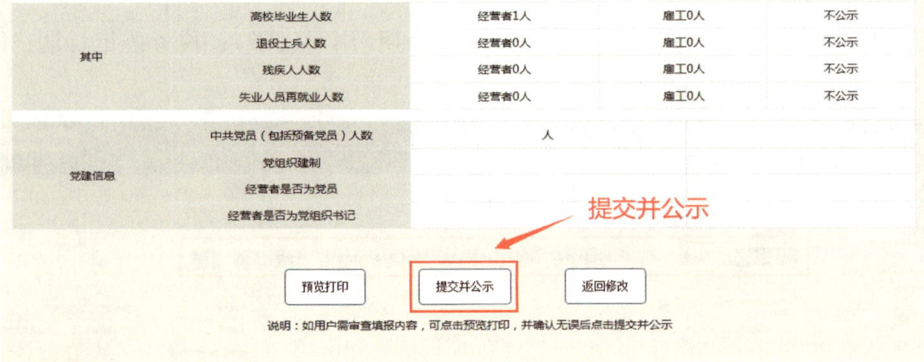

小贴士

国家企业信用信息公示系统（广东）网址：http：//gd. gsxt. gov. cn/index. html

1.3　查询企业状态

任务　网上查询企业状态

刚上任的财务人员接手一家公司的财务工作，为了更好地服务企业，提高工作效率，应对企业的经营、财务状况进行分析。

一、查询操作方法

查询企业状态，可在电子税务局进行。操作流程如下：

登录[电子税务局]→[我要查询]→[一户式查询]。

二、查询内容

1. 税务登记查询

通过税务登记查询，可以详细了解公司成立日期(用于建账)，税务登记日期，以及纳税人资格、备案信息等公司基本信息。

2. 认定管理查询

通过认定管理查询可以详细了解税务局已核定的各税种，申报时间等(用于报税)，以及已认定税种的认定有效期止，一般纳税人也可以通过 一般纳税人资格登记查询 查看。

3. 发票业务查询

通过发票业务查询可以详细了解企业的购票员信息、核定的发票种类及发票领用、结存、缴销、开具等信息。根据客户的需求核定增减票种、根据企业的营业额及客户的数量来核定最高开票限额及领用数量。

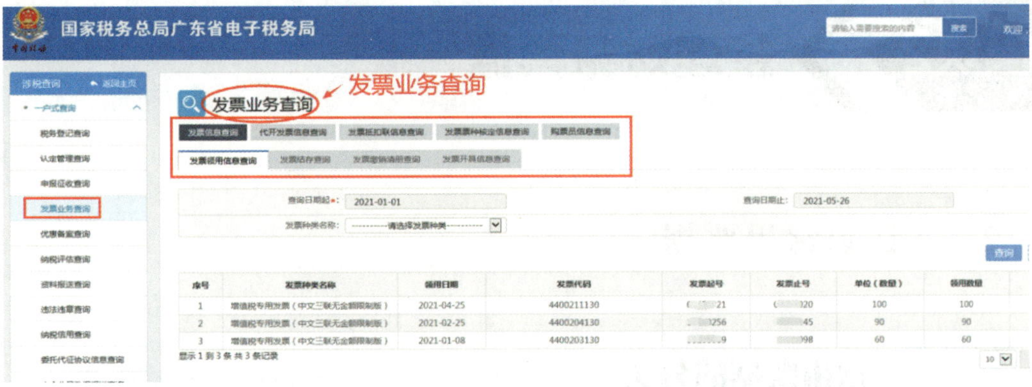

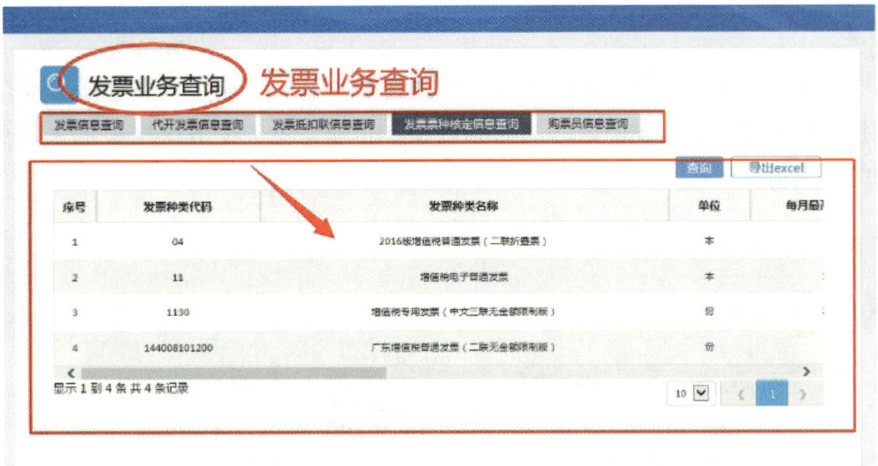

4. 申报征收查询

每个月需报的税要与税种核定信息核对，以免漏报，报税前准确查询计算当期收入、利润、以及各税种、税款，便于与账簿进行核对。

☆增值税：查询核对当期开票的不含税销售额，并计算税额；

☆附加税：计税依据为主税增值税，查询确定附加税的相关减免政策。

☆企业所得税：查询并准确计算季度利润总额，以及季度预缴的所得税税额。

☆个人所得税：进入自然人电子税务局查询工资金额，进行综合所得工资薪金申报。

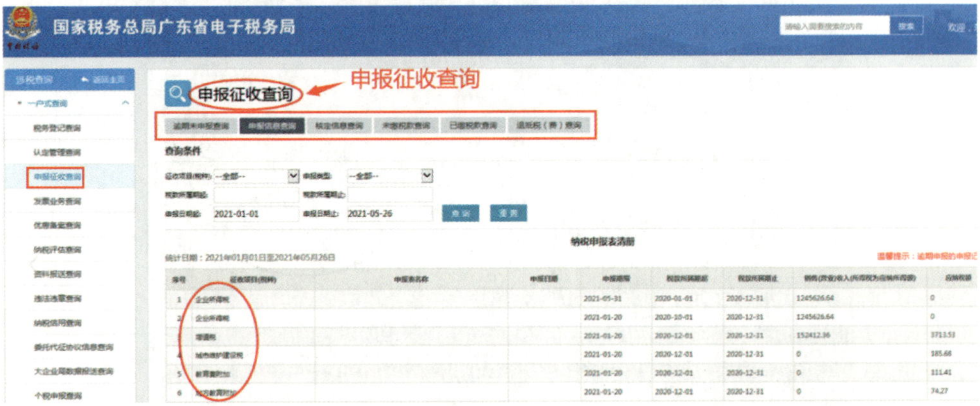

模块2 整理财务票据

2.1 认识常用票据

任务 常用票据的分类

财务票据即原始凭证，是会计记账最基础的资料，是证明企业经济业务发生的最有效的证据，是填制记账凭证或登记账簿的原始依据。企业常见的财务票据根据来源分为外来的和自制的两大类。

一、常见外来的财务票据

1. 银行业务回单(收款、付款、缴税、存款等)

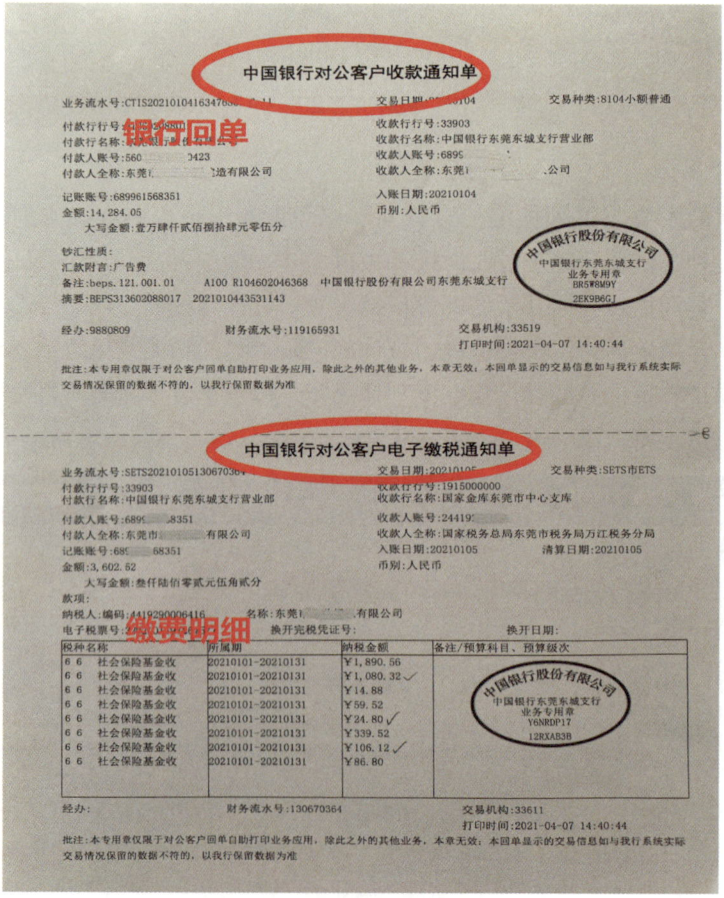

中国银行对公客户收款通知单

业务流水号:CTIS2021010416347 交易日期: 交易种类:8104小额普通

付款行行号: 收款行行号:33903
付款行名称: 收款行名称:中国银行东莞东城支行营业部
付款人账号:560 0423 收款人账号:6899
付款人全称:东莞 造有限公司 收款人全称:东莞 公司

记账账号:689961568351 入账日期:20210104
金额:14,284.05 币别:人民币
大写金额:壹万肆仟贰佰捌拾肆元零伍分

钞汇性质:
汇款附言:广告费
备注:beps.121.001.01 A100 R104602046368 中国银行股份有限公司东莞东城支行
摘要:BEPS313602088017 2021010443531143

经办:9880809 财务流水号:119165931 交易机构:33519
打印时间:2021-04-07 14:40:44

批注:本专用章仅限于对公客户回单自助打印业务应用，除此之外的其他业务，本章无效；本回单显示的交易信息如与我行系统实际交易情况保留的数据不符的，以我行保留数据为准

中国银行股份有限公司 中国银行东莞东城支行 业务专用章 BR5W8M9Y 2EK9B6GJ

中国银行对公客户电子缴税通知单

业务流水号:SETS2021010513067036 交易日期:2021010 交易种类:SETS市ETS
付款行行号:33903 收款行行号:1915000000
付款行名称:中国银行东莞东城支行营业部 收款行名称:国家金库东莞市中心支库
付款人账号:6899 8351 收款人账号:24419
付款人全称:东莞市 有限公司 收款人全称:国家税务总局东莞市税务局万江税务分局
记账账号:689 68351 入账日期:20210105 清算日期:20210105
金额:3,602.52 币别:人民币
大写金额:叁仟陆佰零贰元伍角贰分
款项:
纳税人:编码:4419290006416 名称:东莞 有限公司
电子税票号: 换开完税凭证号: 换开日期:

税种名称	所属期	纳税金额	备注/预算科目、预算级次
66 社会保险基金收	20210101-20210131	¥1,890.56	
66 社会保险基金收	20210101-20210131	¥1,080.32	
66 社会保险基金收	20210101-20210131	¥14.88	
66 社会保险基金收	20210101-20210131	¥59.52	
66 社会保险基金收	20210101-20210131	¥24.80	
66 社会保险基金收	20210101-20210131	¥339.52	
66 社会保险基金收	20210101-20210131	¥106.12	
66 社会保险基金收	20210101-20210131	¥86.80	

中国银行股份有限公司 中国银行东莞东城支行 业务专用章 Y6NRDP17 12RXAB3B

经办: 财务流水号:130670364 交易机构:33611
打印时间:2021-04-07 14:40:44

批注:本专用章仅限于对公客户回单自助打印业务应用，除此之外的其他业务，本章无效；本回单显示的交易信息如与我行系统实际交易情况保留的数据不符的，以我行保留数据为准

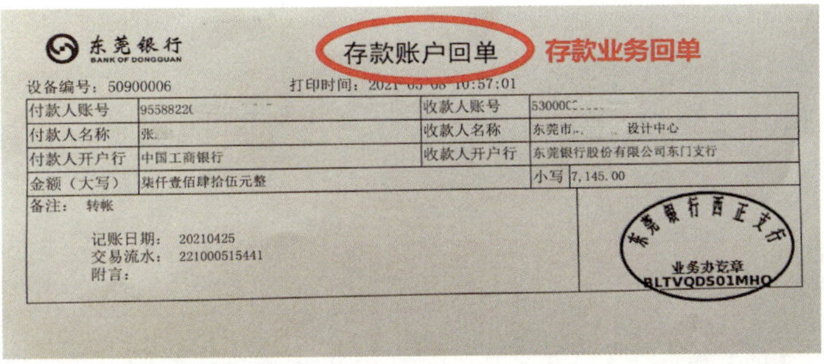
东莞银行 BANK OF DONGGUAN

存款账户回单 存款业务回单

设备编号：50900006 打印时间：2021-05-05 10:57:01

付款人账号	9558822(	收款人账号	53000C
付款人名称	张	收款人名称	东莞市 设计中心
付款人开户行	中国工商银行	收款人开户行	东莞银行股份有限公司东门支行
金额（大写）	柒仟壹佰肆拾伍元整	小写	7,145.00

备注： 转帐

记账日期： 20210425

交易流水： 221000515441

附言：

东莞银行西正支行 业务办讫章 BLTVQDS01MHQ

2. 发票(采购发票的专用发票联及抵扣联、普通发票、费用发票等)

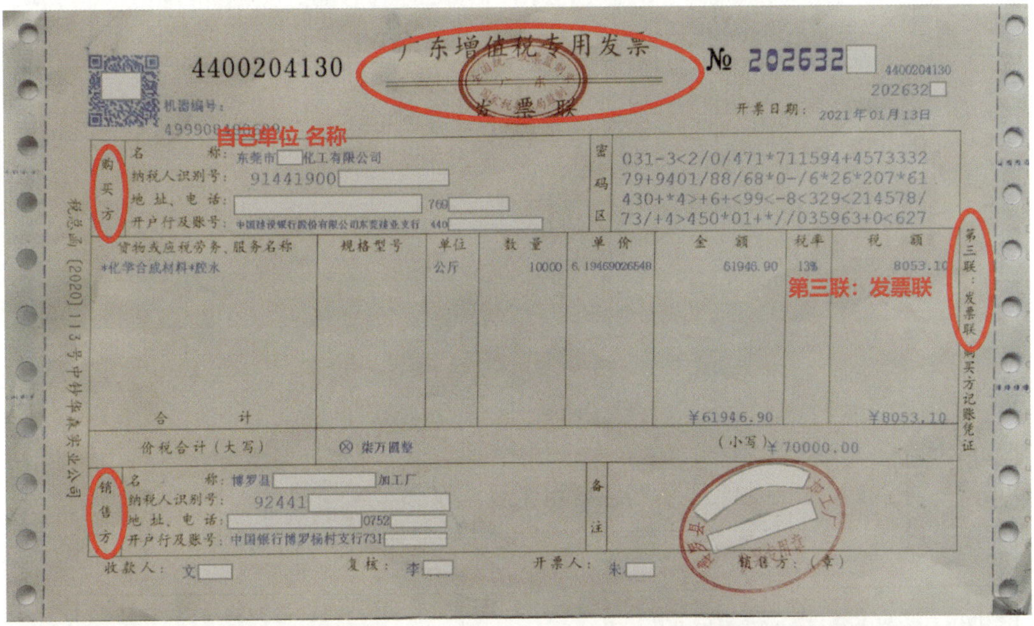
4400204130 广东增值税专用发票 № 202632

发票联

4400204130 202632

机器编号： 49990 自己单位 名称

开票日期： 2021年01月13日

购买方 名称：东莞市 化工有限公司 纳税人识别号：91441900 地址、电话： 769 开户行及账号：中国建设银行股份有限公司东莞建业支行 440

密码区 031-3<2/0/471*711594+4573332 79+9401/88/68*0-/6*26*207*61 430+*4>+6+<99<-8<329<214578/ 73/+4>450*01+*//035963+0<627

货物或应税劳务、服务名称	规格型号	单位	数量	单价	金额	税率	税额
*化学合成材料*胶水		公斤	10000	6.19469026548	61946.90	13%	8053.10
合计					￥61946.90		￥8053.10
价税合计（大写）	⊗柒万圆整				（小写）￥70000.00		

销售方 名称：博罗县 加工厂 纳税人识别号：92441 地址、电话： 0752 开户行及账号：中国银行博罗杨村支行731

备注

收款人：文 复核：李 开票人：朱 销售方：（章）

第三联：发票联 购买方记账凭证

税总函〔2020〕113号中钞华森实业公司

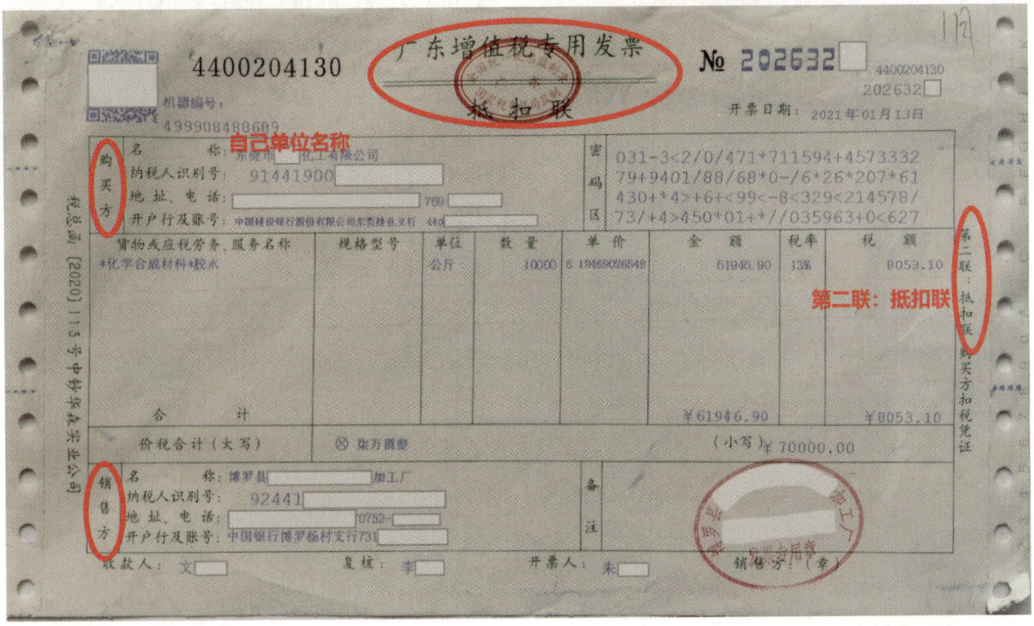
4400204130 广东增值税专用发票 № 202632

抵扣联

4400204130 202632

机器编号： 499908488609 自己单位名称

开票日期： 2021年01月13日

购买方 名称：东莞市 化工有限公司 纳税人识别号：91441900 地址、电话： 769 开户行及账号：中国建设银行股份有限公司东莞建业支行 440

密码区 031-3<2/0/471*711594+4573332 79+9401/88/68*0-/6*26*207*61 430+*4>+6+<99<-8<329<214578/ 73/+4>450*01+*//035963+0<627

货物或应税劳务、服务名称	规格型号	单位	数量	单价	金额	税率	税额
*化学合成材料*胶水		公斤	10000	6.19469026548	61946.90	13%	8053.10
合计					￥61946.90		￥8053.10
价税合计（大写）	⊗柒万圆整				（小写）￥70000.00		

销售方 名称：博罗县 加工厂 纳税人识别号：92441 地址、电话： 0752- 开户行及账号：中国银行博罗杨村支行731

备注

收款人：文 复核：李 开票人：朱 销售方：（章）

第二联：抵扣联 购买方扣税凭证

税总函〔2020〕113号中钞华森实业公司

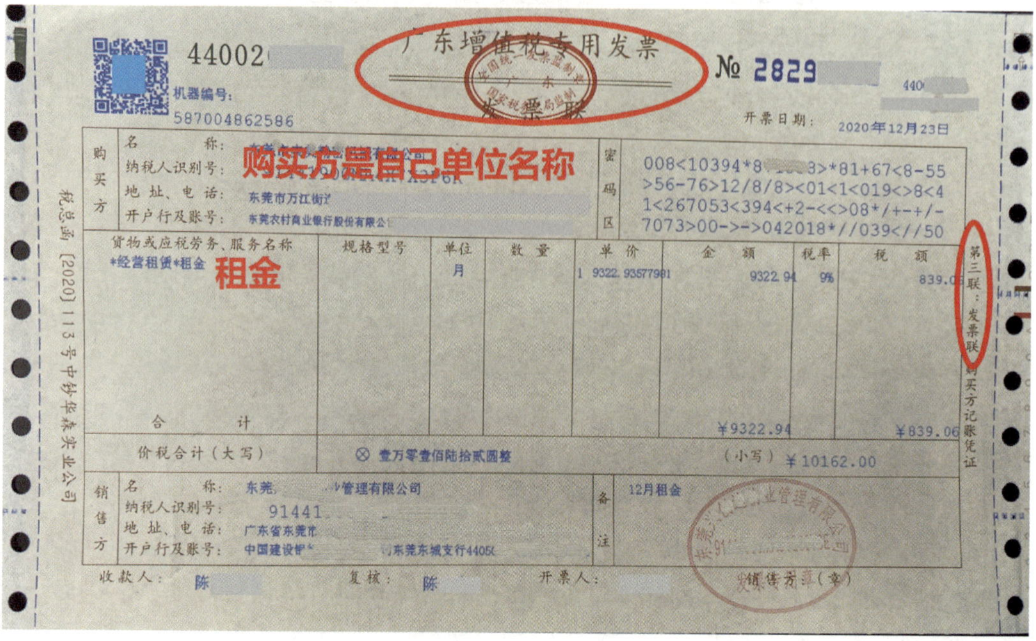

广东增值税专用发票

44002

№ 2829

机器编号：587004862586

开票日期：2020年12月23日

购买方	名称： 纳税人识别号： 地址、电话：东莞市万江街 开户行及账号：东莞农村商业银行股份有限公	密码区	008<10394*8 3>*81+67<8-55 >56-76>12/8/8><01<1<019<>8<4 1<267053<394<+2-<<>08*/+-+/- 7073>00->->042018*//039<//50

货物或应税劳务、服务名称	规格型号	单位	数量	单价	金额	税率	税额
*经营租赁*租金		月	1	9322.93577981	9322.94	9%	839.06
合计					¥9322.94		¥839.06
价税合计（大写）	⊗壹万零壹佰陆拾贰圆整				（小写）¥10162.00		

销售方	名称：东莞 管理有限公司 纳税人识别号：91441 地址、电话：广东省东莞市 开户行及账号：中国建设银 东莞东城支行4405	备注	12月租金

收款人：陈　　复核：陈　　开票人：　　销售方：（章）

第三联：发票联　购买方记账凭证

税总函［2020］113号中钞华森实业公司

购买方是自己单位名称

租金

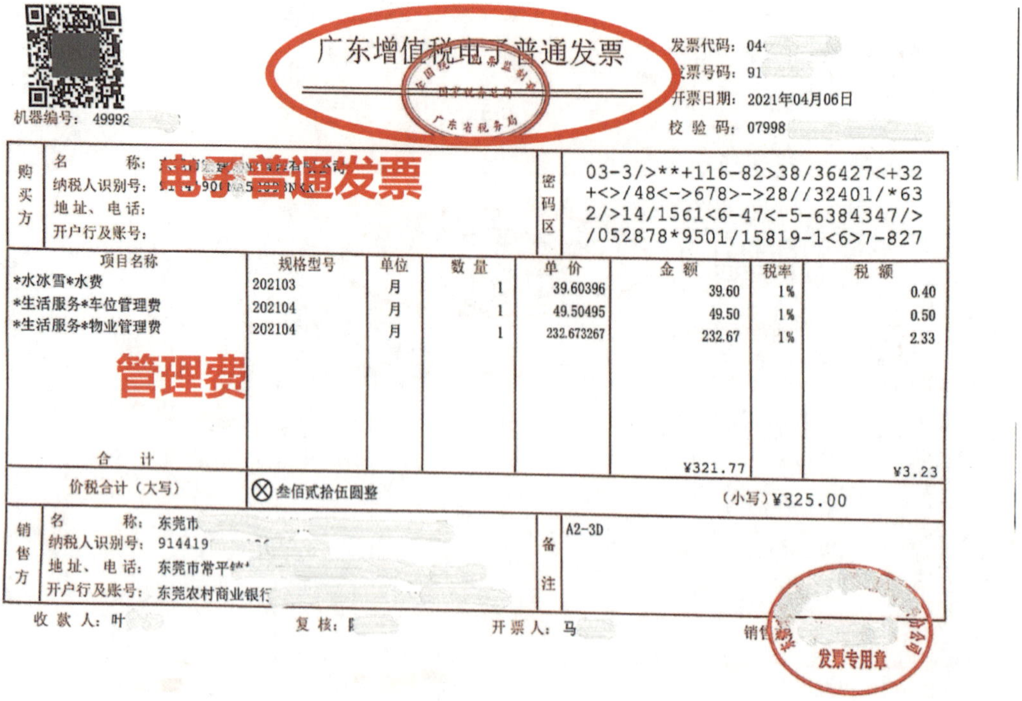

广东增值税电子普通发票

机器编号：49992

发票代码：04

发票号码：91

开票日期：2021年04月06日

校验码：07998

购买方	名称： 纳税人识别号： 地址、电话： 开户行及账号：	密码区	03-3/>**+116-82>38/36427<+32 +<>/48<->678>->28//32401/*63 2/>14/1561<6-47<-5-6384347/> /052878*9501/15819-1<6>7-827

项目名称	规格型号	单位	数量	单价	金额	税率	税额
*水冰雪*水费	202103	月	1	39.60396	39.60	1%	0.40
*生活服务*车位管理费	202104	月	1	49.50495	49.50	1%	0.50
*生活服务*物业管理费	202104	月	1	232.673267	232.67	1%	2.33
合计					¥321.77		¥3.23
价税合计（大写）	⊗叁佰贰拾伍圆整				（小写）¥325.00		

销售方	名称：东莞市 纳税人识别号：914419 地址、电话：东莞市常平 开户行及账号：东莞农村商业银行	备注	A2-3D

收款人：叶　　复核：　　开票人：马　　销售方：（章）

发票专用章

电子普通发票

管理费

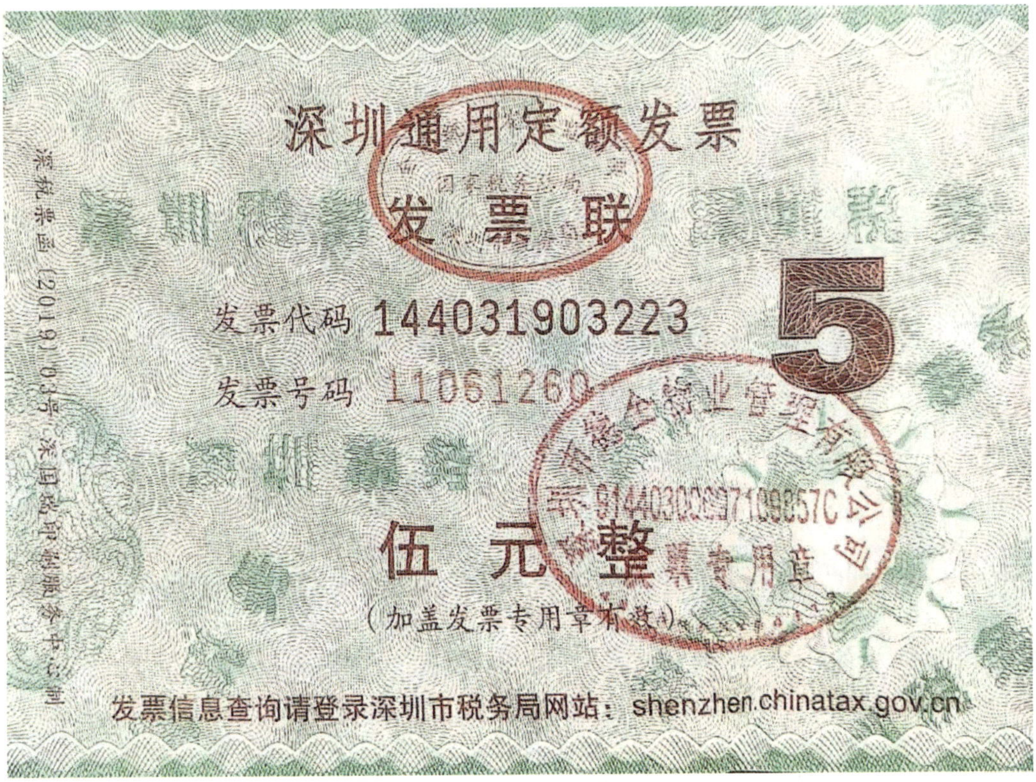
深圳通用定额发票

发票联

发票代码 144031903223

发票号码 11061260

5

伍元整

（加盖发票专用章有效）

发票信息查询请登录深圳市税务局网站：shenzhen.chinatax.gov.cn

深税票函〔2019〕03号 深圳国税印制服务中心印制

小贴士

目前常见的发票有：专用发票、普通发票、电子发票、通用机打发票、定额发票等。

3. 财政票据、费用收据等

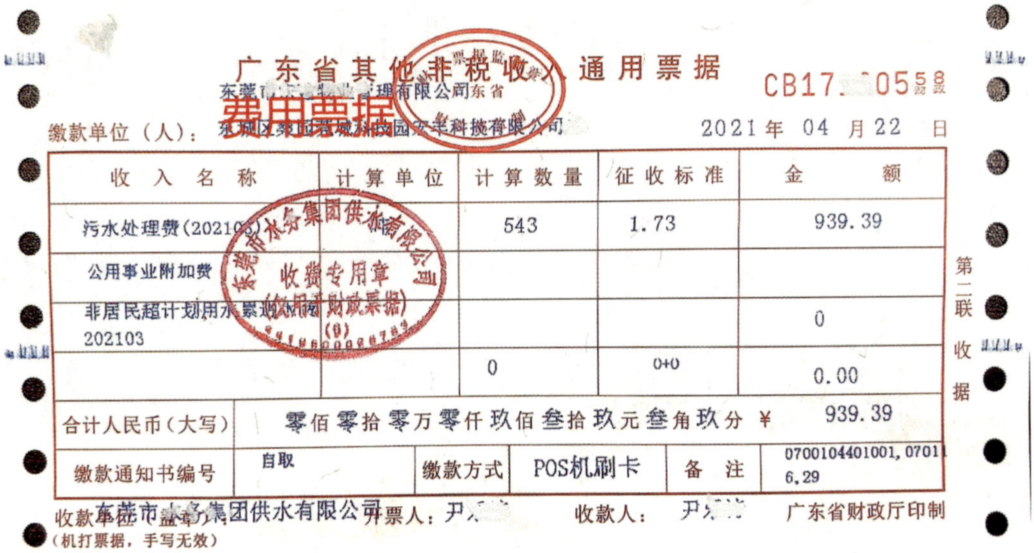
广东省其他非税收入通用票据

CB17 0558

费用票据

缴款单位（人）：

2021年 04 月22 日

收入名称	计算单位	计算数量	征收标准	金额
污水处理费(202103)		543	1.73	939.39
公用事业附加费				
非居民超计划用水累进加价 202103				0
		0	0+0	0.00
合计人民币（大写）	零佰零拾零万零仟玖佰叁拾玖元叁角玖分 ¥			939.39
缴款通知书编号	自取	缴款方式	POS机刷卡	备注 0700104401001,07011 6.29

收款单位（盖章）：东莞市水务集团供水有限公司 开票人：尹 收款人：尹 广东省财政厅印制

（机打票据，手写无效）

第二联 收据

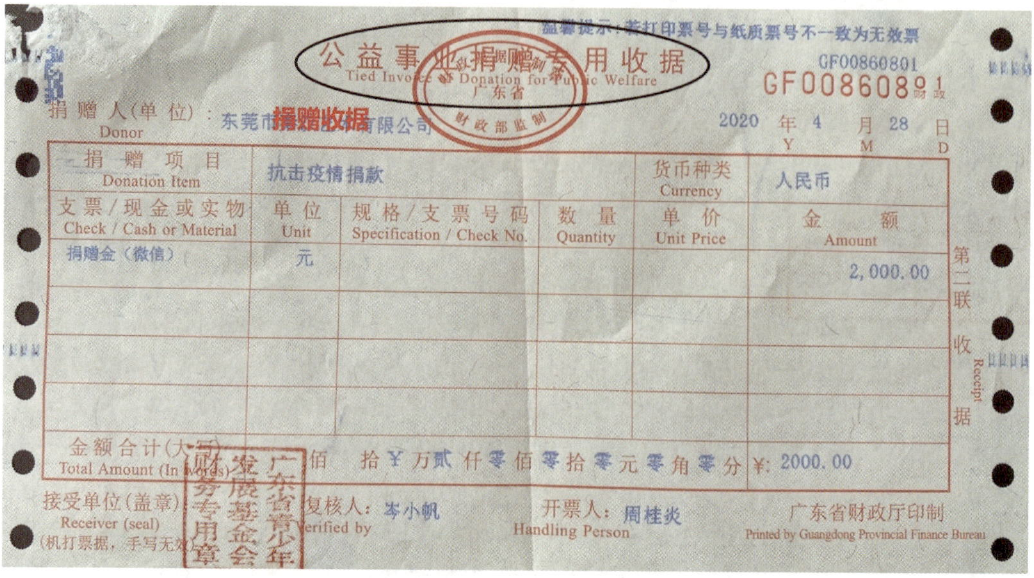
温馨提示：若打印票号与纸质票号不一致为无效票

公益事业捐赠专用收据
Tied Invoice of Donation for Public Welfare

GF00860801
GF008608 01

捐赠人(单位)：东莞市……有限公司 Donor

捐赠收据

2020 年 4 月 28 日

捐赠项目 Donation Item	抗击疫情捐款			货币种类 Currency	人民币
支票/现金或实物 Check / Cash or Material	单位 Unit	规格/支票号码 Specification / Check No.	数量 Quantity	单价 Unit Price	金额 Amount
捐赠金（微信）	元				2,000.00

金额合计(大写) Total Amount (In words) 佰 拾 ¥ 万 贰 仟 零 佰 零 拾 零 元 零 角 零 分 ¥: 2000.00

接受单位(盖章) Receiver (seal)（机打票据，手写无效） 复核人：李小帆 Verified by 开票人：周桂炎 Handling Person

广东省财政厅印制 Printed by Guangdong Provincial Finance Bureau

第二联 收据 Receipt

二、常见自制的财务票据

1. 发票(销售发票的记账联)

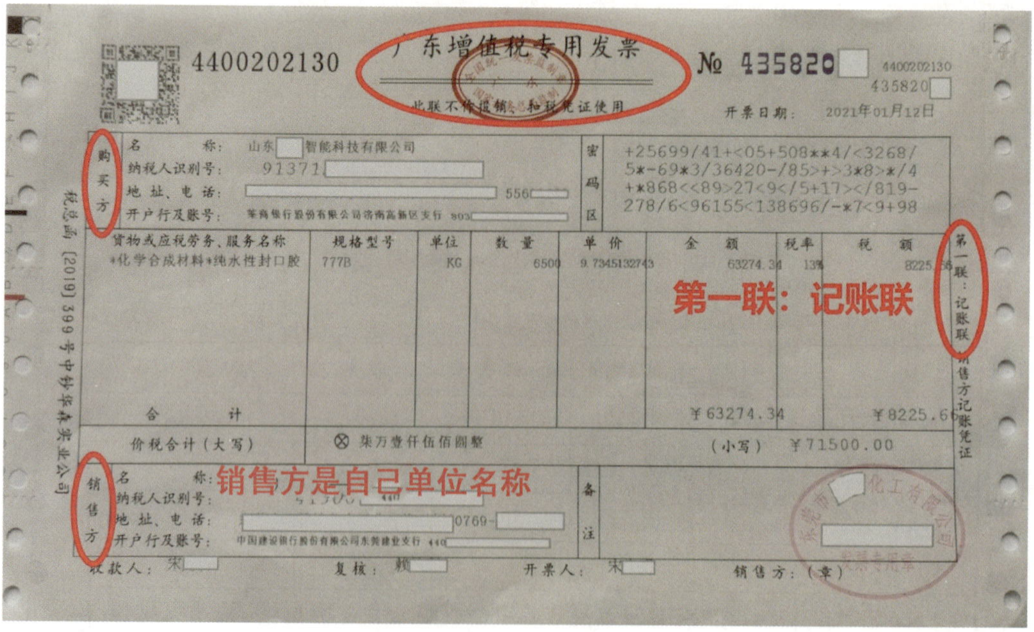
4400202130 广东增值税专用发票 № 435820

此联不作报销、扣税凭证使用

开票日期：2021年01月12日

购买方 名称：山东……智能科技有限公司 纳税人识别号：91371…… 地址、电话：……556…… 开户行及账号：齐商银行股份有限公司济南高新区支行 803……

密码区 +25699/41+<05+508**4/<3268/ 5*-69*3/36420-/85>+>3*8>*/4 +*868<<89>27<9</5+17></819- 278/6<96155<138696/-*7<9+98

货物或应税劳务、服务名称	规格型号	单位	数量	单价	金额	税率	税额
*化学合成材料*纯水性封口胶	777B	KG	6500	9.7345132743	63274.34	13%	8225.66
合计					¥63274.34		¥8225.66

价税合计（大写） ⊗柒万壹仟伍佰圆整 （小写） ¥71500.00

销售方 名称：…… 纳税人识别号：…… 地址、电话：……0769-…… 开户行及账号：中国建设银行股份有限公司东莞建业支行 440……

销售方是自己单位名称

备注

收款人：宋…… 复核：赖…… 开票人：宋…… 销售方：（章）

第一联：记账联 销售方记账凭证

税总函[2019]399号中钞华森实业公司

2. 银行进账单、支票存根联等

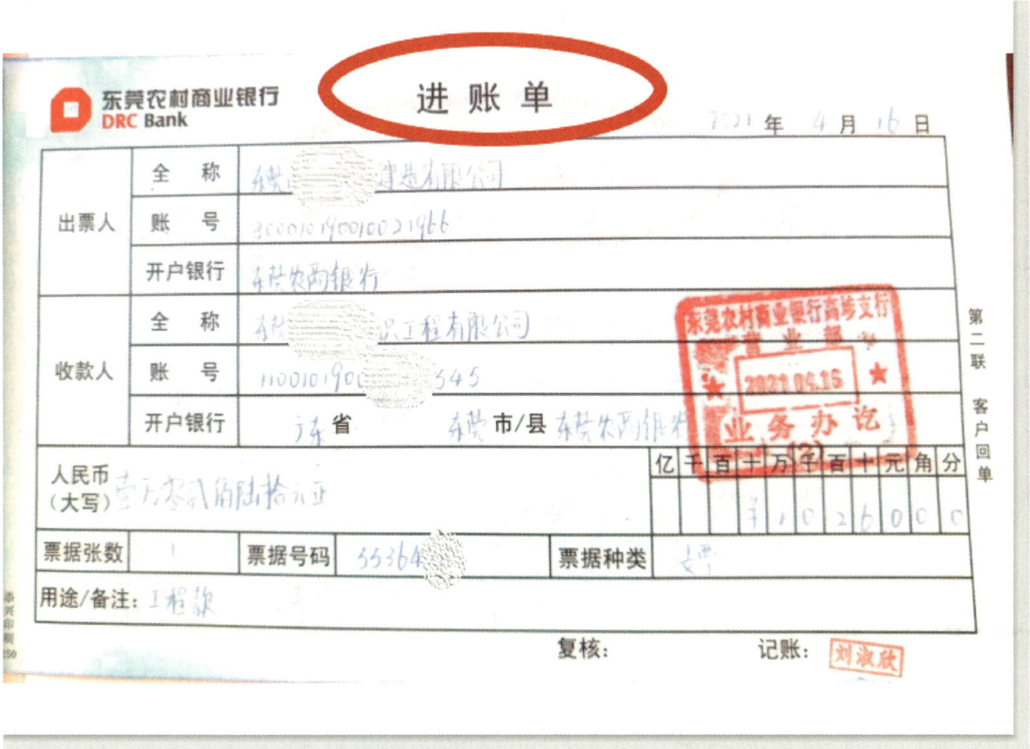

东莞农村商业银行 DRC Bank

进 账 单

2021 年 4 月 16 日

出票人	全　称	
	账　号	300010190010021966
	开户银行	东莞农商银行
收款人	全　称	
	账　号	
	开户银行	广东 省　东莞 市/县 东莞农商银行
人民币（大写）	壹万零贰佰陆拾元正	¥10260.00
票据张数	1	
票据号码		
票据种类	支票	
用途/备注：	工程款	

复核：　　记账：刘淑欣

东莞农村商业银行高埗支行 营业部 2021.04.16 业务办讫 (2)

第二联 客户回单

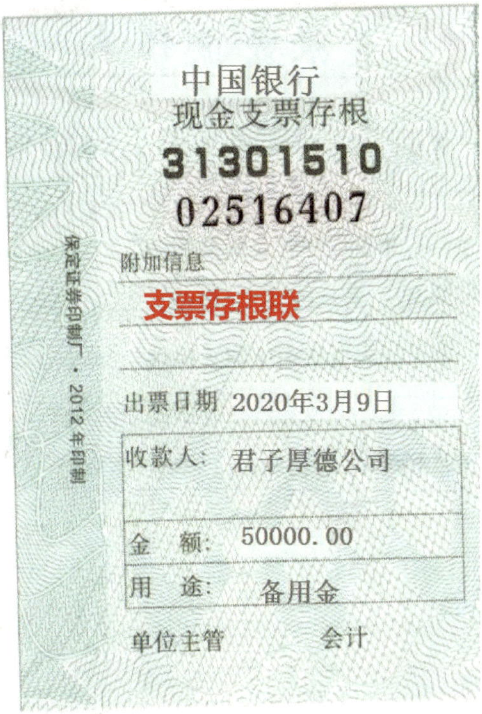

中国银行
现金支票存根
31301510
02516407

附加信息
支票存根联

出票日期 2020年3月9日

收款人：君子厚德公司

金　额：50000.00

用　途：备用金

单位主管　　会计

保定证券印制厂・2012年印制

3. 报销单(费用报销单、差旅费报销单)

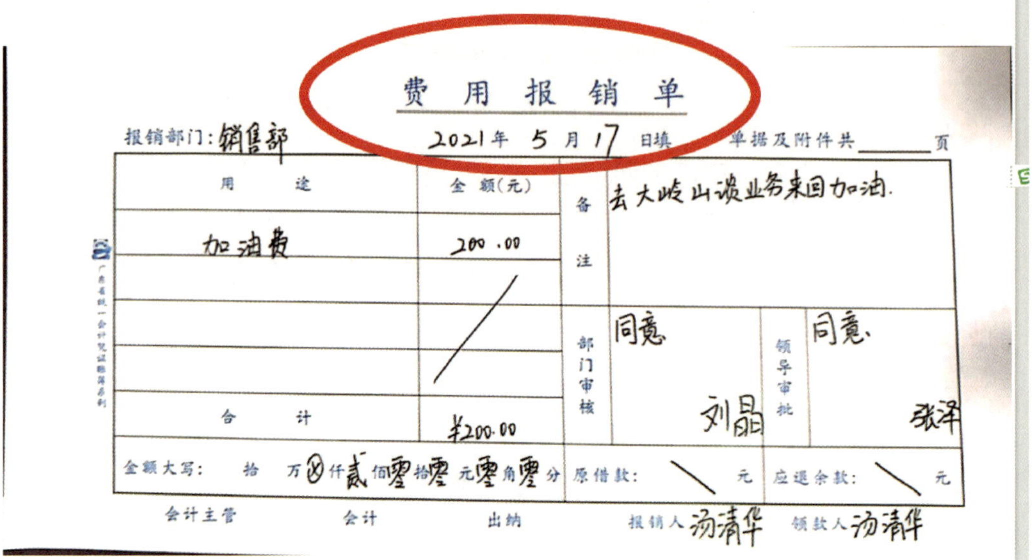

费用报销单

报销部门：销售部　　2021年 5 月 17 日填　　单据及附件共______页

用途	金额(元)	备注	去大岐山谈业务来回加油.		
加油费	200.00				
		部门审核	同意 刘晶	领导审批	同意 张泽
合计	¥200.00				
金额大写：拾 万⊗仟贰佰零拾零元零角零分		原借款：＼元		应退余款：＼元	

会计主管　　会计　　出纳　　报销人 汤清华　　领款人 汤清华

广东省统一会计凭证账簿系列

差旅费报销单

部门 业务部

出差人								曹馨月			出差事由		洽谈商务.开发市场				
出发				到达				交通工具	交通费		出差补贴		其他费用				
月	日	时	地点	月	日	时	地点		单据张数	金额	天数	金额	项目	单据张数	金额		
3	2	8	呼和浩特	3	2	13	北京	火车	-	-	-	-	住宿费	贰	300.-	附件	
3	4	9	北京	3	4	14	呼和浩特	火车	-	-	-	-	市内车费	捌	287.-		
													通讯费	-	-	拾伍	
													办公用品费	壹	20.-		
													不买卧铺补贴	-	-		
													其他	肆	480.-		
合计														拾伍	1087.-	张	
报销总额	人民币(大写)壹仟零捌拾柒元整								预借旅费	¥2000.-			补领金额	¥0.-			
													退还金额	¥913.-			

主管 朱世佳　　审核 冯欲伟　　出纳 岳胜　　领款人 曹馨月

Kingdee 金蝶妙想 金蝶差旅费用报销单 (北京版210-120) SS2101208

4. 领料单、出库单、入库单

领 料 单　　№ 2005546

领料部门：生产部

生产通知单号别：202105010003　　2021年5月17日

制品名称：　　制造数量：　　领料用途：

编号	品名	规格	单位	请领数量	实发数量	单价	金额 十	万	千	百	十	元	角	分	备注
①	二极管	1N4007	只	544216	544216	0.0195		1	0	6	1	9	4	6	
	以下空白														
附件		张		合计			¥	1	0	6	1	9	4	6	

主管　　会计　　记帐　　发料　　领料　　制单 林丽

存根(白)　交会计部门(红)　交保管部门(黄)

出 库 单　　No 662593

仓库 工场 交　　2021年5月17日

编号	成品名称	单位	规格	数量	单价	金额	附注
①	二极管	只	1N4007	544216			
	以下空白						
合			计				

记帐　　保管　　制票 林丽

①存根(白)　②提货单位(红)　③会计(黄)

入 库 单

No 183721

仓库
工场 交

日

编号	成品名称	单位	规格	数量	单价	金额	附注
①	二极管	只	1N4107	544216	0.0195	10617.46	
	以下空白						
合		计				10617.46	

一存根（白） 二财会（红） 三仓库（黄）

记帐　　保管　　制票 [redacted]

5. 工资结算单

东莞市[redacted]公司工资单　工资表

2020年1月

序号	职位	姓名	基本工资	津贴	补助	加班费	事病假扣除	应发合计	养老保险	医疗保险	失业保险	扣回社保合计	子女教育	个得税	实 发	签名
1	经理	[redacted]	6000.00	1000.00	1000.00	0.00	0.00	8000.00	270.08	24.48	5.81	300.37	500.00	65.99	7633.64	[redacted]
2	办公室		3500.00	1000.00	1000.00	120.00	0.00	5620.00	270.08	24.48	5.81	300.37	2000.00	0.00	5319.63	
3	施工师傅		3500.00	1000.00	1000.00	0.00	0.00	5500.00	270.08	24.48	5.81	300.37	3000.00	0.00	5199.63	
4	施工师傅		4000.00	1500.00	1100.00	0.00	0.00	6600.00	270.08	24.48	6.20	300.76		38.97	6260.27	
5	办公室		3000.00	1500.00	800.00	0.00	0.00	5300.00	280.00	24.48	7.00	311.48		0.00	4988.52	
6	办公室		3000.00	1000.00	1000.00	0.00	150.00	4850.00	0.00	0.00	0.00	0.00		0.00	4850.00	
7	施工师傅		3000.00	1000.00	800.00	0.00	0.00	4800.00	0.00	0.00	0.00	0.00		0.00	4800.00	
8	施工师傅		5000.00	1500.00	800.00	0.00	733.00	6567.00	0.00	0.00	0.00	0.00	3000.00	0.00	6567.00	
		合 计	31000.00	9500.00	7500.00	120.00	883.00	47237.00	1360.32	122.40	30.63	1513.35	8500.00	104.96	45618.69	

员工签名

6. 其他(固定资产折旧计算表、缴税计算表、盘亏盘盈计算表等)

固定资产折旧计算表

内蒙古棕硕信息技术有限公司　2020年 4季度 折旧表

名称	数量	折旧方法	购建日期	原值	计提日期	残值率	使用年限	月折旧额	提足日期
打印机	1	年限平均法	2016.12.30	2970	2017.1	5%	5	47.03	2021.12
打印机	1	年限平均法	2016.12.1	1270	2017.1	5%	5	20.11	2021.12
联系打印本	1	年限平均法	2016.12.2	3279	2017.1	5%	5	51.92	2021.12
小计								119.06	
合计			10-12月					357.18	

存货---消毒液　盘点情况表　盘亏计算表

			盘点日期	2020年	3月	31日						金额单位：元
类别	名称及规格	计量单位	实存		账存		盘盈		盘亏		盘亏原因	处理情况
			数量	金额	数量	金额	数量	金额	数量	金额		
消毒液		箱	1198	115008	1200	115200			2	192	保管人员	个人赔偿
合计金额												

盘点人：张三　经理：　保管人：尹晓晓

2.2 整理财务票据

任务 掌握整理票据的原则与方法

一、整理票据的原则

首先按经济业务发生的性质分类整理财务票据(如：购买材料的发票联、支付单据、收料单等)；其次按日期先后顺序分类整理。

二、整理票据的方法

按经济业务发生的内容进行归类，如采购业务、销售业务、支付各种费用、报销费用、计提或发放工资等，把同一项目业务发生的原始票据归集在一起。比较常见的业务有以下：

（1）销售货物的票据一般有：发票记账联、购销合同、送货单及出库单(如果同时收到货款则还有银行业务回单)。

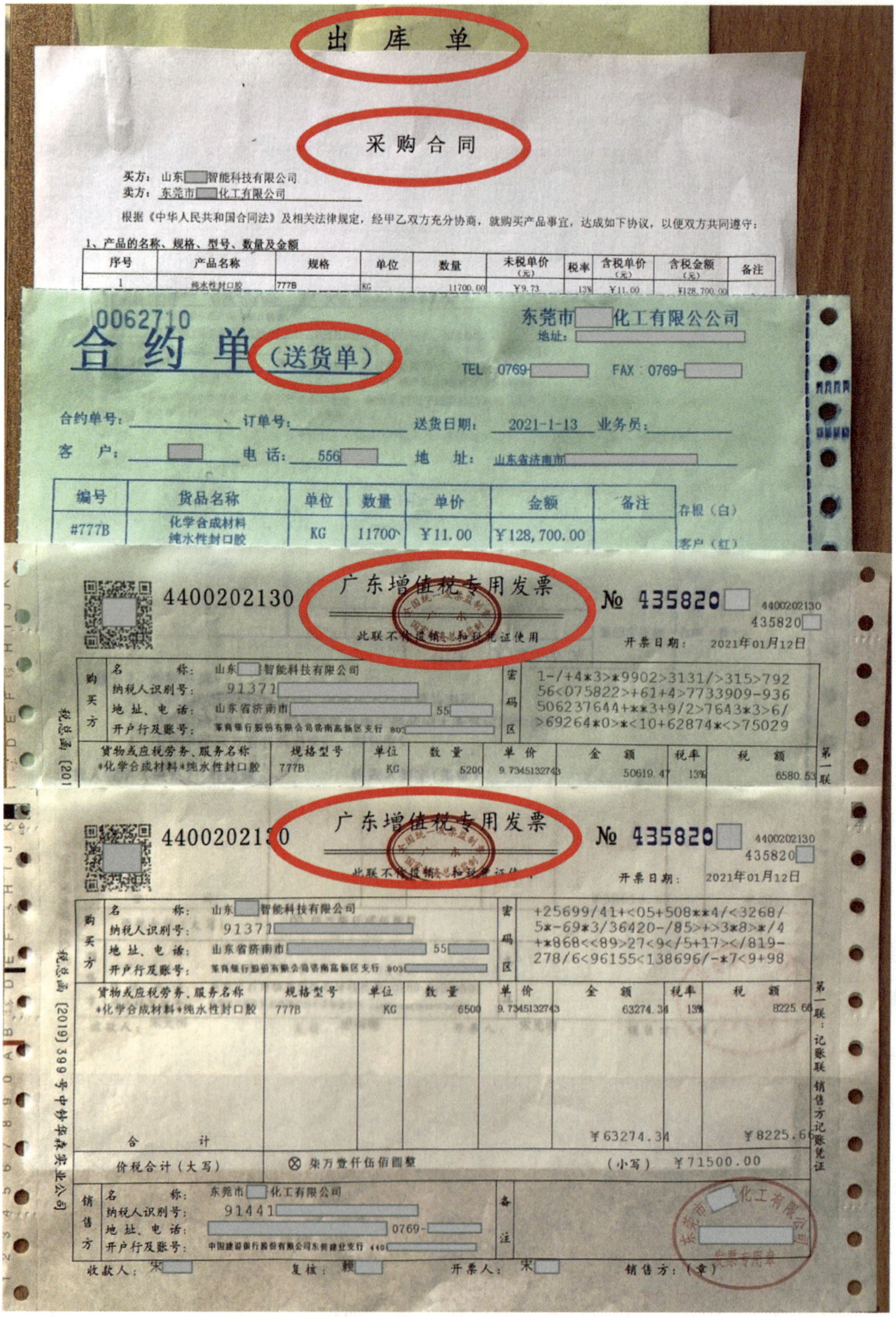

（2）采购工业原材料、商业库存商品或固定资产等业务的票据一般有：发票的发票联、购销合同(订购单或采购单)、送货单及入库单(如果已付款则还有银行业务回单)。

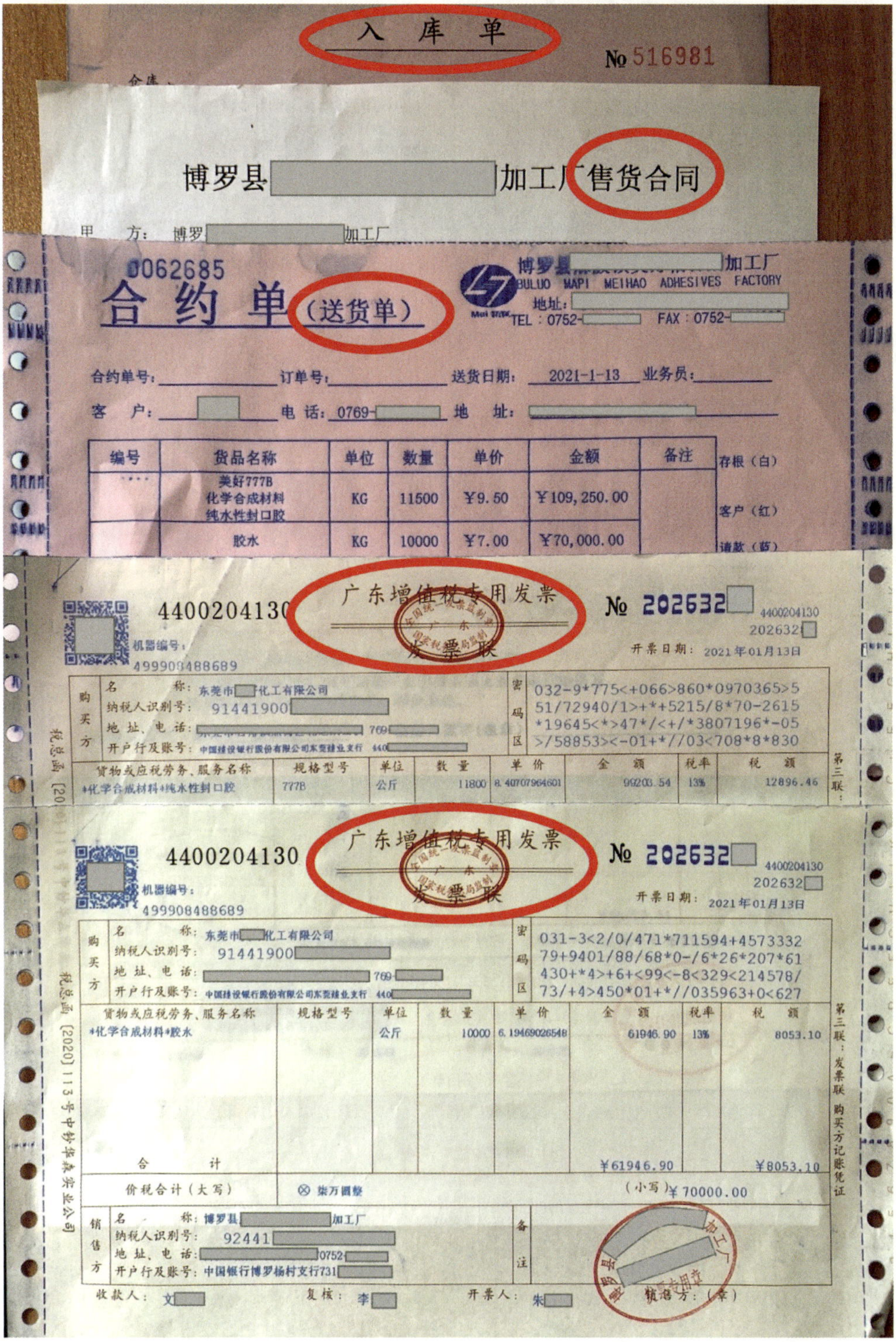

（3）收款业务的票据一般有：银行业务回单或汇票。

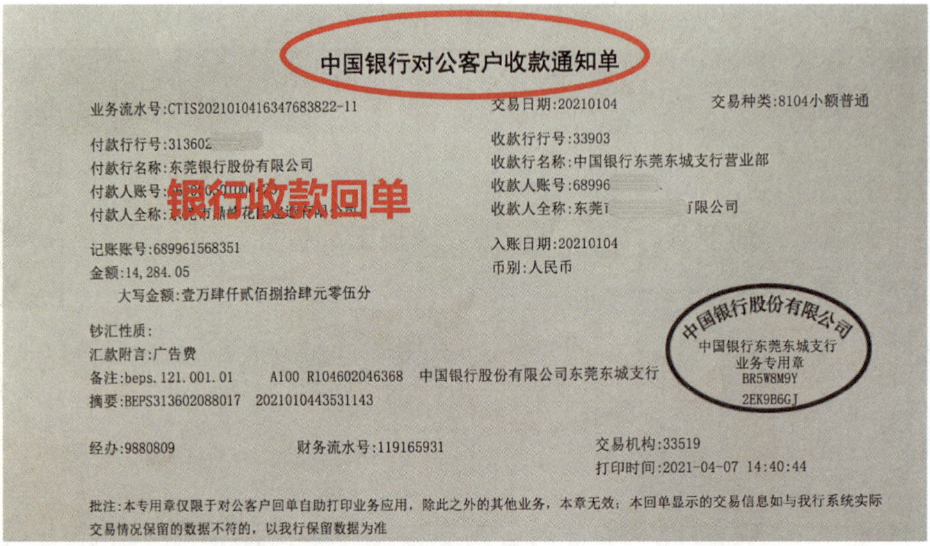
中国银行对公客户收款通知单

业务流水号:CTIS2021010416347683822-11　交易日期:20210104　交易种类:8104小额普通

付款行行号:313602　收款行行号:33903

付款行名称:东莞银行股份有限公司　收款行名称:中国银行东莞东城支行营业部

付款人账号:　收款人账号:68996

付款人全称:　收款人全称:东莞　有限公司

记账账号:689961568351　入账日期:20210104

金额:14,284.05　币别:人民币

大写金额:壹万肆仟贰佰捌拾肆元零伍分

钞汇性质:

汇款附言:广告费

备注:beps.121.001.01　A100 R104602046368　中国银行股份有限公司东莞东城支行

摘要:BEPS313602088017　2021010443531143

经办:9880809　财务流水号:119165931　交易机构:33519

打印时间:2021-04-07 14:40:44

批注:本专用章仅限于对公客户回单自助打印业务应用，除此之外的其他业务，本章无效；本回单显示的交易信息如与我行系统实际交易情况保留的数据不符的，以我行保留数据为准

（4）付款业务（租金、水电费、办公费、社保费、税金、公积金等）的票据一般有：银行业务回单、发票或税费单。

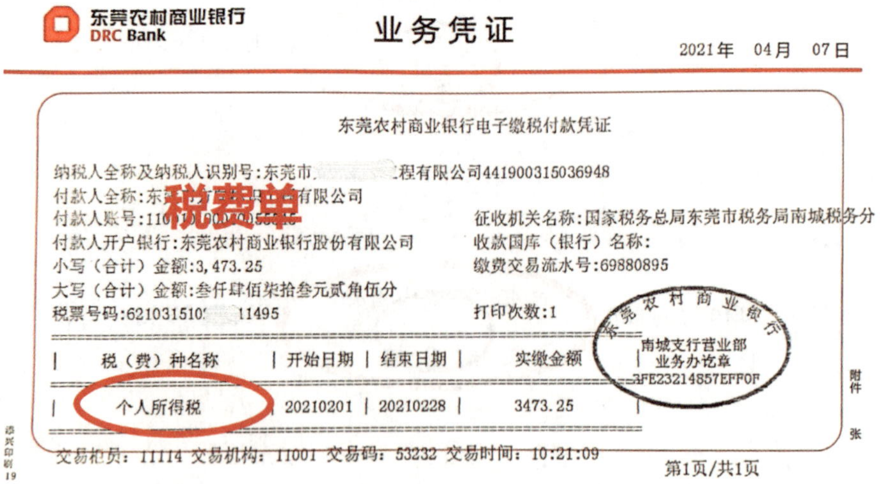
东莞农村商业银行 DRC Bank　业务凭证　2021年 04月 07日

东莞农村商业银行电子缴税付款凭证

纳税人全称及纳税人识别号:东莞市　工程有限公司441900315036948

付款人全称:东　有限公司

付款人账号:110　征收机关名称:国家税务总局东莞市税务局南城税务分

付款人开户银行:东莞农村商业银行股份有限公司　收款国库（银行）名称:

小写（合计）金额:3,473.25　缴费交易流水号:69880895

大写（合计）金额:叁仟肆佰柒拾叁元贰角伍分

税票号码:6210315101　11495　打印次数:1

税（费）种名称	开始日期	结束日期	实缴金额
个人所得税	20210201	20210228	3473.25

交易柜员: 11114 交易机构: 11001 交易码: 53232 交易时间: 10:21:09

第1页/共1页

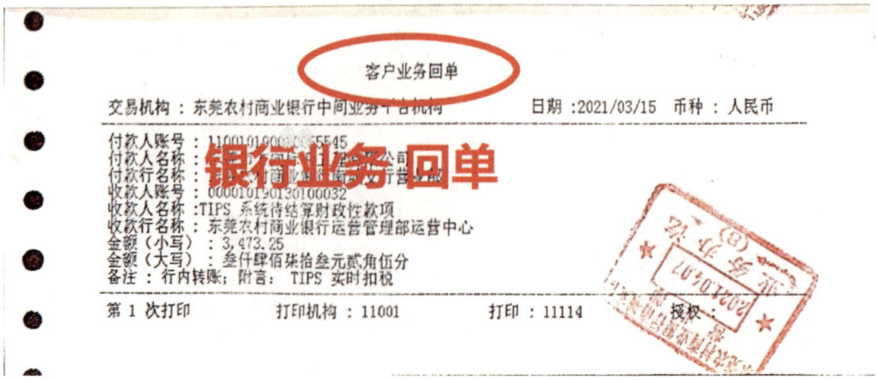
客户业务回单

交易机构：东莞农村商业银行中间业务平台机构　日期：2021/03/15　币种：人民币

付款人账号：110010190
付款人名称：
付款行名称：
收款人账号：000010190130100032
收款人名称：TIPS系统待结算财政性款项
收款行名称：东莞农村商业银行运营管理部运营中心
金额（小写）：3,473.25
金额（大写）：叁仟肆佰柒拾叁元贰角伍分
备注：行内转账；附言：TIPS实时扣税

第1次打印　打印机构：11001　打印：11114　授权：

(5) 计提工资及发放工资的票据一般是：工资表。

(6) 计提税金的票据一般是：企业计税表。

城市维护建设税 教育费附加 地方教育附加申报表

附加税

税款所属期间：　　　　至

纳税人识别号：　　　　　　　　　　　　　　　　填表日期：

纳税人名称：　　　　　　　　　　　　　　　　　金额单位：元

本期是否适用增值税小规模纳税人减征政策（减免性质_城市维护建设税：07049901_减免性质代码_教育费附加：61049901_减免性质代码_地方教育附加：99049901）	□是 □否	减征比例_城市维护建设税（%）	
		减征比例_教育费附加（%）	
		减征比例_地方教育附加（%）	
本期是否适用试点建设培育产教融合型企业抵免政策	□是 □否	当期新增投资额	
		上期留抵可抵免金额	
		结转下期可抵免金额	

税（费）种	计税（费）依据					税率（征收率）	本期应纳税（费）额	本期减免税（费）额		本期增值税小规模纳税人减征额	试点建设培育产教融合型企业		本期已缴税（费）额	本期应补（退）税（费）额
	增值税		消费税	营业税	合计			减免性质代码	减免税（费）额		减免性质	本期抵免金额		
	一般增值税	免抵税额												
	1	2	3	4	5=1+2+3+4	6	7	8	9	10	11	12	13	14=7-9-10-12-13
合计	-- --					-- --		-- --			-- --			

谨声明：本申报表是根据国家法律法规及相关规定填报的，是真实的、可靠的、完整的。			
纳税人（签章）：		年　月　日	
经办人：			
经办人身份证号：		受理人：	
代理机构签章：		受理税务机关（章）：	
代理机构统一社会信用代码：		受理日期：	

(7) 费用报销的种类比较多，常见的有差旅费、交通费、办公费、业务招待费、加油费、培训费等；不同的费用报销的票据各有不同，但一般都有：取得真实、合法的票据及对应填写的费用报销单(且有相关负责人审批签字)。

差旅费过路费

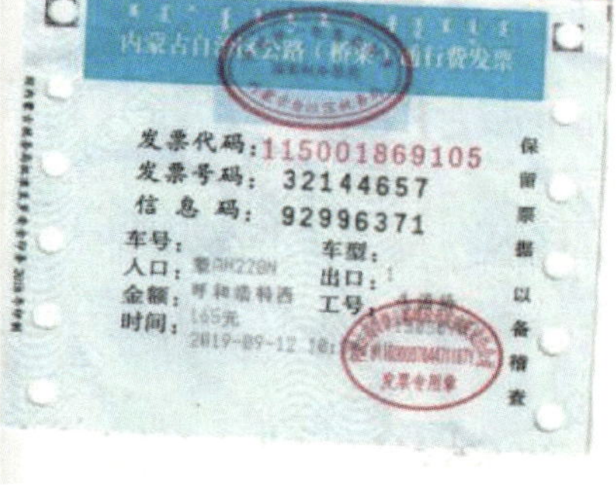

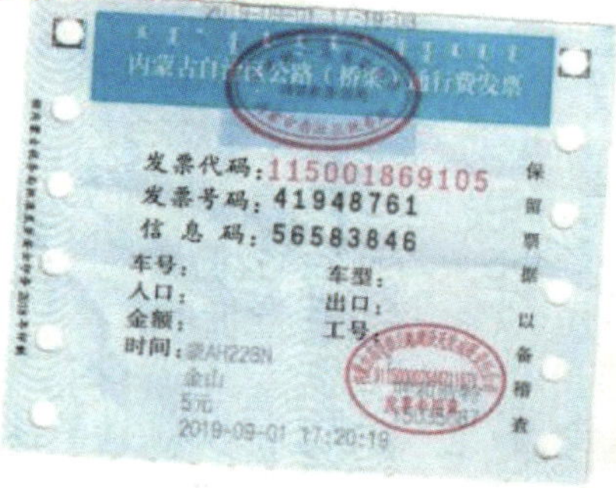

交通费停车票

内蒙古通用定额发票

发票联

发票代码 1150020269

发票号码 00008342

信息码 95540827

贰 元

交通费打车票

[redacted]

发票代码:115001934040

发票号码:89060068

信息码:82793770

[redacted] 机打发票 手写无效

单位: 04010003

电话: 6306693

车号: 蒙A-Y2577

证号: 04002577

上车: 13:27

下车: 13:32

单价: 1.50

里程: 3.0

等候: 00:00:35

状态: 0

金额: ¥11.00

[redacted]

发票代码:115001934040

发票号码:89060077

信息码:65925876

[redacted] 机打发票 手写无效

单位: 04010003

电话: 6306693

车号: 蒙A-Y2577

证号: 04002577

上车: 20:32

下车: 20:56

单价: 1.50

里程: 7.7

等候: 00:09:47

状态: 0

金额: ¥18.50

业务招待费

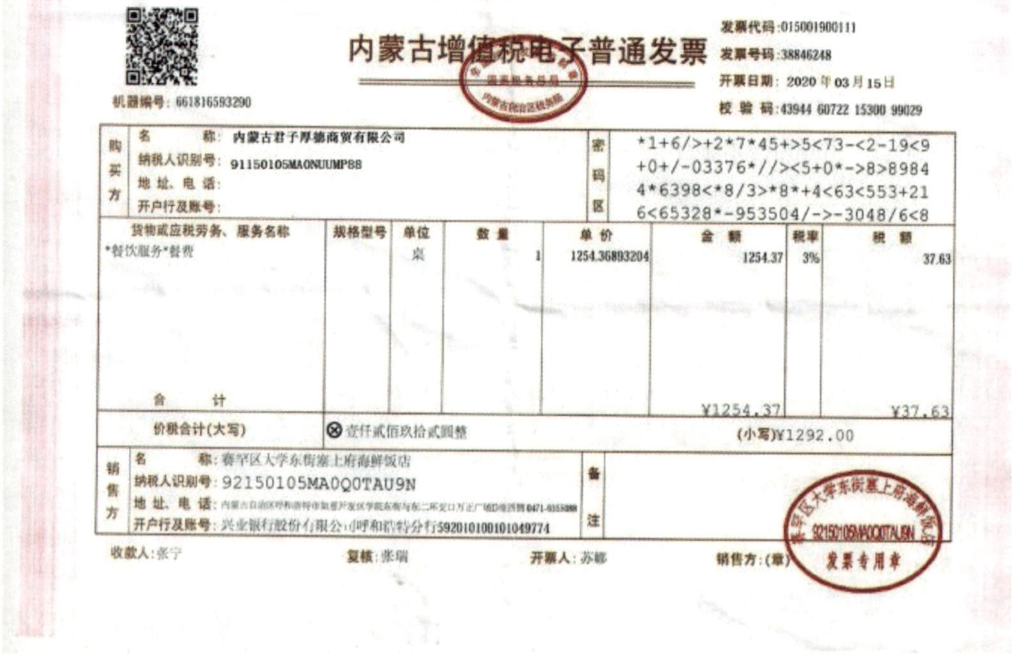

内蒙古增值税电子普通发票

发票代码:015001900111

发票号码:38846248

开票日期: 2020年03月15日

校验码:43944 60722 15300 99029

机器编号: 661816593290

购买方 名称: 内蒙古君子厚德商贸有限公司

纳税人识别号: 91150105MA0NUUMP88

地址、电话:

开户行及账号:

密码区 *1+6/>+2*7*45+>5<73-<2-19<9 +0+/-03376*//><5+0*->8>8984 4*6398<*8/3>*8*+4<63<553+21 6<65328*-953504/->-3048/6<8

货物或应税劳务、服务名称	规格型号	单位	数量	单价	金额	税率	税额
*餐饮服务*餐费		桌	1	1254.36893204	1254.37	3%	37.63
合计					¥1254.37		¥37.63
价税合计(大写)	⊗壹仟贰佰玖拾贰圆整				(小写)¥1292.00		

销售方 名称: 赛罕区大学东街寨上府海鲜饭店

纳税人识别号: 92150105MA0Q0TAU9N

地址、电话: 内蒙古自治区呼和浩特市如意开发区学院东街与东二环交口万正广场D座西侧0471-6355088

开户行及账号: 兴业银行股份有限公司呼和浩特分行592010100101049774

备注

收款人: 张宁 复核: 张瑞 开票人: 苏娜 销售方:(章)

小贴士

报销费用的票据抬头名称须是公司名称，个人名称不能报销(差旅费除外，差旅费的个人必须是股东或公司员工)，房租水电管理费写的地址必须跟公司注册地址或经营地址相符。

（8）计提固定资产折旧的票据一般是：固定资产折旧表。

固定资产折旧表

期初原值	期初累计折旧	期初净值	期初减值准备	期初净额	原值增加	原值减少	折旧调增	折旧调减	减值准备调增	减值准备调减	本期折旧额	本年折旧额	本年实际计	期末原值	期末累计折旧	期末净值	期末减值准备	期末净额
¥103,677.04	¥49,393.31	¥54,283.73	¥0.00	¥54,283.73	¥0.00	¥0.00	¥0.00	¥0.00	¥0.00	¥0.00	¥1,640.12	¥1,640.12	¥1,640.12	¥103,677.04	¥51,033.43	¥52,643.61	¥0.00	¥52,643.61
¥32,075.07	¥22,286.28	¥9,788.79	¥0.00	¥9,788.79	¥0.00	¥0.00	¥0.00	¥0.00	¥0.00	¥0.00	¥651.84	¥651.84	¥651.84	¥32,075.07	¥22,938.12	¥9,136.95	¥0.00	¥9,136.95
¥19,992.13	¥8,487.44	¥11,504.69	¥0.00	¥11,504.69	¥0.00	¥0.00	¥0.00	¥0.00	¥0.00	¥0.00	¥326.32	¥326.32	¥326.32	¥19,992.13	¥8,813.76	¥11,178.37	¥0[illegible]	[illegible]1,178.37
¥90,193.16	¥42,903.56	¥47,289.60	¥0.00	¥47,289.60	¥0.00	¥0.00	¥0.00	¥0.00	¥0.00	¥0.00	¥1,327.44	¥1,327.44	¥1,327.44	¥90,193.16	¥44,231.00	¥45,962.16	¥0.00	[illegible]5,962.16
¥144,104.08	¥52,416.92	¥91,687.16	¥0.00	¥91,687.16	¥0.00	¥0.00	¥0.00	¥0.00	¥0.00	¥0.00	¥2,852.06	¥2,852.06	¥2,852.06	¥144,104.08	¥55,268.98	¥88,835.10	¥0.00	¥88,835.10
¥390,041.48	¥175,487.51	¥214,553.97	¥0.00	¥214,553.97	¥0.00	¥0.00	¥0.00	¥0.00	¥0.00	¥0.00	¥6,797.78	¥6,797.78	¥6,797.78	¥390,041.48	¥182,285.29	¥207,756.19	¥0.00	¥207,756.19

（9）结转成本的票据一般是：根据实际情况结转。

（10）税务局出具单据：是纳税人依法履行纳税义务的合法证明，也是税务机关进行税收核算监督的原始依据（包括：发票月度统计、进项认证抵扣统计、完税证明、社会保险缴费通知单）。

增值税电子普通发票汇总表

发票月度统计

制表日期：2021-05-06

所属期间：4月份

增值税电子普通发票统计表 1-01

增值税发票汇总表（2021年4月）

纳税人登记号：91150102MA0N0BJ09E

企业名称：呼和浩特市浩荡商贸有限责任公司

地址电话：内蒙古自治区呼和浩特市新城区成吉思汗大街西段路北维多利金色华府二号住宅楼1003号　13674715308

★　发票领用存情况　★

期初库存份数	17	正数发票份数	11	负数发票份数	0
购进发票份数	0	正数废票份数	0	负数废票份数	0
退回发票份数	0	期末库存份数	6	分配发票份数	0
收回发票份数	0				

★　销项情况　★

金额单位：元

序号	项目名称	合计	其他
1	销项正废金额	0.00	0.00
2	销项正数金额	68636.35	68636.35
3	销项负废金额	0.00	0.00
4	销项负数金额	0.00	0.00
5	实际销售金额	68636.35	68636.35
6	销项正废税额	0.00	0.00
7	销项正数税额	686.35	686.35
8	销项负废税额	0.00	0.00
9	销项负数税额	0.00	0.00
10	实际销项税额	686.35	686.35

第1页

进项认证抵扣统计

抵扣发票统计表

报表更新时间：2021-04-15 13:21:23

纳税人名称：内蒙古天意信息技术有限公司　　纳税人识别号：91150100341299362X　　所属月份：2021年3月　　单位：（份、元）

发票类型＼用途	抵扣			不抵扣		
	份数	金额	有效税额	份数	金额	有效税额
增值税专用发票	4	24,104.76	3,133.62	0	0.00	0.00
增值税电子专用发票	0	0.00	0.00	0	0.00	0.00
机动车销售统一发票	0	0.00	0.00	0	0.00	0.00
通行费电子发票	0	0.00	0.00	0	0.00	0.00
海关缴款书	0	-	0.00	0	-	0.00
出口转内销发票	0	0.00	0.00	0	0.00	0.00
出口转内销电子专用发票	0	0.00	0.00	0	0.00	0.00
出口转内销海关缴款书	0	-	0.00	0	-	0.00
总计	4	24,104.76	3,133.62	0	0.00	0.00

中华人民共和国
税收完税证明

No. 315015210400044831

填发日期：2021 年 04 月 20 日　　税务机关：国家税务总局呼和浩特市税务局

纳税人识别号	91150103MA13TPBT5Q		纳税人名称	内蒙古峰臻汽车销售有限公司	
原凭证号	税种	品目名称	税款所属时期	入（退）库日期	实缴（退）金额
315016210400132898	企业所得税	应纳税所得额	2021-01-01至2021-03-31	2021-04-20	153.62
金额合计	（大写）壹佰伍拾叁元陆角贰分				¥ 153.62
税务机关（盖章）	填票人 电子税务局	备注 正常申报一般申报正税自行申报内蒙古自治区呼和浩特市回民区海拉尔西街庆瑞二手车市场院内419号主管税务所（科、分局）：国家税务总局呼和浩特市回民区税务局攸攸板镇税务所 纳税人手填：			

完税证明

妥善保管

社会保险缴费通知单

单位类型：　企业　　　　打印日期：　2021-03-02　　　　征收机构：盟（市）税务　　　　单位划型：小型企业　　　　征收批次号：202103011717151501 99

缴费单位	单位编号	50393554	开户银行	
	单位名称	内蒙古建安信息技术有限公司	账号	
费款所属期		2021年02月　至　2021年02月	结算期	2021年02月

险种类型	缴费人数	缴费基数		缴费费率		实缴金额					实缴金额合计									
		单位基数总额	个人基数总额	单位	个人	单位本金	个人本金	单位利息	个人利息	滞纳金	千	佰	拾	万	千	佰	拾	元	角	分
企业基本养老保险	3	10500	10500	16.000%	8.000%	1680	840	0	0	0					2	5	2	0	0	0
失业保险	3	10500	7000	0.500%	0.500%	52.5	35	0	0	0							8	7	5	0
基本医疗保险																				
大额医疗保险																				
公务员医疗补助																				
工伤保险	3	10500	0	0.450%	0.000%	47.25	0	0	0	0							4	7	2	5
生育保险																				
合计	9	31500	17500	—	—	1779.75	875	0	0	0					2	6	5	4	7	5
金额合计	贰仟陆佰伍拾肆元柒角伍分																			

缴费单位（章）	社保机构（章）	备注：

注：1、请核实此单据中各项缴费数据，确保准确无误后进行缴费。

2、请在规定缴费期内按时足额缴纳各项社会保险费用。

3、缴费费率仅供参保单位参考，实际缴费费率以社会保险经办机构提供数据为准。

4、2020年02月至2020年12月中小微企业基本养老保险、失业保险、工伤保险单位缴费部分减免100%。

5、企业基本养老保险减免：0 元；　　失业保险减免：0　元；　　工伤保险减免：0 元。

模块3 粘贴票据与装订记账凭证

每月，企业的会计人员根据发生的经济业务和取得的原始票据，使用财务软件编制会计分录，并通过打印机打印出记账凭证，就可整理和装订记账凭证了。

整理记账凭证就是根据凭证号的先后顺序排列，不能断号和跳号，同时按凭证的日期、经济业务内容及金额找到与其对应的原始票据，并将原始票据附在对应记账凭证的后面。

装订记账凭证是一件简单又烦琐的手工活，从整理财务票据到装订记账凭证，要经过好几道工序，只有每一道工序都做好了，才能装订出整齐、美观、牢固的记账凭证。总而言之，装订记账凭证是会计工作的重要环节，是会计人员的一项基本技能。

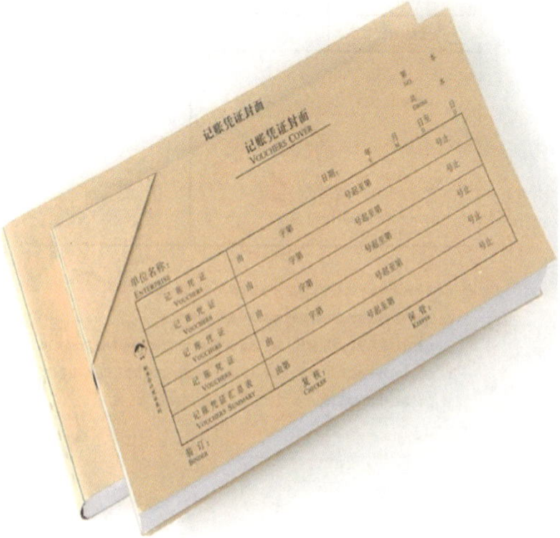

3.1 粘贴票据

任务 粘贴票据的方法

一、做好贴票前的准备工作

（1）确保桌面整洁，有相对足够的空间进行票据整理；准备好需要的贴票神器，比如：笔、长尾夹、剪刀、便利贴、计算器、胶水(不可使用双面胶)、粘贴票据的附纸(如报销单、发票粘贴单、白纸)等。

（2）根据票据的种类(如交通费、差旅费、餐费等)、票据的尺寸大小进行归类。

二、正确的贴票方法

（1）票据尺寸与凭证尺寸一样时不需要粘贴，只需对整齐，装订即可。注意票据里的回形针及订书钉等金属物都要去掉。

（2）凡比凭证面积大的票据都要折叠，折叠的方法一般按封面大小（略小于封面），先折角、后向上折，再左折；或者先对角或半对角折，后向上折，再向下折。

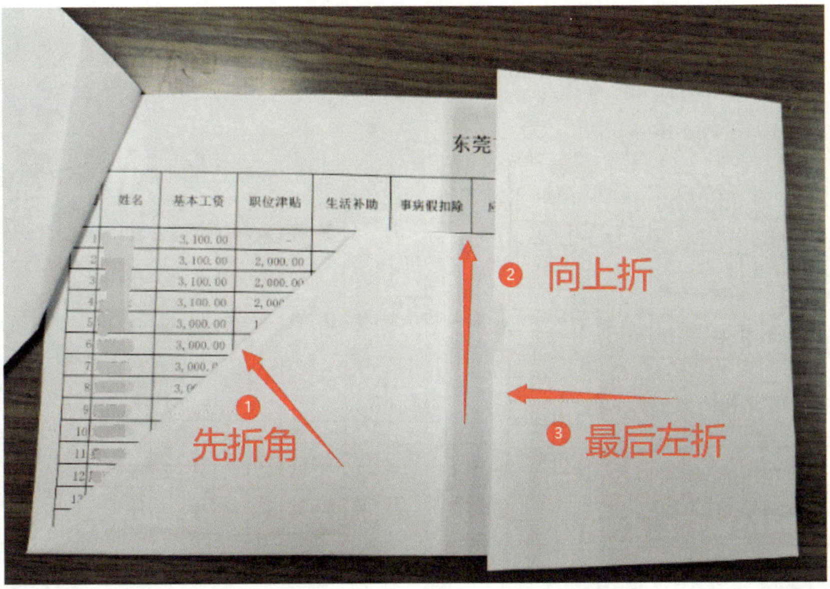

（3）单张票据报销，可以不使用票据粘贴单；多张单据报销，须使用票据粘贴单贴票据，如差旅费报销单或办公费用报销单，常用票据贴票方法：

① 将分类整理好的票据，先小张后大张、从下向上、从右向左，一层层平均粘贴在粘贴单上（票据不得贴在票据上），上下左右不得超出粘贴单，多出的部分折叠起来。

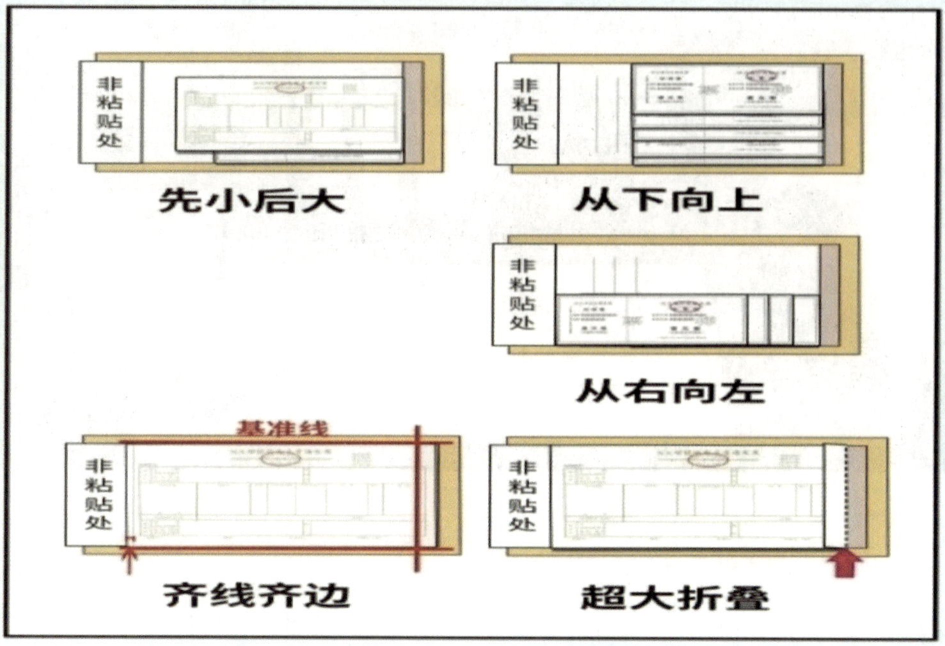

② 粘贴的票据与粘贴单上下、左右对齐，不可超过粘贴单上下及左右边界，每张票据错开约 1 厘米左右的距离，票据呈鱼鳞状分布。

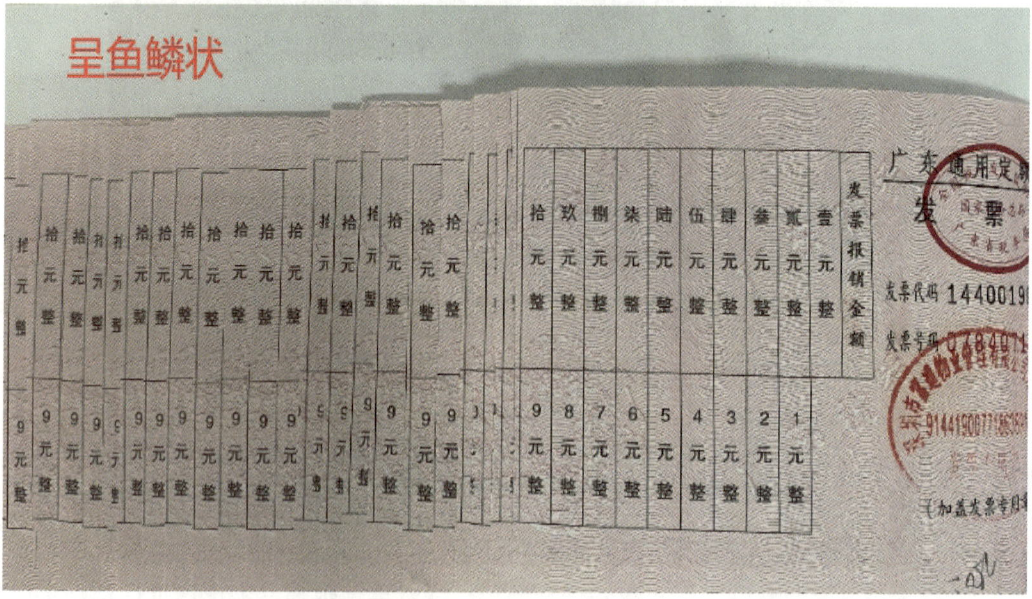

③ 每张粘贴单粘贴票据不宜过多，一般 10~15 张左右(餐费和车费可适当增加到 15~20 张)，粘贴发票或原始单据总的要求是分类粘贴，粘贴单整齐、平整、均匀。

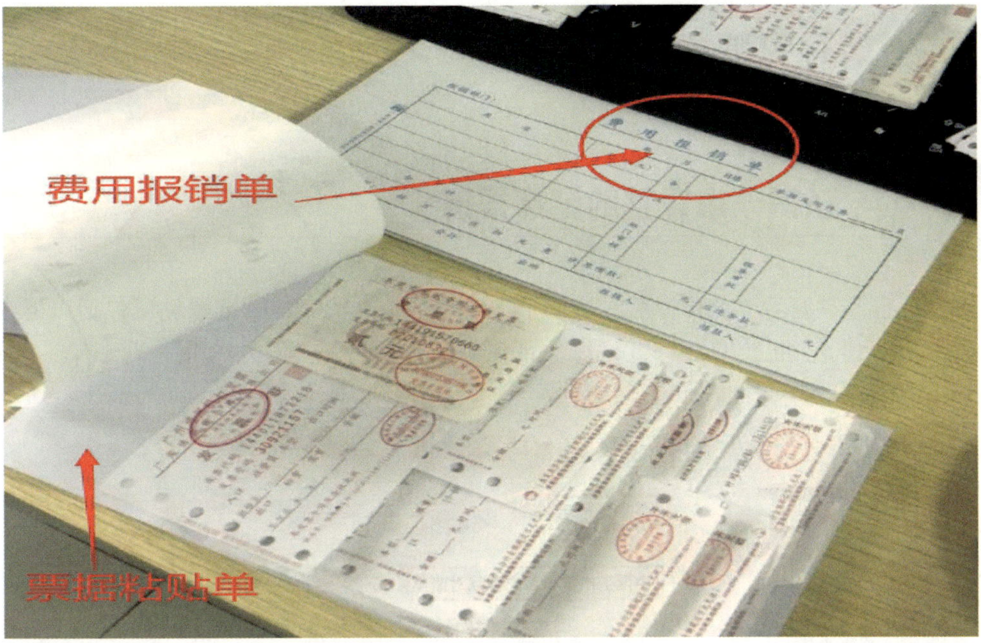

④ 票据粘贴完，经办人员须汇总票据金额，同时填写相关财务单据，如费用报销单，再将粘贴单粘贴到费用报销单的后面。

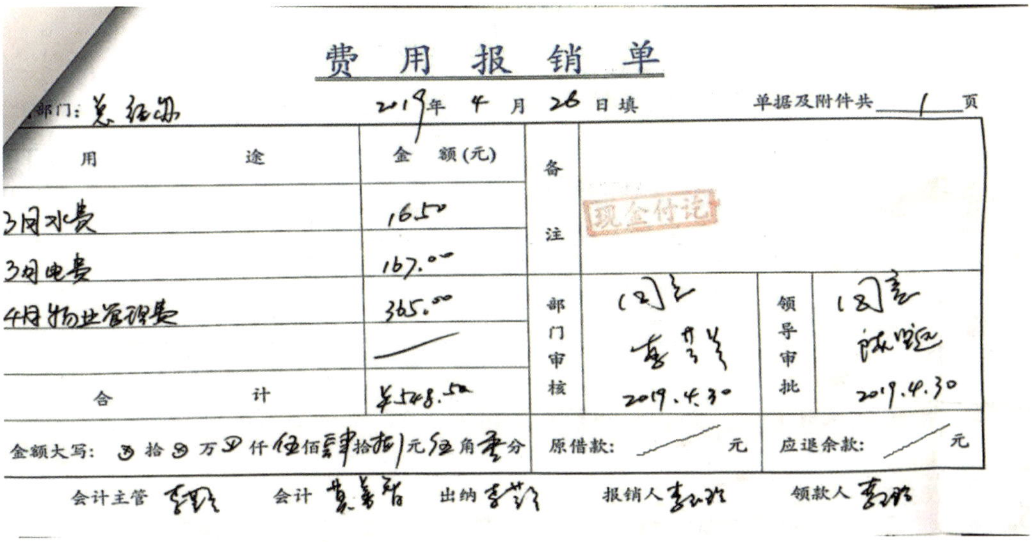

费用报销单

部门：总经办　　2019年 4 月 26 日填　　单据及附件共 1 页

用途	金额(元)	备注	
3月水费	16.50	现金付讫	
3月电费	167.00		
4月物业管理费	365.00		
合计	¥548.50		
部门审核	同意 2019.4.30	领导审批	同意 2019.4.30
金额大写：⊗拾⊗万⊗仟伍佰肆拾捌元伍角零分		原借款：元	应退余款：元

会计主管　　会计　　出纳　　报销人　　领款人

⑤ 不符合规定要求的报销单据，财务人员有权退回，要求经办人重新分类整理、粘贴。

小贴士

1. 专用发票的抵扣联不需要粘贴，每月另行装订保存好备查。
2. 贴发票的四大标准：四边齐、表面平、无凹凸、书本型。

3.2 装订记账凭证

任务1 认识一本完整的记账凭证

记账凭证整理好后，就可以装订成册了，一般来说一本完整的记账凭证包括以下内容：①科目余额表；②凭证汇总表；③记账凭证(第一张至最后一张)；④银行对账单；⑤资产负债表；⑥利润表。如下图所示：

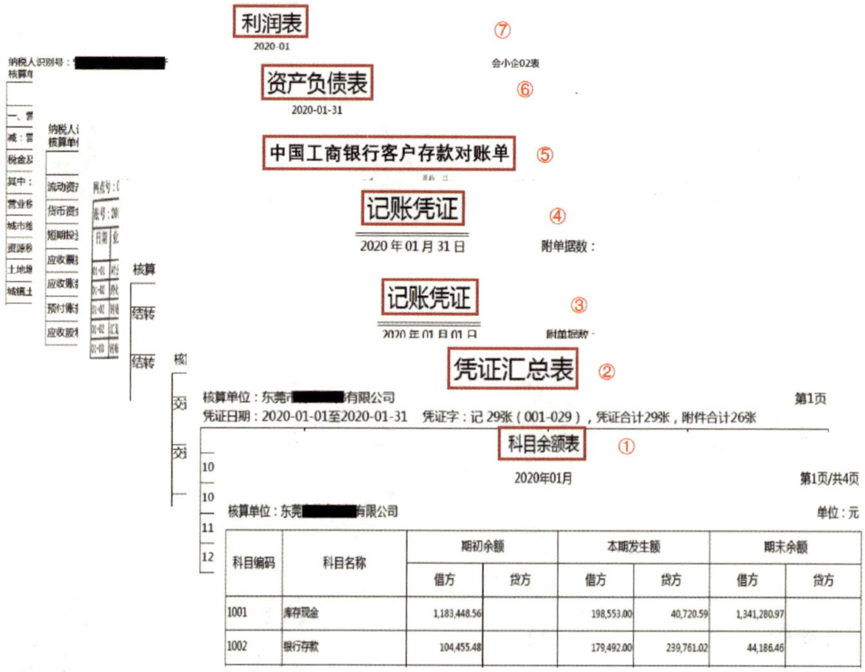

一、本月科目汇总表及本月凭证汇总表

一般放在凭证最前面。

二、记账凭证

按凭证号从小到大的序号排序，每张记账凭证后面一般都需要附上原始凭证，期末处理的除外。特别需要注意的是：

(1) 反映付款的记账凭证，后面要附上支票存根、银行回单或付款联。

(2) 反映发放工资、福利的记账凭证后面要附上有员工签收的工资表等单据。

(3) 反映采购物资的记账凭证后面要附上入库单。

(4) 反映领用原材料或销售商品的记账凭证后面要附上出库单。

(5) 反映公司零星支出的记账凭证后面，要附上费用报销单。

(6) 反映计提折旧的记账凭证后面要附折旧计算表。

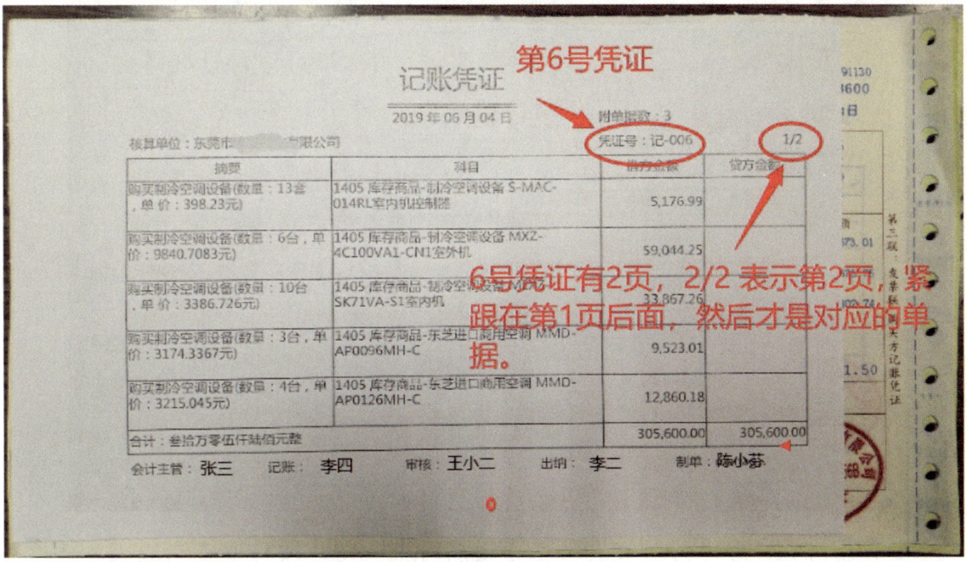

记账凭证

2019年06月04日　　附单据数：3

核算单位：东莞市[illegible]有限公司　　凭证号：记-006　　1/2

摘要	科目	借方金额	贷方金额
购买制冷空调设备(数量：13套，单价：398.23元)	1405 库存商品-制冷空调设备 S-MAC-014RL室内机控制器	5,176.99	
购买制冷空调设备(数量：6台，单价：9840.7083元)	1405 库存商品-制冷空调设备 MXZ-4C100VA1-CN1室外机	59,044.25	
购买制冷空调设备(数量：10台，单价：3386.726元)	1405 库存商品-制冷空调设备 [illegible] SK71VA-S1室内机	33,867.26	
购买制冷空调设备(数量：3台，单价：3174.3367元)	1405 库存商品-东芝进口商用空调 MMD-AP0096MH-C	9,523.01	
购买制冷空调设备(数量：4台，单价：3215.045元)	1405 库存商品-东芝进口商用空调 MMD-AP0126MH-C	12,860.18	
合计：叁拾万零伍仟陆佰元整		305,600.00	305,600.00

会计主管：张三　记账：李四　审核：王小二　出纳：李二　制单：陈小芬

三、银行对账单

一般放在所有凭证之后。

四、本月的资产负债表和利润表

一般放在所有凭证之后。

任务2 规范装订记账凭证

装订记账凭证就是定期对记账凭证按照编号顺序，外加封面、封底装订成册，并在装订线上加贴封签。一般来说，一本凭证的厚度以1.5~2厘米为宜，太厚了不方便翻阅、核查。

一、装订前的凭证整理

(1) 分类整理，按顺序排列，检查日期、编号是否齐全，是否缺页、漏编；

(2) 按凭证汇总日期归集(如按上、中、下旬汇总归集)确定装订成册的本数；

(3) 摘除凭证内的金属物(如订书钉、大头针、回形针)，对面积较大的原始凭证要折叠成同记账凭证一样的大小，且要避开装订线，以便翻阅和保持数字完整。

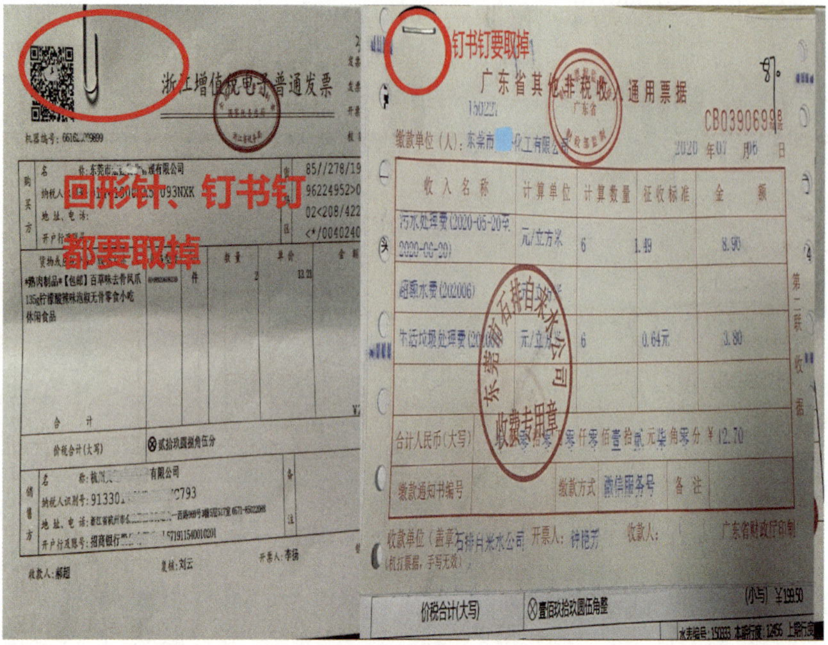

（4）整理检查凭证顺序号，如有颠倒要重新排列，发现缺号要查明原因。再检查附件有否漏缺，领料单、入库单、工资、奖金发放单是否随附齐全；

（5）检查记账凭证上有关人员（如制单、审核、记账等）的签名或印章是否齐全。

二、装订记账凭证的操作步骤

记账凭证的装订形式常用的有包角式装订和侧钉式装订两种。包角式装订的凭证封面和封底是分开的，侧钉式装订的凭证封面和封底是相连一体的。

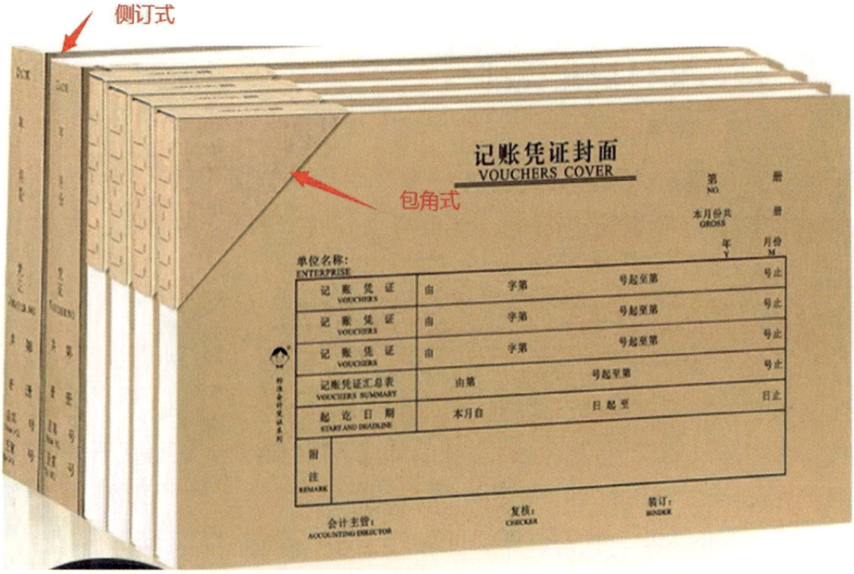

下面以包角式装订为例介绍如何装订一本凭证。

（1）首先按凭证的封面、科目汇总表、凭证汇总表、记账凭证（含原始票据）、银行对账单、资产负债表、利润表等顺序正确排放好，以上边和左边为靠齐边进行理齐整理，理齐后用夹子夹好。

（2）将购买或事先裁剪好的包角放在封面的上面，沿上边和左边靠齐，并用夹子夹好。

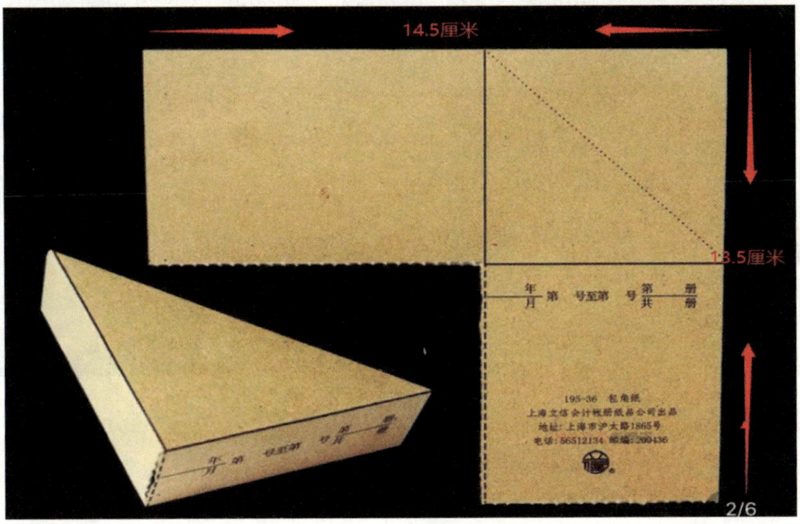

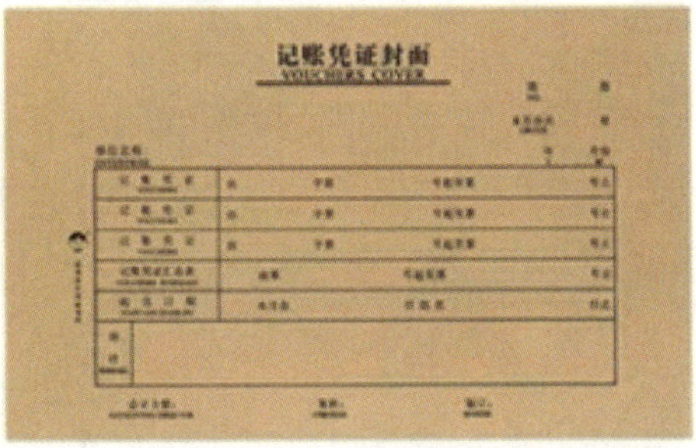

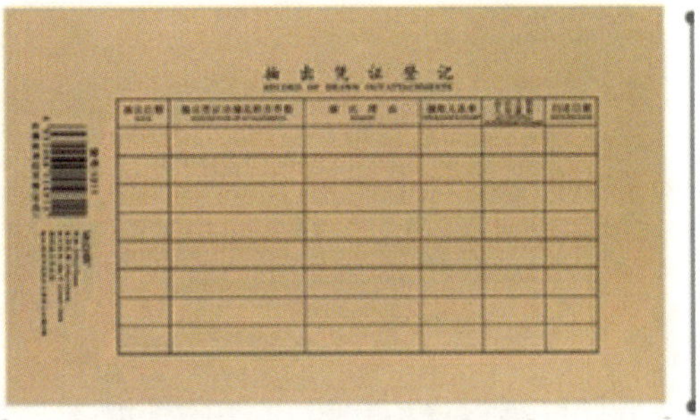

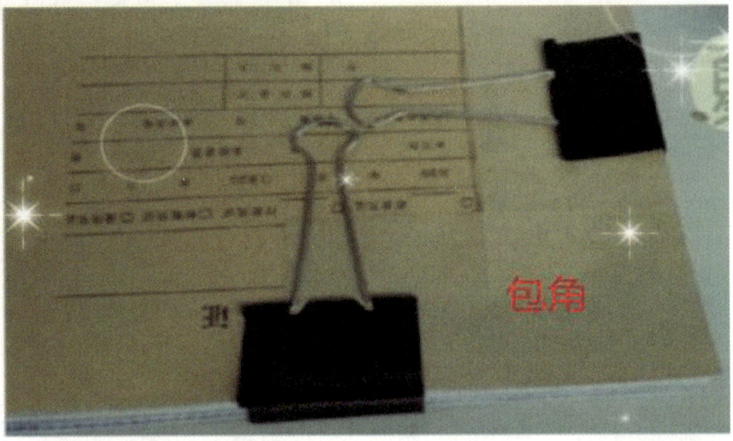

（3）因为包角是要被折叠的，沿着将来要形成折痕的地方用笔画上一条直线，该折线定义为上红线(不能跨越的线)，也就是装订凭证打孔不能跨越此线。平行上红线1厘米的地方画上一条辅助直线(下红线)，在上、下红线之间区域内画上两个对称的小圆(注意：购买的包角已有虚线，此步可省略)。如下图：

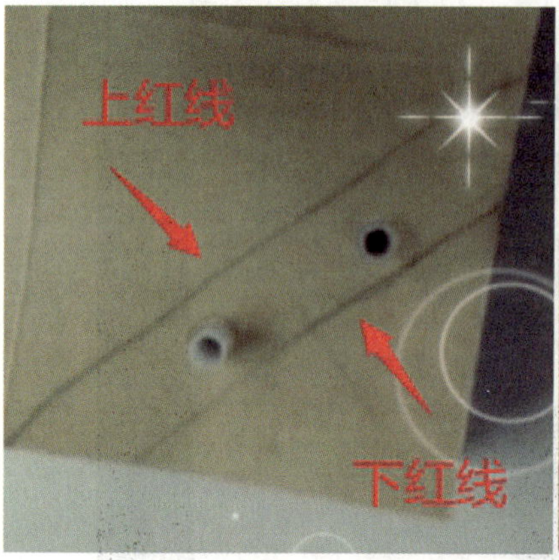

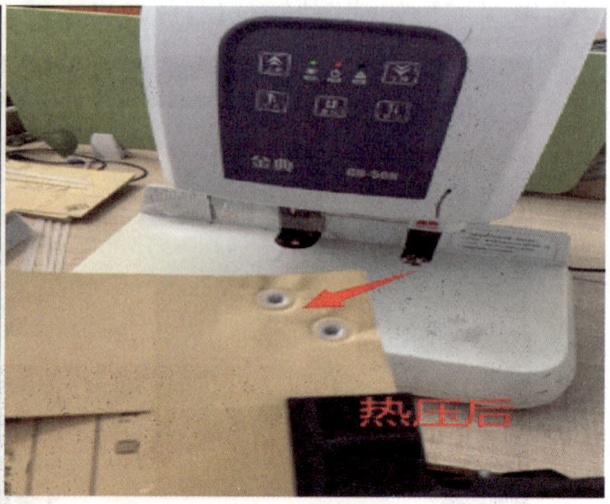

（4）根据画好的孔位打孔并将自动裁好的胶管插入孔中，进行充分热压。

（5）将包角沿着上红线向内折，折叠处用指甲压出一点压痕，然后再折另外两边，并用胶水均匀涂抹压紧粘牢，折叠处要有折痕处理(这样会更美观)。

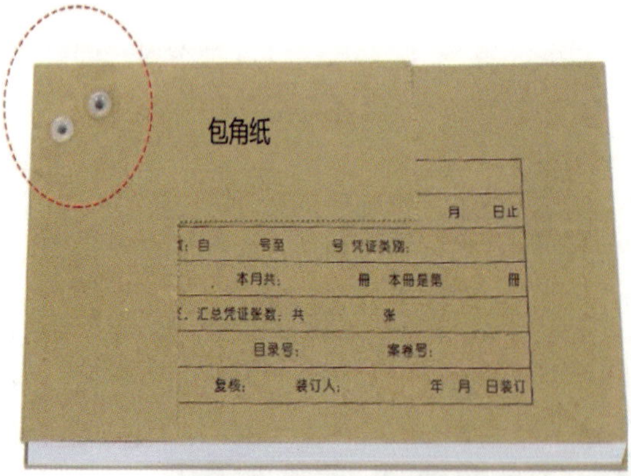

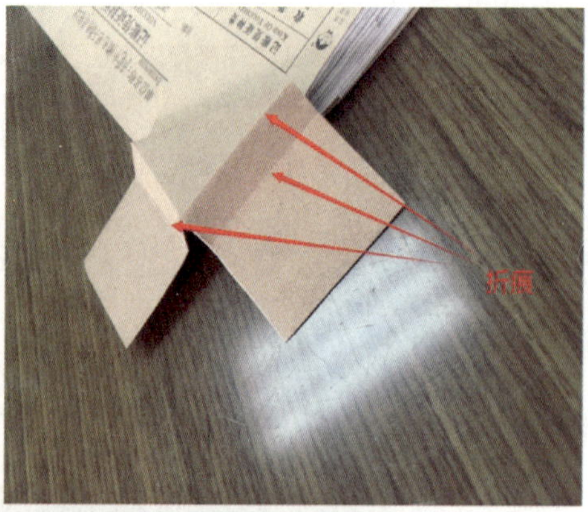

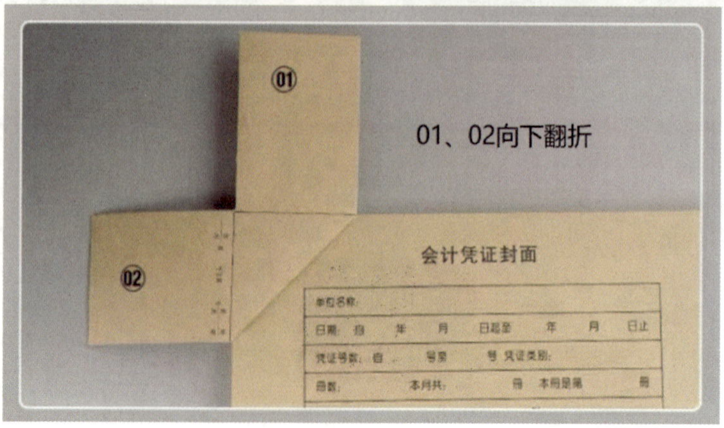

（6）填写凭证封面及侧边辅助栏，字迹要工整，内容要准确，正面、侧面都要写，并注意大小写，单位名称、年度、月份、记账凭证的种类、起讫日期、起讫号数以及记账凭证和原始凭证的张数等都要填好。

三、装订记账凭证常用到的工具

（1）裁纸刀。

（2）热熔胶管打孔机和胶管。

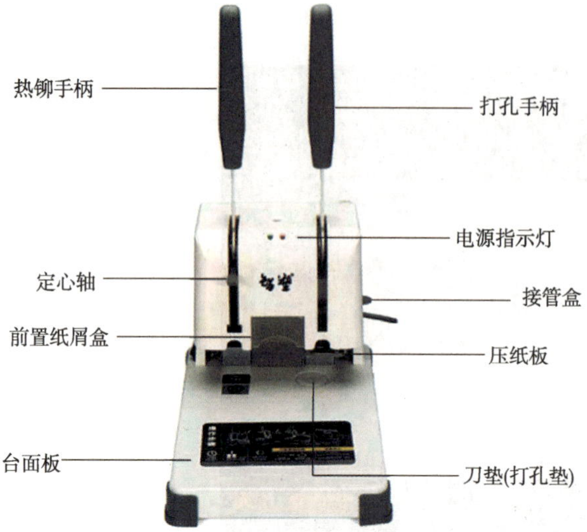

（3）手动打孔机及线团、锥子等。

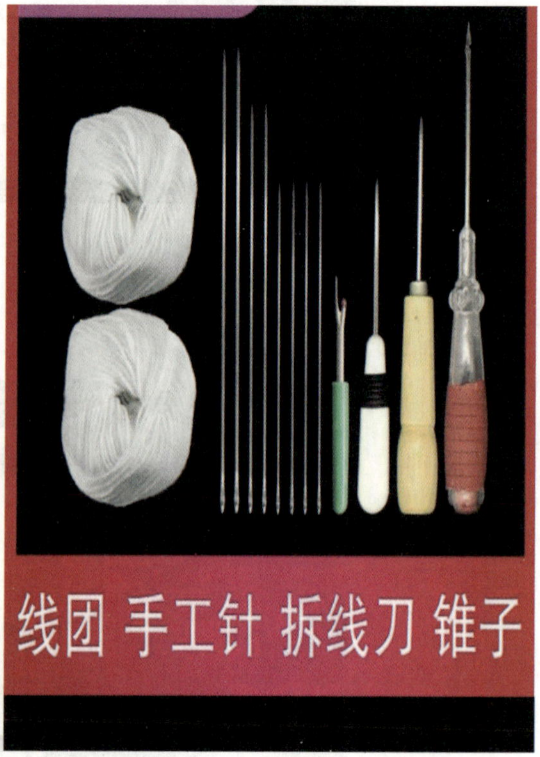

四、装订记账凭证的注意事项

（1）对于数量过多的原始凭证，如工资结算表、领料单等，可以单独装订保管，但应在封面上注明原始凭证的张数、金额，所属记账凭证的日期、编号、种类。

（2）各种经济合同、收据以及涉外文件等重要原始凭证，应当另编目录，单独登记保管，并在有关的记账凭证和原始凭证上相互注明日期和编号。

（3）记账凭证的保管期限和销毁手续必须严格按照会计制度的有关规定执行。

模块4　领用和开具发票

4.1　领用发票的管理

任务1　发票验旧

我国发票的领用方式是“验旧领新”，因此在领用发票前，购票员需要对已开发票进行验旧，具体操作为：

（1）登录进入“电子税务局”→单击[我要办税]→单击[发票使用]。

（2）单击[发票验旧缴销]→单击[发票验旧]→选择“发票代码名称”→选择“开票起始日期”→单击[查询]→勾选→单击[提交验旧]。

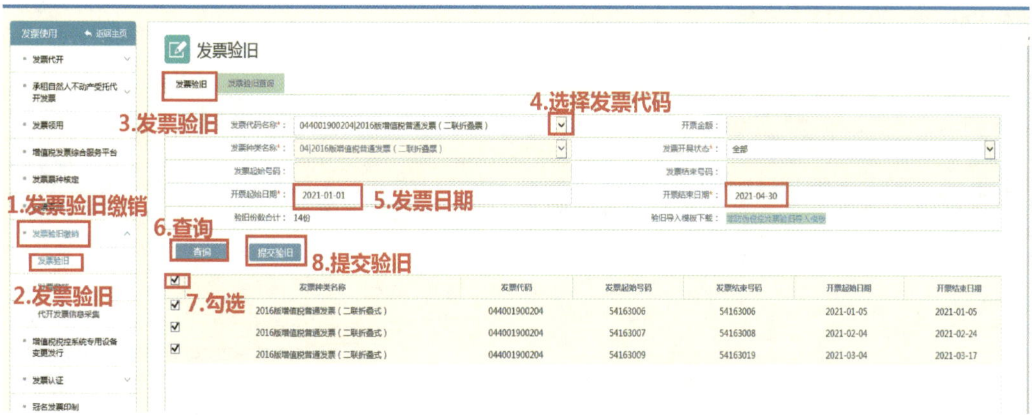

任务2　领用发票

企业每月领购发票最高数量由纳税人申请，税务机关核定，每个月的最高持票数量，主要是由纳税人的营业额决定的。

1. 发票领购

（1）购票员登录进入“电子税务局”→单击[我要办税]→单击[发票使用]→单击[发票领用]→微信扫二维码，按提示进入发票领用页面。

（2）单击[发票领用]→单击[新增]→勾选发票种类，录入申请领用数量，选择是否邮寄、受理网点、取票方式→单击[提交]。

注意：若选择“回单柜方式”需填写手机号码。

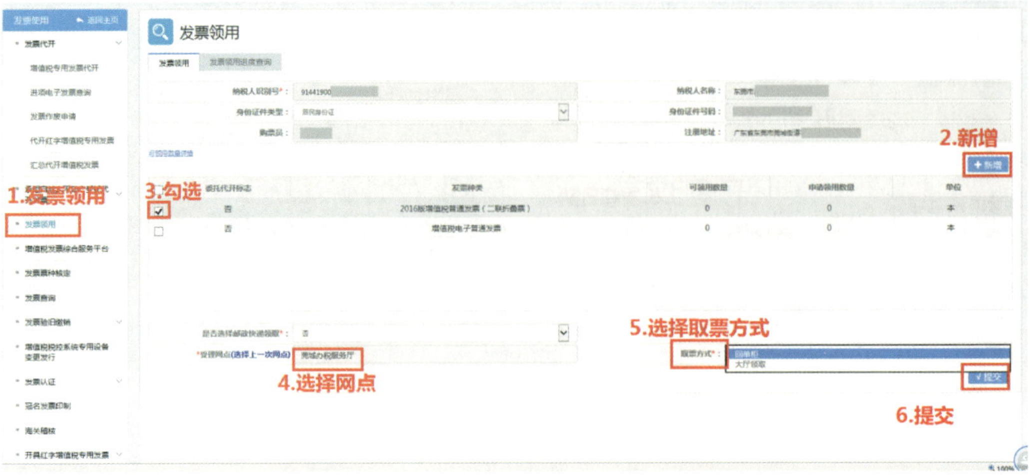

（3）在“发票领用进度查询”处可查看受理进度。

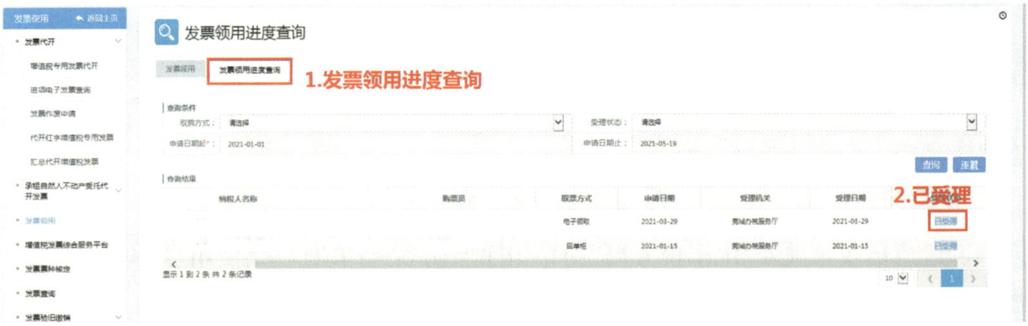

2. 发票读入

打开开票软件，单击[发票管理]→单击[网上领票管理]→单击[领用发票]→选择购票日期→查询并勾选→单击[发票下载]→单击[确定]。

3. 发票查询

单击 发票管理 →单击 发票领用管理 →单击 库存查询 。

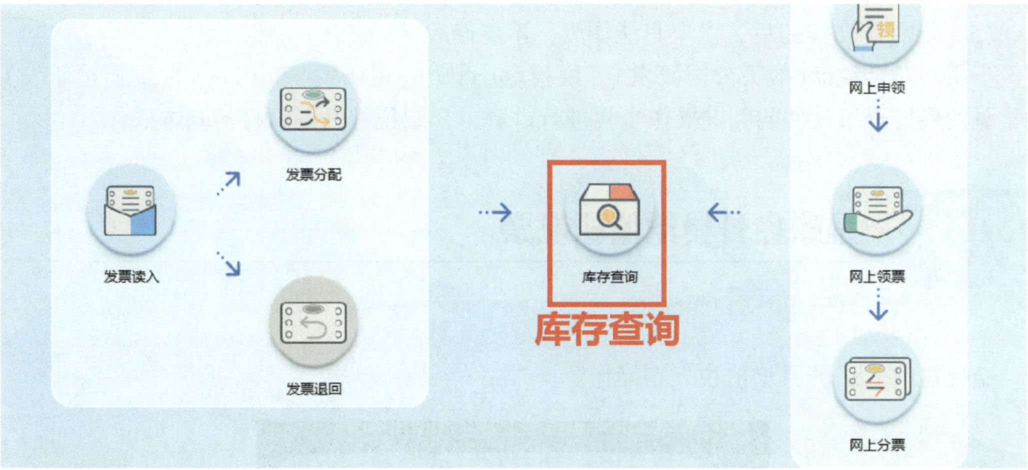

小贴士

1. 发票申领的流程如下：发票验旧、发票申领、发票领取和发票读入。
2. 发票申领的方式主要有：网上申领、柜台申领和自助机申领。

4.2　一般纳税人企业、小规模纳税人企业开具发票

任务1　规范开具发票

增值税发票的开具均适用四步骤五要点。

一、开票四步骤

（1）添加客户编码；
（2）添加商品编码；
（3）填写交易事项及签章；
（4）核对发票号码并打印。

二、开票五要点

（1）查询并确定商品的税收分类编码；

（2）分清含税价与不含税价；

（3）开票人与复核人不能同为一人；

（4）打印前务必保证系统开具的发票号码与纸质发票号码一致；

（5）按“打印”按钮后，发票只能作废，不能修改。

下文将对金税盘(航天公司研发)、税控盘(百望公司研发)和 Ukey(百望公司研发)三种常见的税控开票软件的关键操作步骤进行讲解，介绍税控开票软件的基本操作。

任务 2　金税盘开具增值税发票

金税盘(白盘)开具增值税发票操作：

（1）双击桌面上的金税盘版“开票软件”图标，以开票人的身份进入系统。

（2）录入客户编码。

操作：进入开票系统→单击 系统设置 →单击 客户编码 →单击 增加 →填写客户名称、客户税号、地址电话和银行账号。

(3) 录入商品编码(可先在“商品名称和税收编码检测平台”上查询并确定商品的“税收分类编码”)。

操作：进入开票系统→单击[系统设置]→单击[商品编码]→单击[增加]→填写商品名称、规格型号、计量单位及税收分类编码。

（4）填写交易事项及签章。

操作：进入开票系统→点击 发票管理 → 发票填开 → 增值税专用发票填开 →核对发票号码并确认→获取客户信息→填写交易事项并填写收款人和复核人。

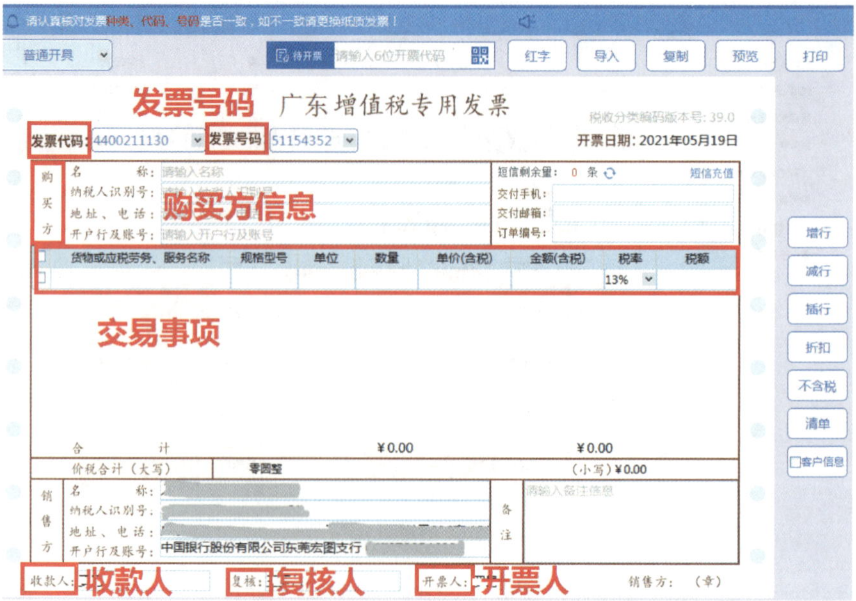

（5）核对发票号码、设置打印机的参数并打印。

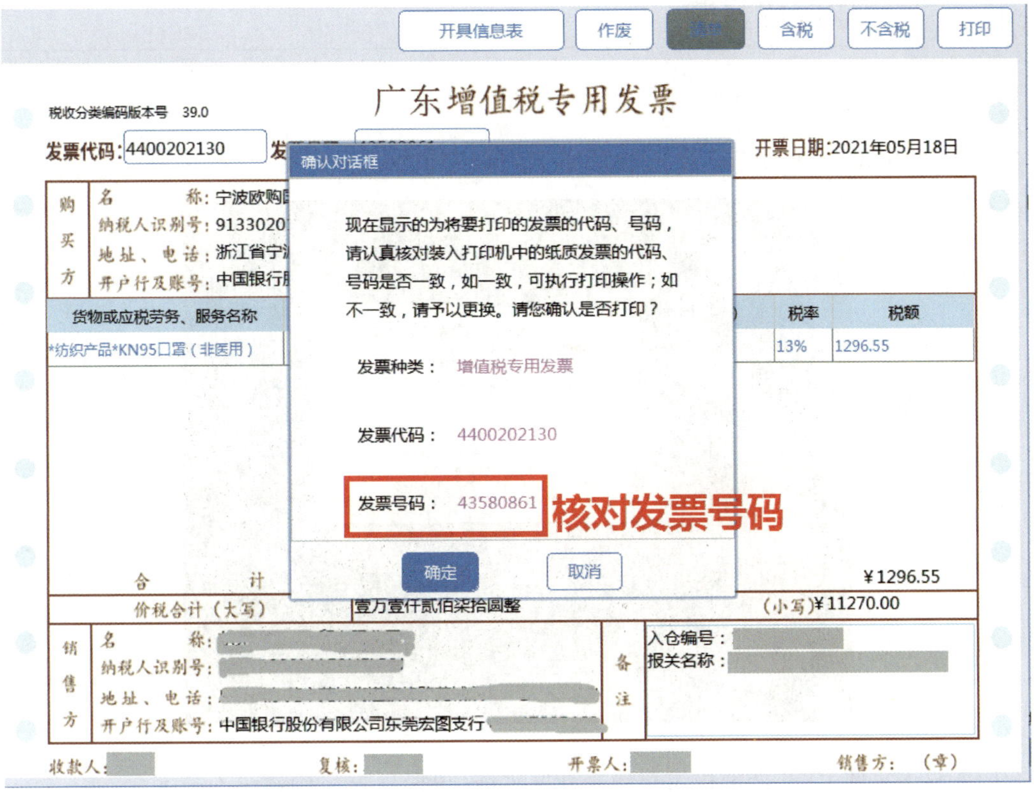

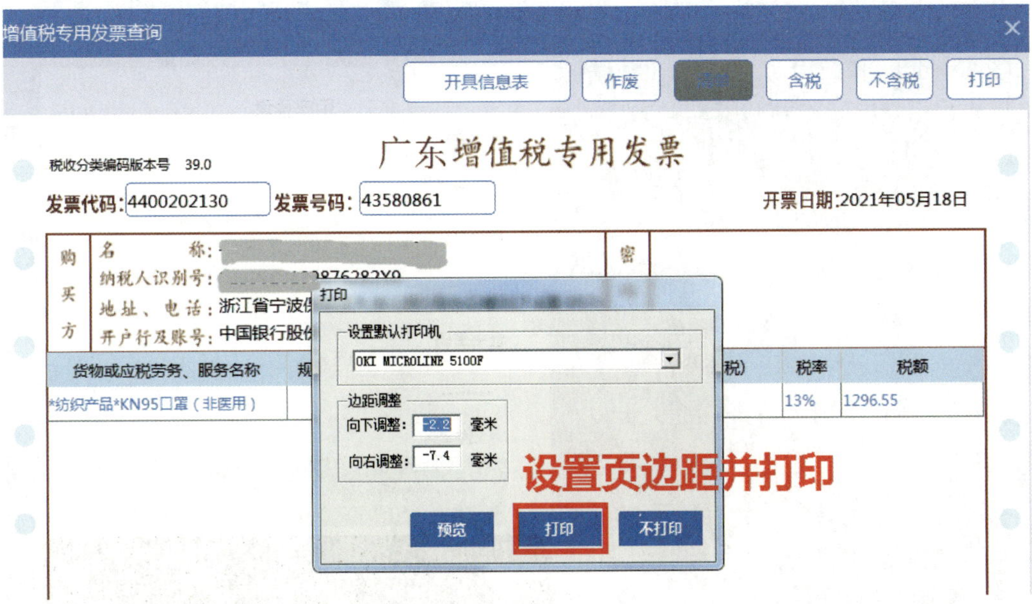

任务3 税控盘开票

税控盘(黑盘)开具增值税发票操作：

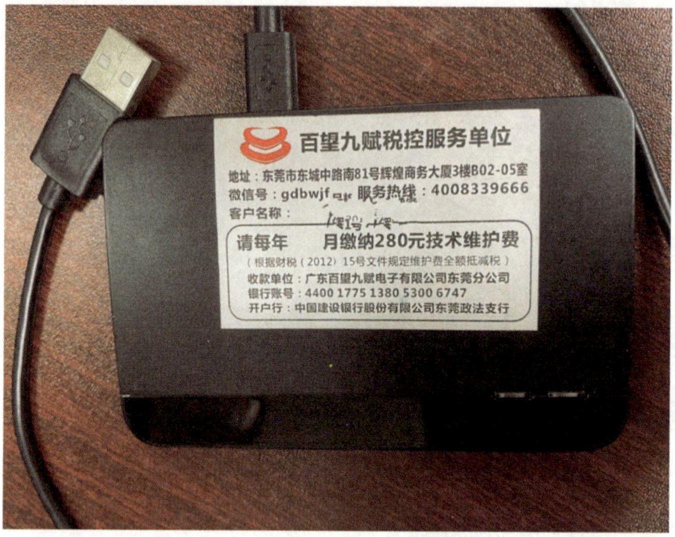

（1）双击桌面上的“增值税发票税控开票软件(税控盘版)”图标进入系统。

（2）录入客户编码。

操作：进入开票系统→单击系统设置→单击客户编码—单击增加→单击客户信息类别→增加客户信息类别→单击新增客户→填写客户名称、客户税号、地址电话和银行账号→单击完成。

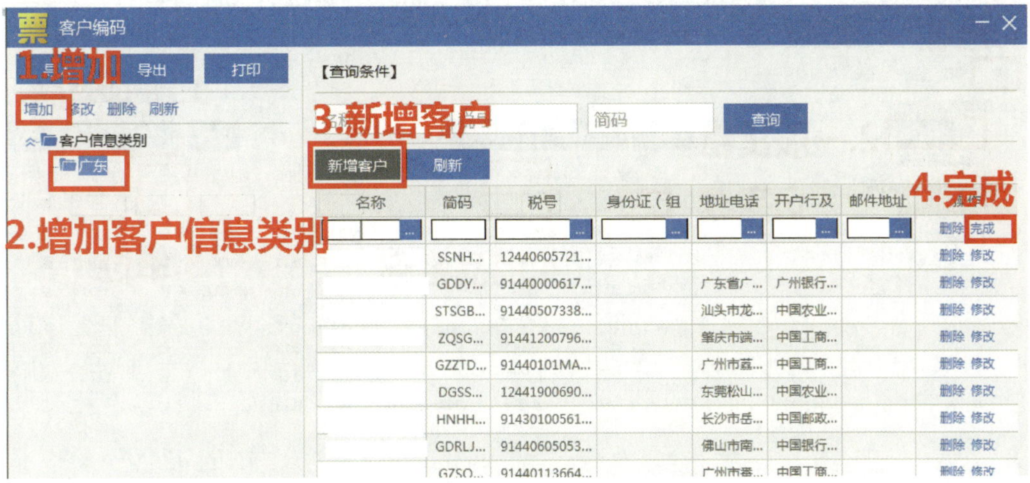

（3）录入商品编码(需先对商品“赋码”再填写“税收编码”)。

① 进入开票系统→单击系统设置→单击增值税类商品编码。

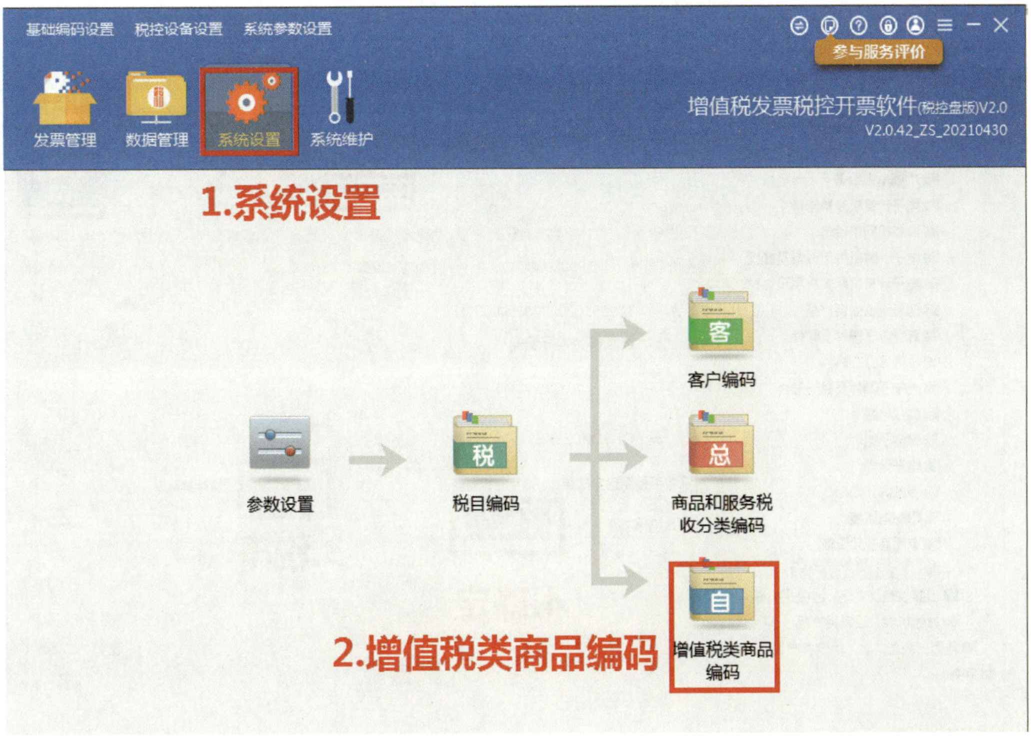

② 单击[增加]→单击[商品编码类别]→选择“一般货物”→单击新增商品→填写商品名称和单位→单击[完成]。

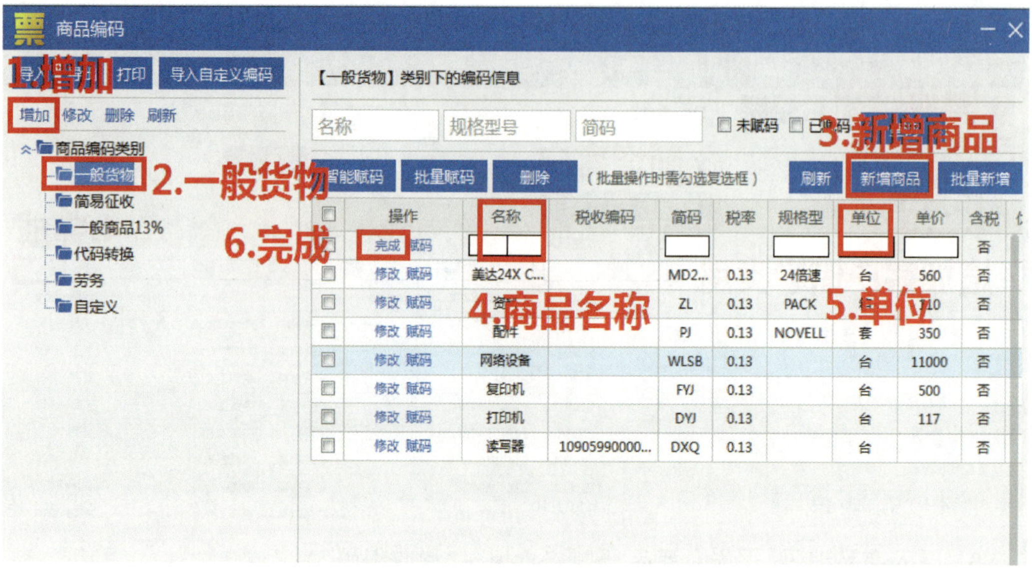

③ 填写商品的税收编码→单击[搜索]→单击[确定]→选择合适的税率→商品编码录入成功。

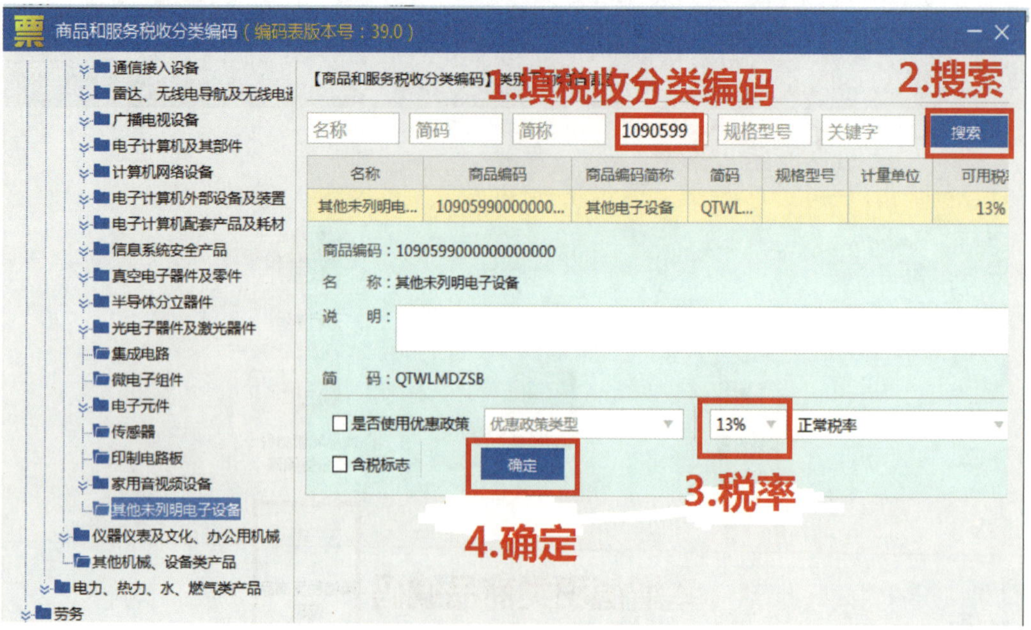

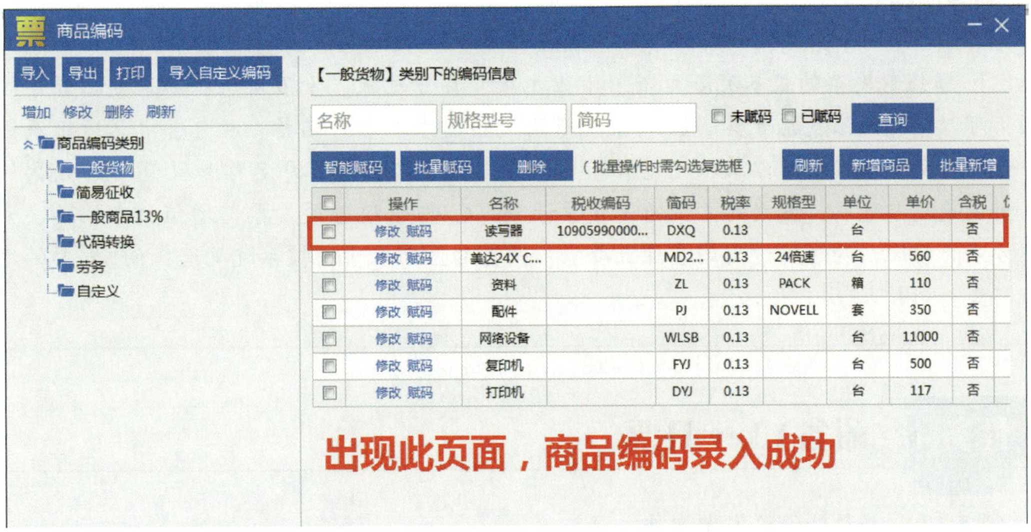

（4）填写交易事项及签章。

操作：进入开票系统→单击[发票管理]→单击[发票填开]→单击[增值税专用发票填开]→核对发票号码并确认→获取客户信息→填写交易事项、收款人和复核人→核对发票号码并打印。单击“开具”或“开具并打印”后，发票不能再修改。

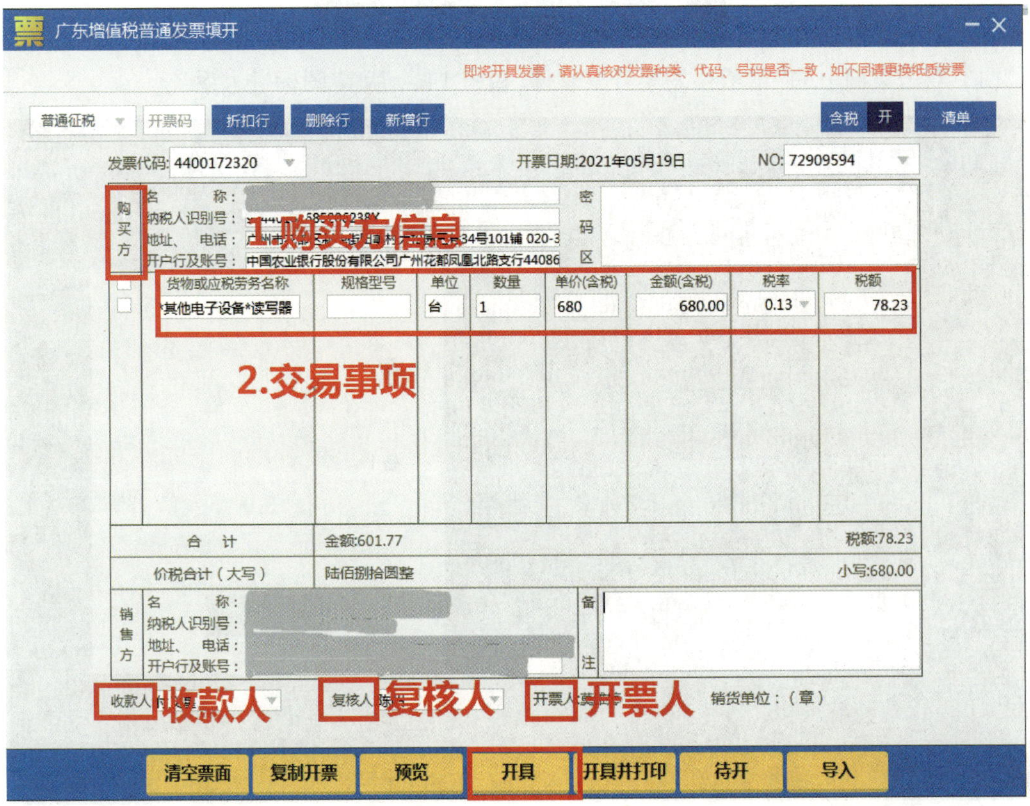

小贴士

1. 增值税发票的版本有万元版、十万元版、百万元版、千万元版；如果超出开票限额，可以分开几张发票开具。2. 增值税专用发票需录入客户名称、税号、电话地址及银行；增值税普通发票可以录入完整的客户信息，也可只录入客户名称和税号。3. 发票的左上角是发票代码，发票的右上角是发票号码。4. 增值税普通发票与增值税专用发票开具方法的对比，两者均适用四步骤五要点；两者的区别在于税控系统里选择的“发票的填开类型”不同。

任务 4 税务 Ukey 开票

税务 Ukey 开具增值税发票操作：

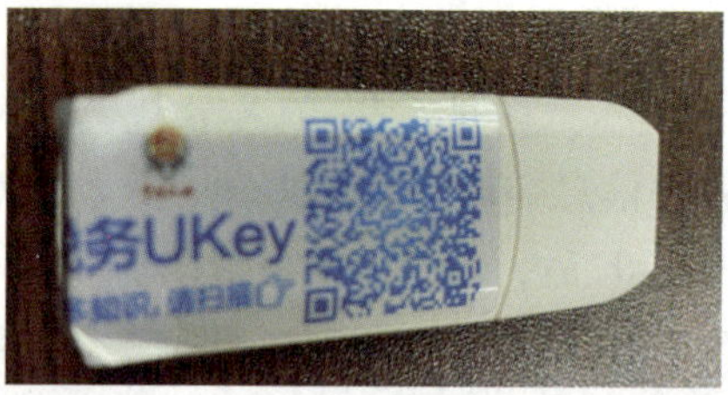

（1）双击桌面上的“增值税发票开票软件(税务 Ukey 版)”图标进入系统。

(2) 录入客户编码。

① 进入开票系统→单击[系统设置]→单击[客户编码]。

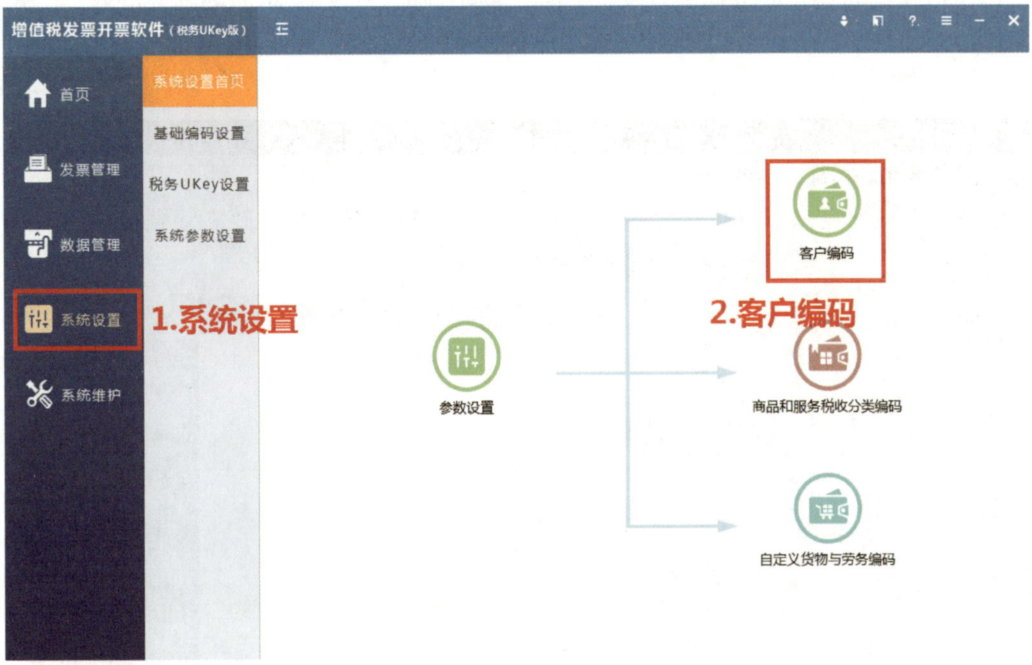

② 单击[增加]→单击[客户信息类别]→增加"客户信息类别"→单击[新增]→填写客户名称、客户税号、组织机构号码、地址电话和开户行及账号→单击[立即提交]。

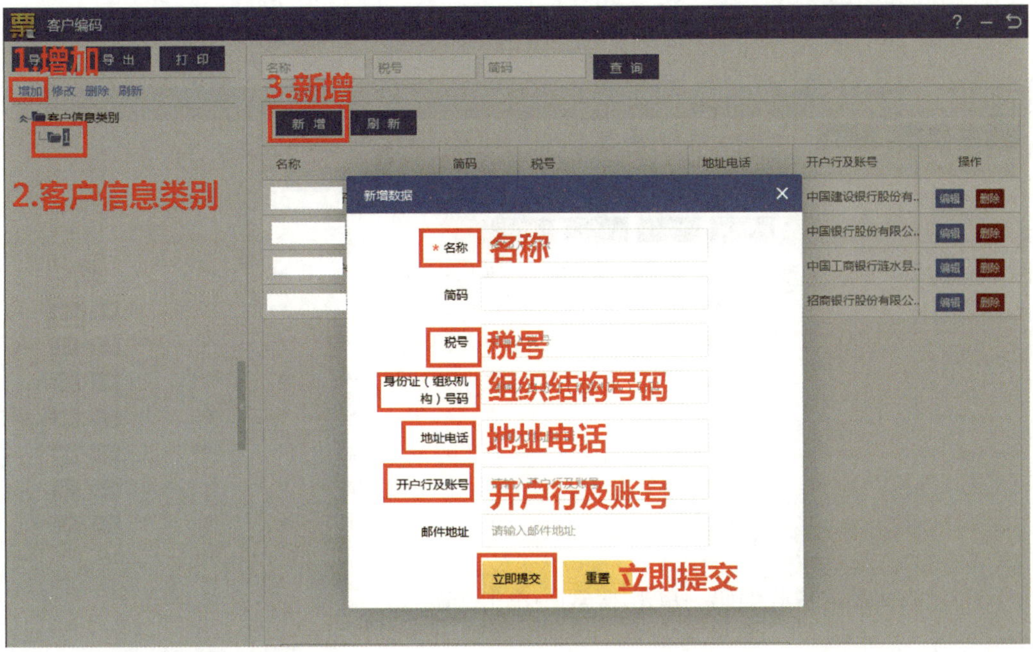

(3) 录入商品编码(需先对商品“赋码”再填写“税收编码”)。

操作:进入开票系统→单击 系统设置 →单击 增值税类商品编码 →单击 增加 →单击 商品编码类别 →选择商品编码类别→单击 新增商品 →填写商品名称和单位→单击 立即提交 。

(4) 单击 赋码 。

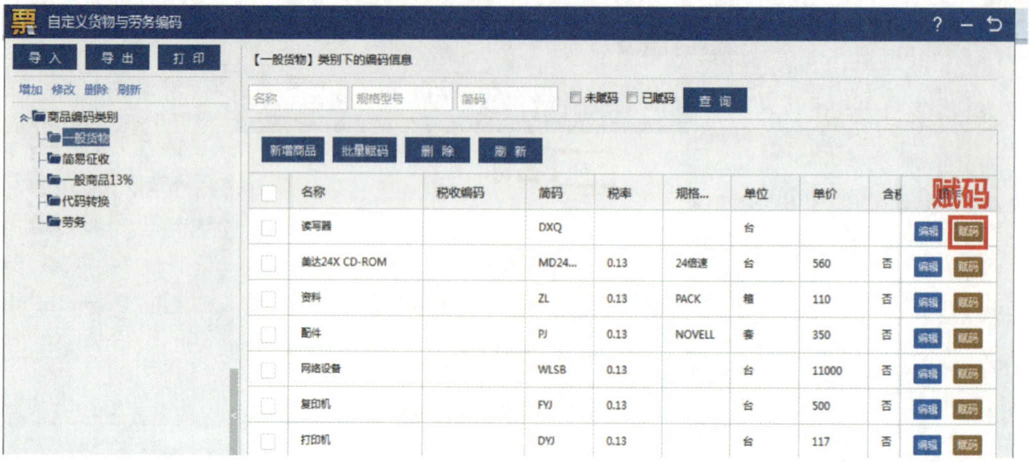

(5) 录入商品的税收编码→单击 搜索 →单击 确定 。

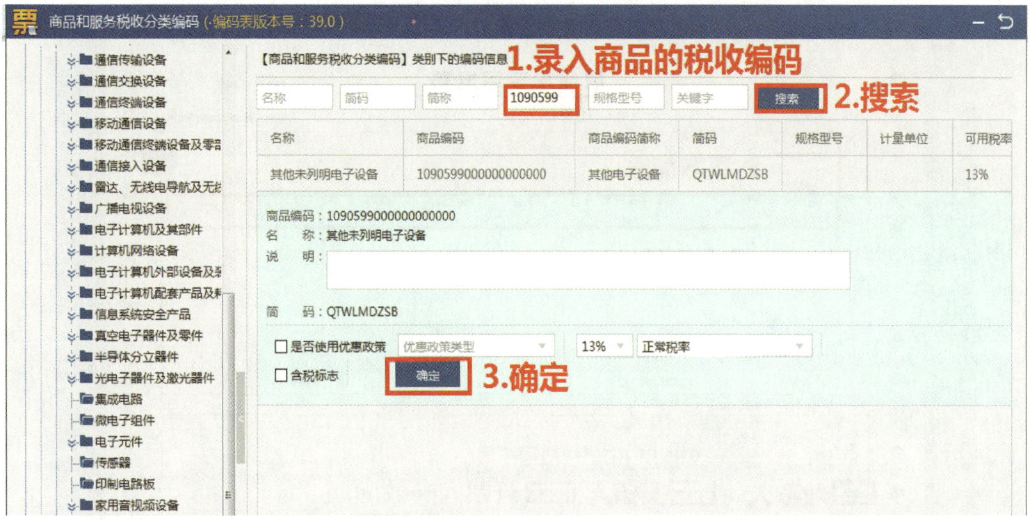

（6）填写交易事项及签章。

操作：进入开票系统→单击[发票管理]→单击[发票填开]→单击[增值税专用发票填开]。

（7）获取客户编码信息→准确填写交易事项→填写收款人和复核人→核对发票号码、设置打印机的参数并打印。

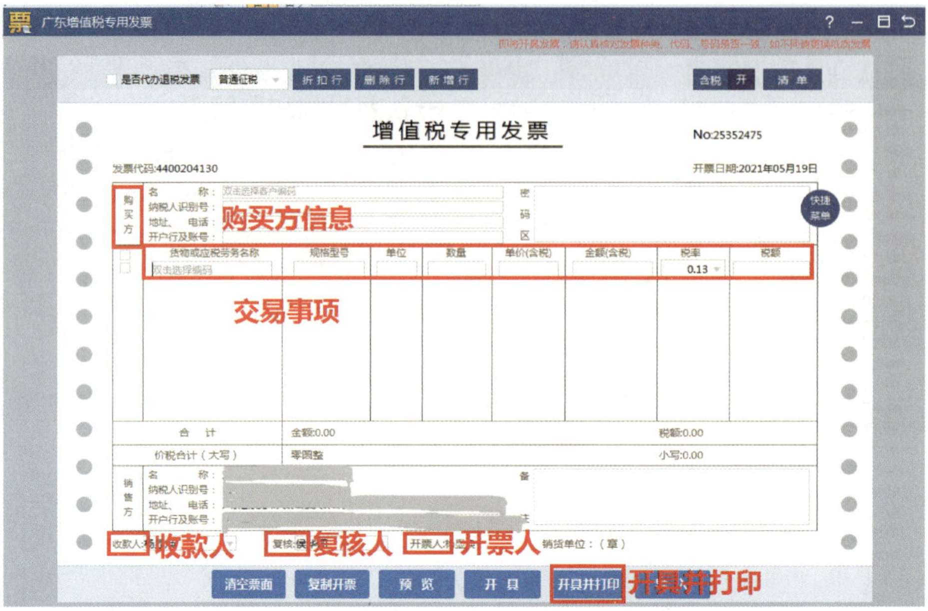

4.3　小规模纳税人企业到税务部门代开增值税发票

任务　申请代开增值税专用发票

小规模企业开增值税专用发票有两种方式：一是应向税务局申请直接开具；二是应向税务局申请代开，现讲解向税务局申请代开增值税专用发票的具体操作步骤。

(1) 登录进入"电子税务局"→单击 我要办税 →单击 发票使用 →单击 增值税专用发票代开 →单击 新增 。

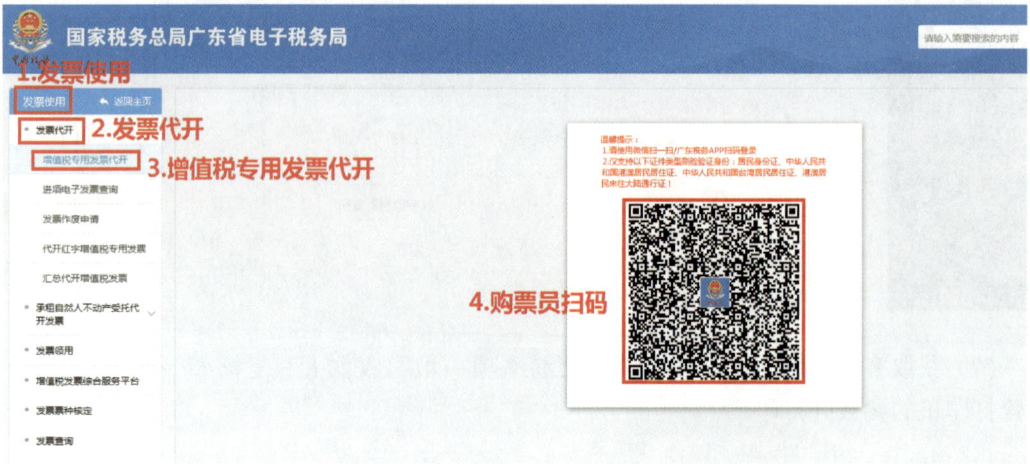

（2）填写领取方式、缴款方式、网点及购货方信息（注意填票时除购货名称、单位、数量、含税金额、收款人、复核人外，其他会自动生成）。

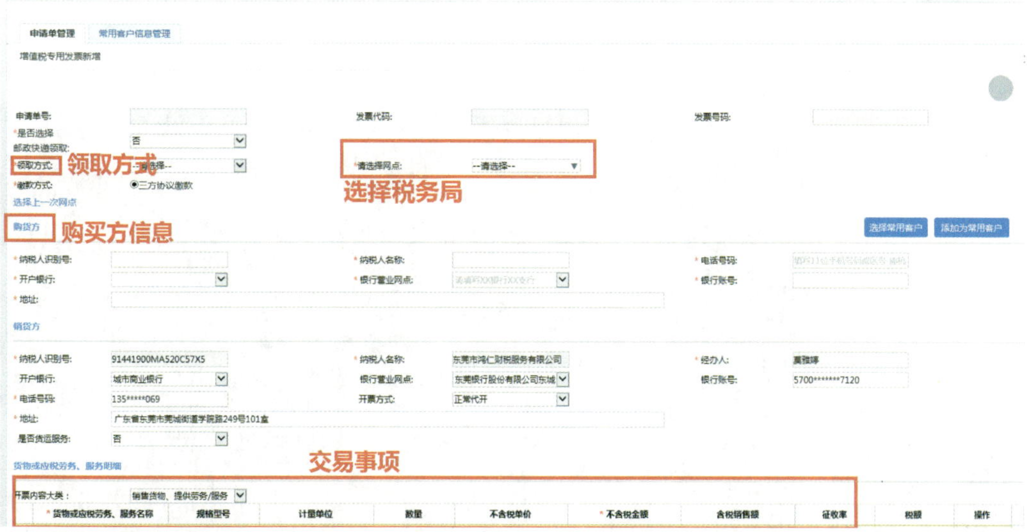

（3）如果所选的税务机关网点已经开通了附加税缴款，申请单中将显示附加税信息。

（4）勾选填写好的发票。

（5）填写快递单（若选择邮寄方式）→单击提交（注意：提交后一般需一、两个工作日受理，可随时查询跟进状态）。

4.4　小规模纳税人企业机打发票

任务　小规模纳税人企业机打发票操作

（1）双击桌面上的“电子(网络)发票应用系统”图标进入系统→登录。

（2）单击发票开具。

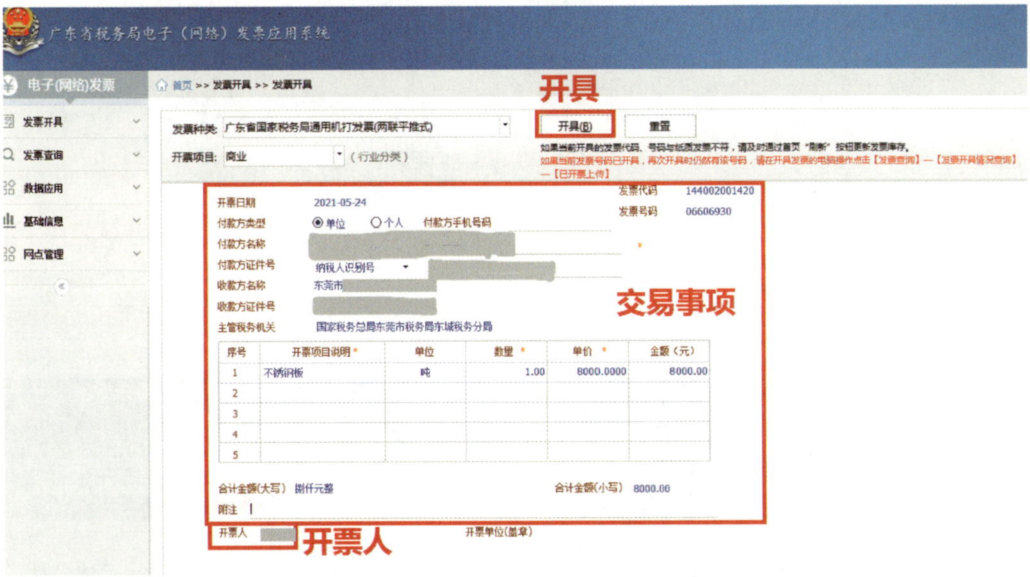

(3) 填写交易事项及签章，点击“开具”按钮后，发票不能修改。

4.5　办理作废发票

任务　已开发票作废

“已开发票作废”的使用情况：

(1) 所开发票有误或者购方退货时，当月退回的发票作废。

（2）所开发票有误或者购方退货时，跨月退回的发票只能红冲。

（3）发票作废原则“谁开具，谁作废”。

下文将以金税盘为例，讲解“已开发票作废”的操作步骤：

以开票人的身份登录“开票系统”→单击发票管理→单击已开发票作废→选中需作废的发票→单击作废。

模块5 上传财务报表及纳税申报

5.1 上传财务报表

任务 上传资产负债表、利润表、现金流量表

网上报税还需报送作为财务分析依据的财务报表，以验证报表的平衡及勾稽关系，这些财务报表包括：

（1）资产负债表(月报或季报，具体由备案决定)；

（2）利润表(月报或季报，具体由备案决定)；

（3）现金流量表(月报或季报，具体由备案决定)。

上传财务报表的流程：

（1）登录[电子税务局]→单击[我要办税]→单击[税费申报及缴纳]。

（2）单击[按期应申报]→财务报表报送→单击[填写财报]。

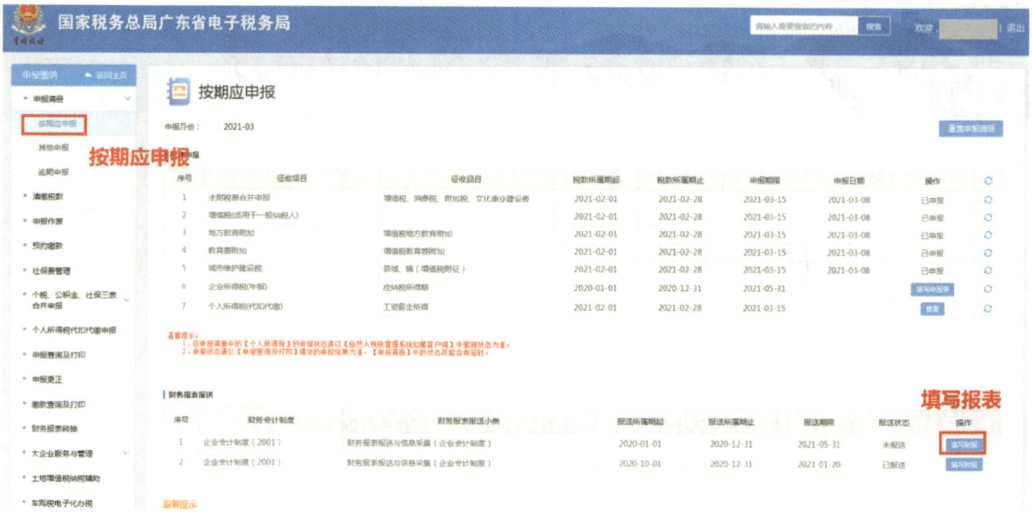

（3）选择申报方式。

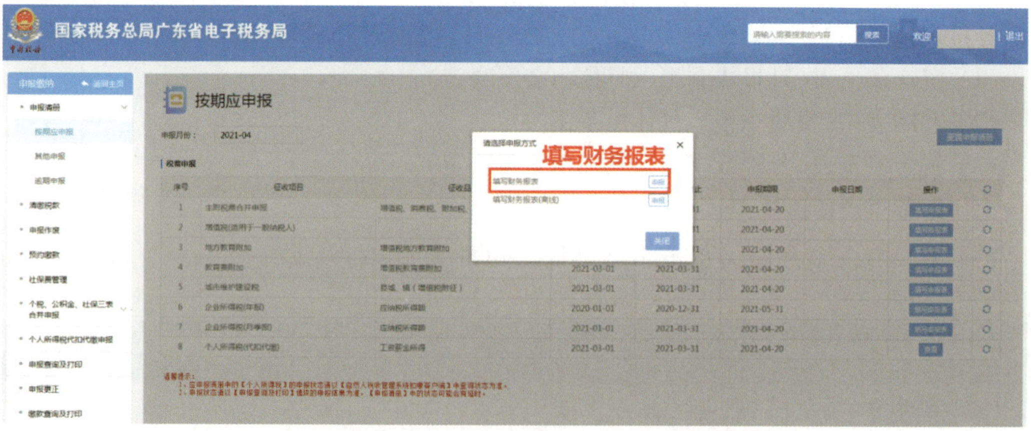

（4）财务报表报送种类选择→填写“基础设置”→单击[下一步]。

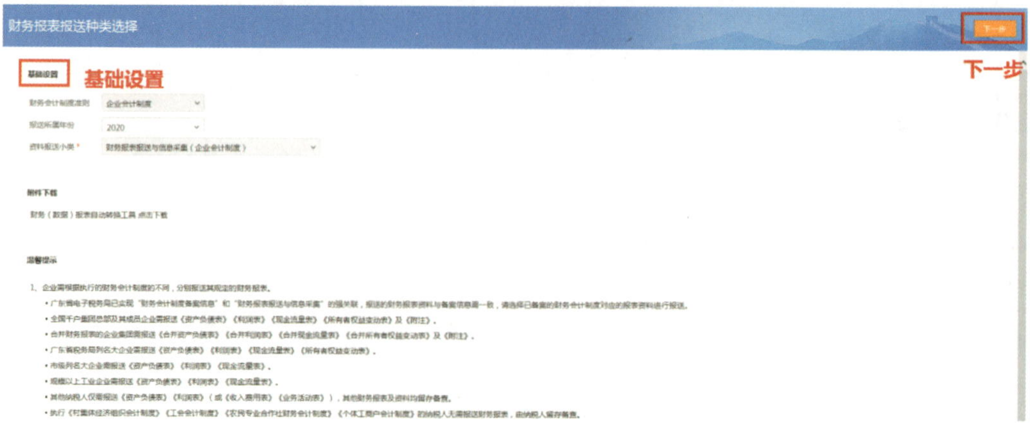

（5）选择报表类型→填写财务报表（资产负债表和利润表的数据均可从记账软件中获得）→单击[保存]。

（6）所有报表核对数据无误后→点击申报。

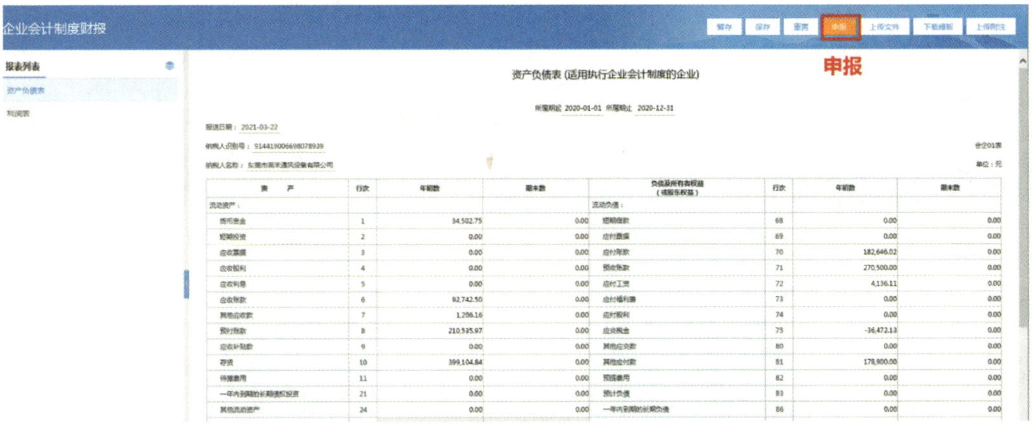

（7）查询已上传的财务报表。单击我要查询→资料报送查询→查看“资料报送清册”→查看财务报表数据。

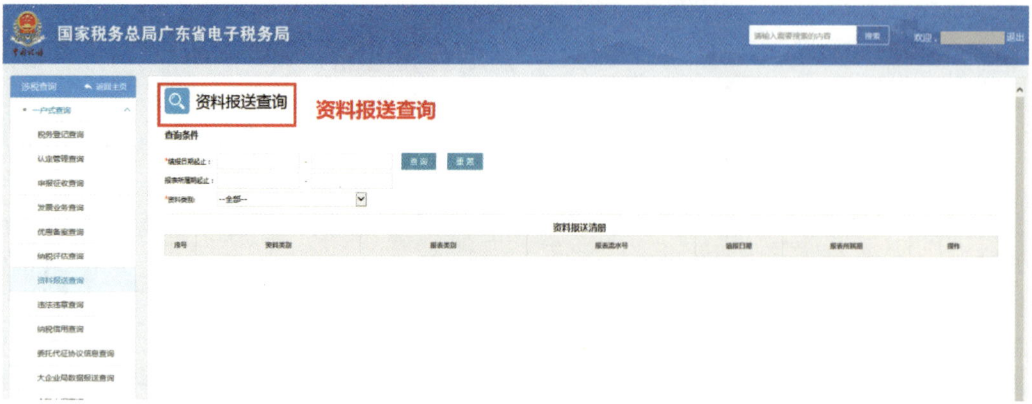
国家税务总局广东省电子税务局
资料报送查询
资料报送查询
查询条件
资料报送清册

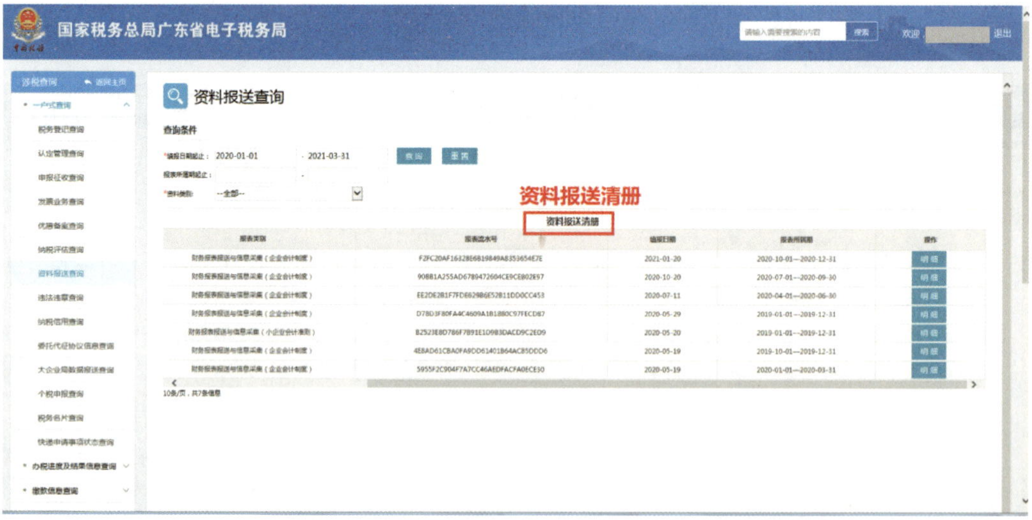
国家税务总局广东省电子税务局
资料报送查询
查询条件
资料报送清册
资料报送清册

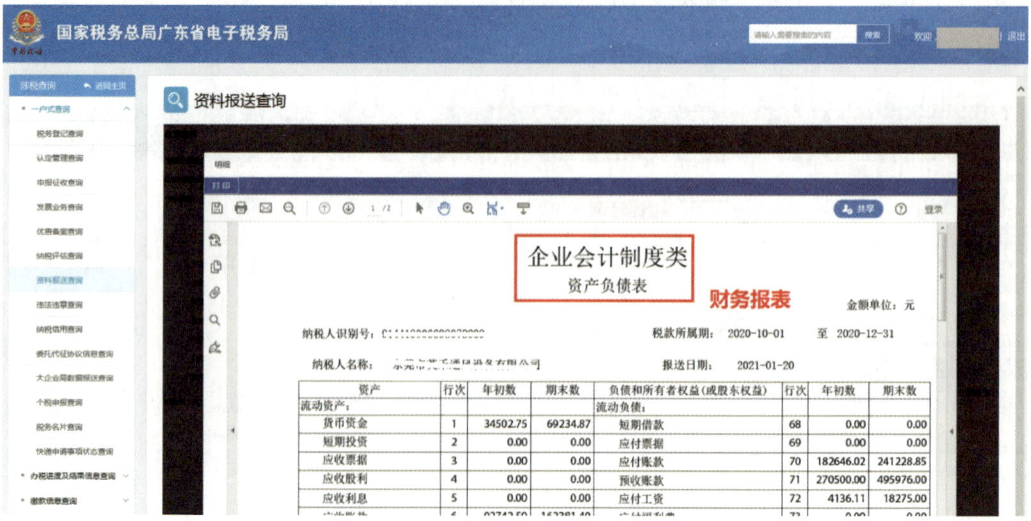
国家税务总局广东省电子税务局
资料报送查询
企业会计制度类
资产负债表
财务报表
金额单位：元
税款所属期：2020-10-01 至 2020-12-31
报送日期：2021-01-20

5.2　申报增值税

任务1　一般纳税人企业申报增值税

增值税申报缴纳期限：一般纳税人按月申报，申报缴纳期限为次月1~15日(法定节假日顺延)；小规模纳税人按季申报，申报缴纳期限为季末1~15日(法定节假日顺延)；下文将以金税盘为例，介绍一般纳税人和小规模纳税人的增值税申报流程。

一、申报流程(以金税盘为例)

(1) 开票软件-汇总处理-汇总上传及统计当月开票数据。
(2) 增值税发票综合服务平台勾选认证进项发票及确认勾选进项发票。
(3) 广东省电子税务局申报增值税及附加税、缴纳税款。
(4) 开票软件-汇总处理-远程清卡。
(5) 导出销项 XLS 表。
(6) 导出进项 XLS 表。

二、具体操作步骤(以金税盘为例)

(1) 插入金税盘双击[开票软件]→单击[登录]。

(2) 单击[汇总处理]→单击[汇总上传]→确定上传→提示上传成功。

（3）单击[金税设备资料统计]→选择发票种类→选择所要申报月份→核对当月开票收入额。

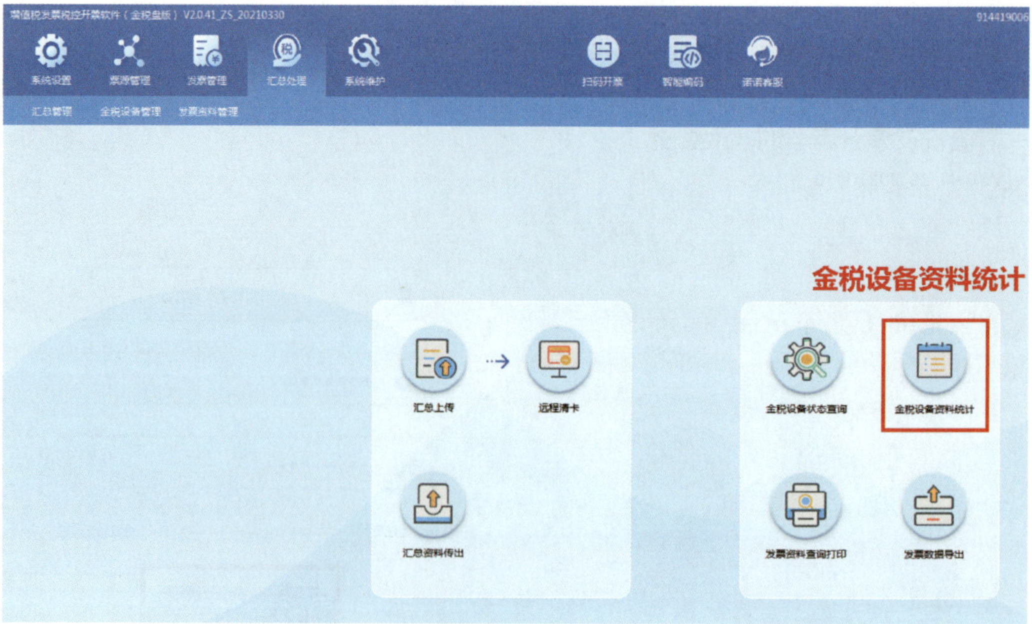

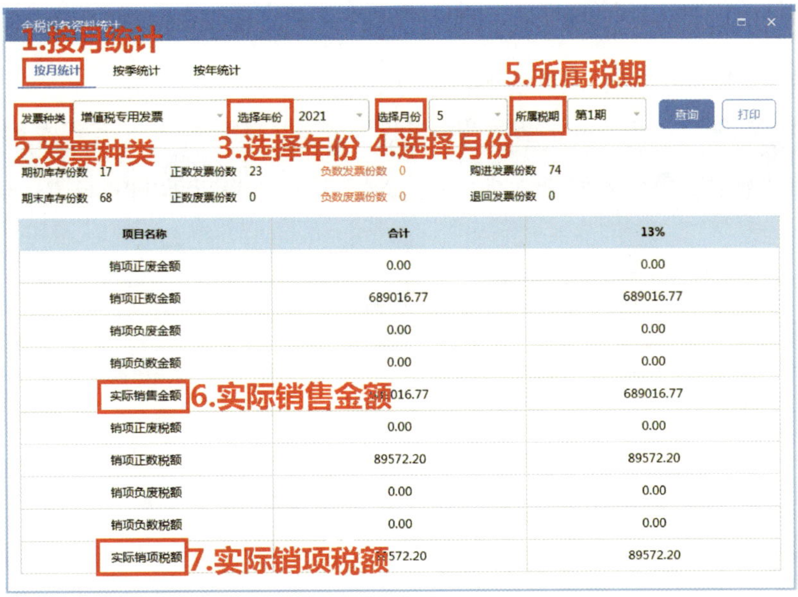

项目名称	合计	13%
销项正废金额	0.00	0.00
销项正数金额	689016.77	689016.77
销项负废金额	0.00	0.00
销项负数金额	0.00	0.00
实际销售金额	[illegible]016.77	689016.77
销项正废税额	0.00	0.00
销项正数税额	89572.20	89572.20
销项负废税额	0.00	0.00
销项负数税额	0.00	0.00
实际销项税额	[illegible]572.20	89572.20

（4）登录“增值税发票综合服务平台”，输入“金税盘证书口令”→单击<u>登录</u>。

（5）单击<u>抵扣勾选</u>→单击<u>发票抵扣勾选</u>。

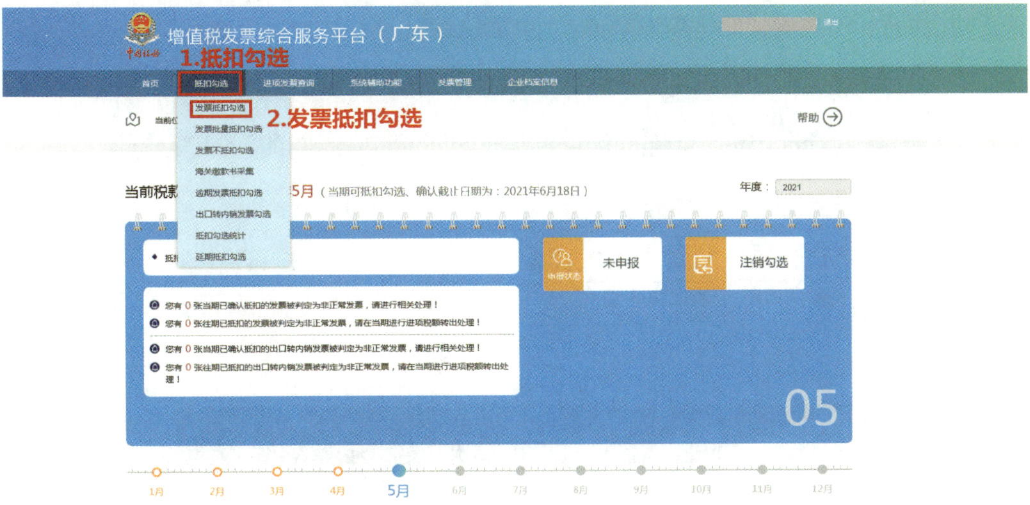

（6）选择“发票类别”→过滤开票日期→选择“所要勾选发票类型”→单击查询→勾选收到的进项发票→勾选完成→单击提交→单击确定。

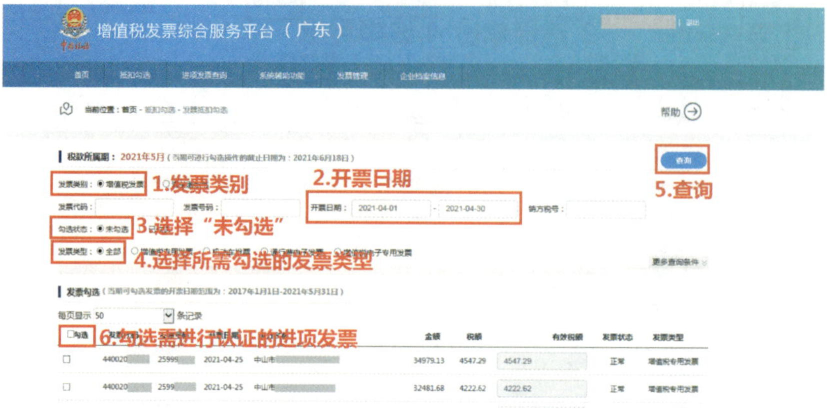

（7）单击抵扣勾选→单击抵扣勾选统计。

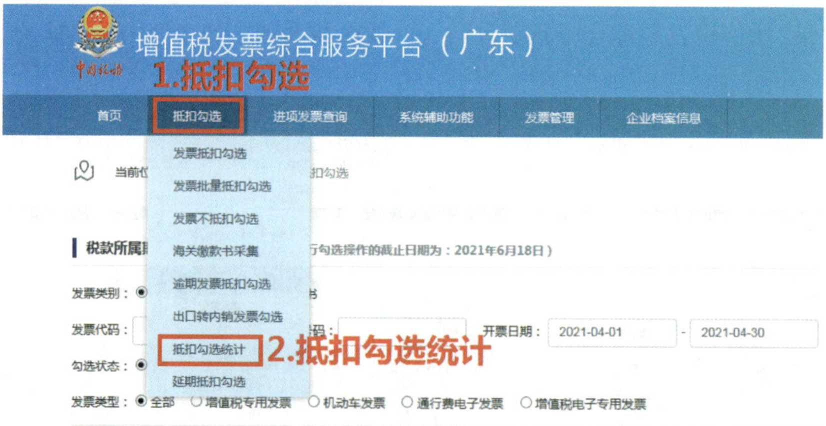

（8）单击申请统计→确认统计→录入密码“金税盘证书口令”（登录勾选平台密码）→确认成功（注意：勾选确认好进项发票单击“申请统计”，再单击“确定统计”）。

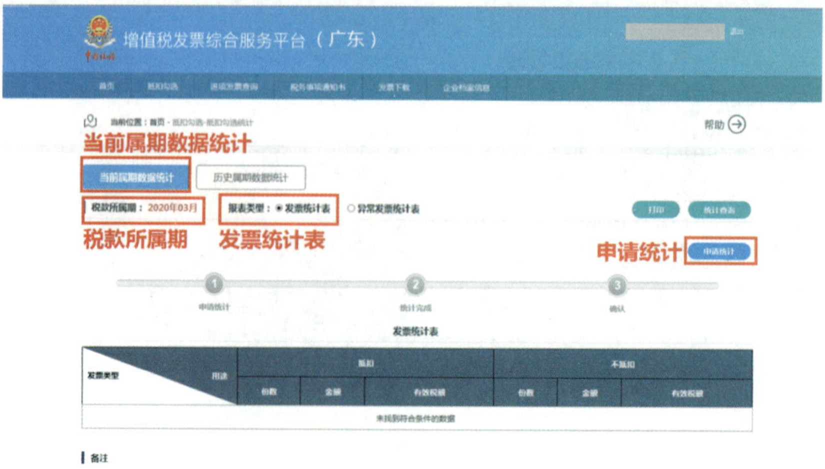

(9) 登录“电子税务局”网站，选择“密码登录”方式→输入企业的用户名、社会信用代码及密码→验证登录。

(10) 单击 我要办税 →单击 税费申报及缴纳 。

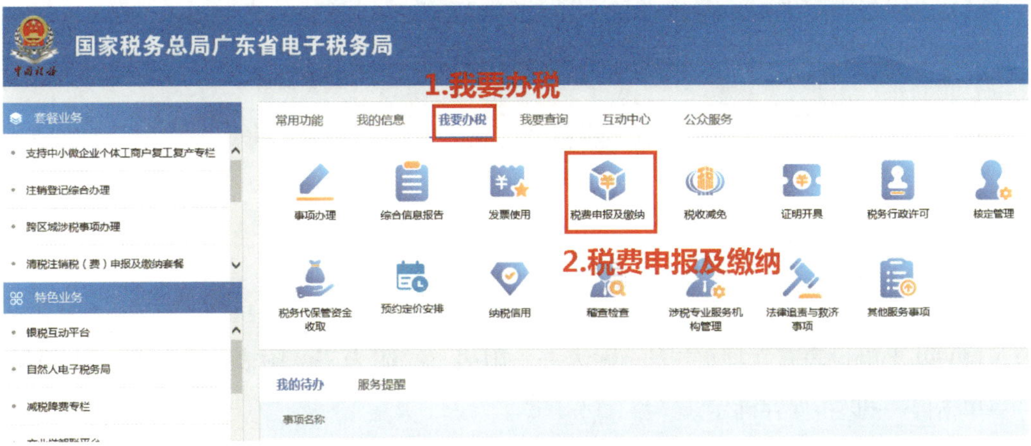

(11) 按期应申报→选择要申报税种→单击 填写申报表 。

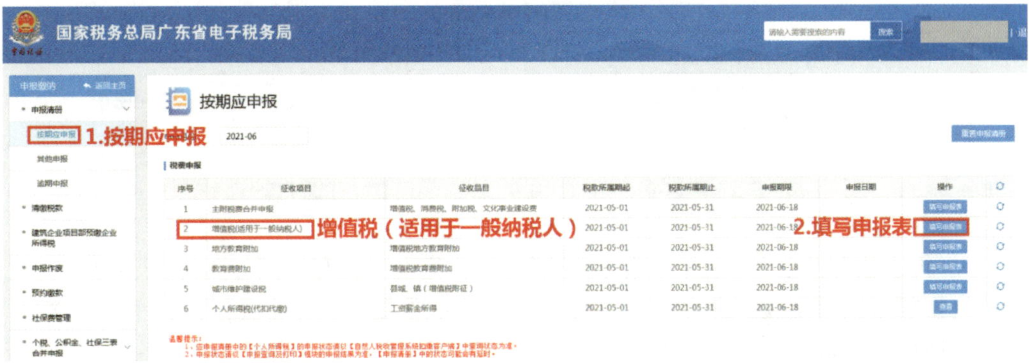

（12）选择在线申报。

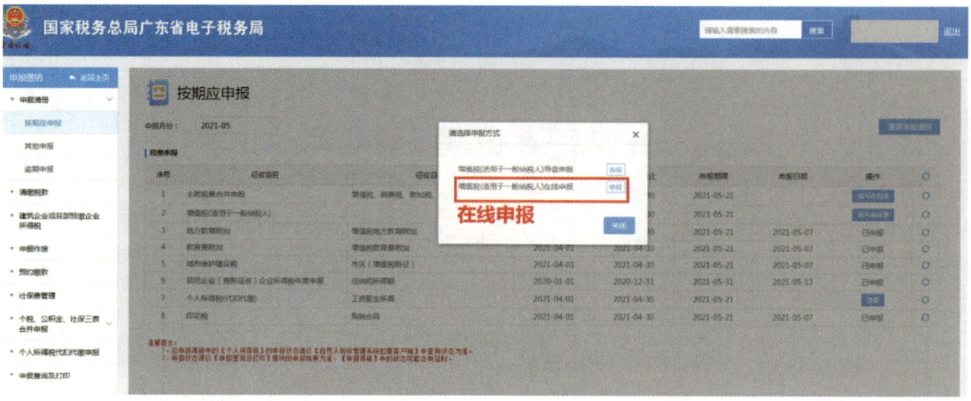

（13）单击一键读取，提示导入成功→进项票当月认证份额、金额、税额跟综合服务平台核对数据→销项在开票系统月底统计销售额及税额核对当月数据→核对进项、销项数据无误→单击下一步。

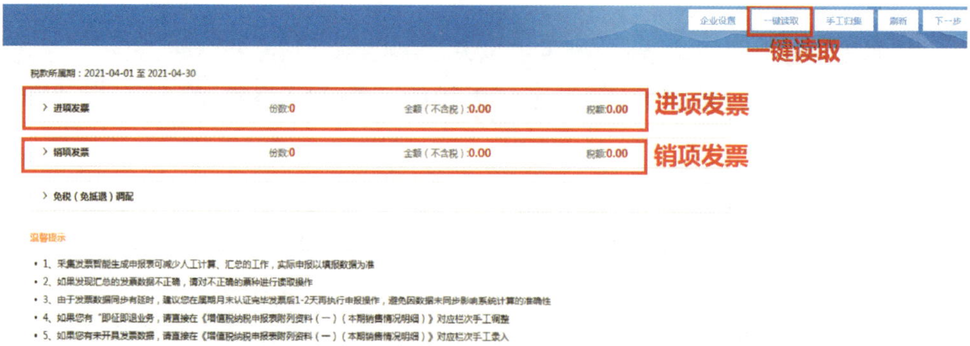

（14）基本申报表有六项（主表、附表一、附表二、附表三、附表四、减免税申报明细表）→单击下一步→保存确定。

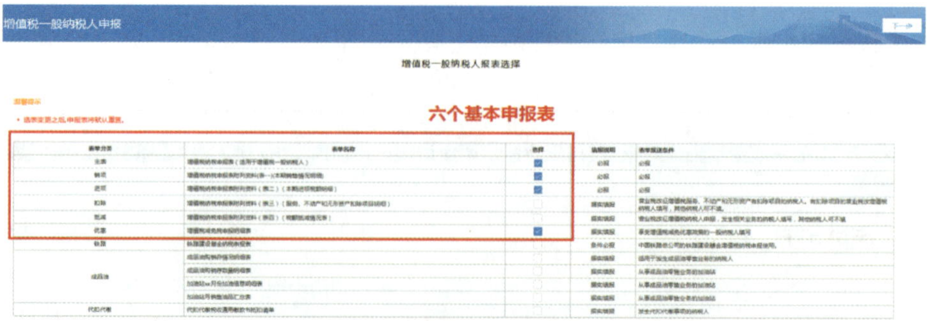

（15）再次核对开票系统销售额数据→销售额有免税率会有自动导入数据，也要核对开票系统销售额→销项税额→进项税额要核对综合服务平台认证税额数据→13 栏里上期留抵税额跟进项税额会自动抵扣，如进项税额大于销售额也会自动留抵下期抵扣→留抵税额会在 20 栏期末留抵税额中体现。

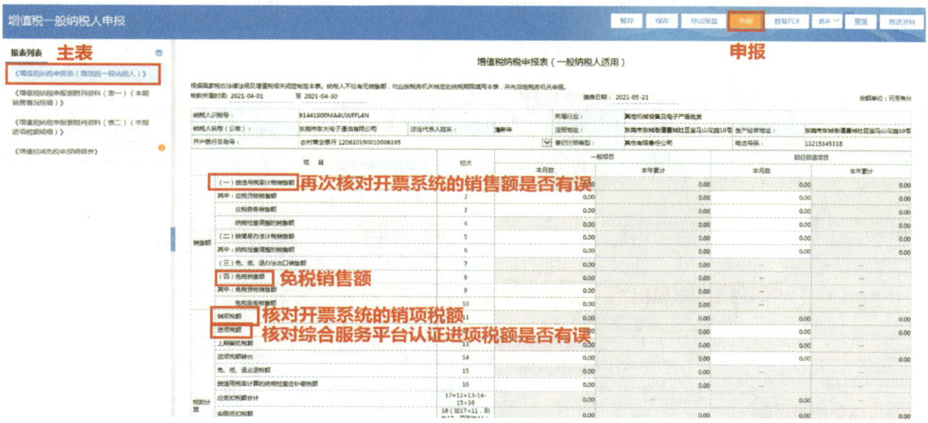

（16）接上表，23栏目如果有税盘服务费要抵扣应直接录入票面含税金额→应补退税额有数据代表当月要缴纳增值税（销项税额－进项税额－上期留抵税额－税额减征＝应补退税缴纳当月增值税）。

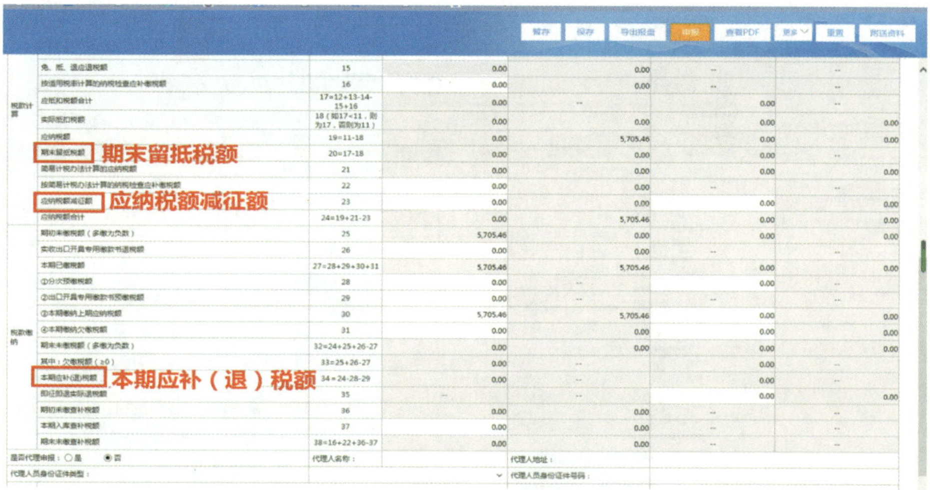

（17）附表四：企业有加计扣除抵减额要填写附表四当期发生额（公式：进项税额×10%（或15%）＝加计抵减额）→保存（有这个专项才要填写，目前四大行业可以加计抵减：邮政、电信、现代服务和生活服务业）。

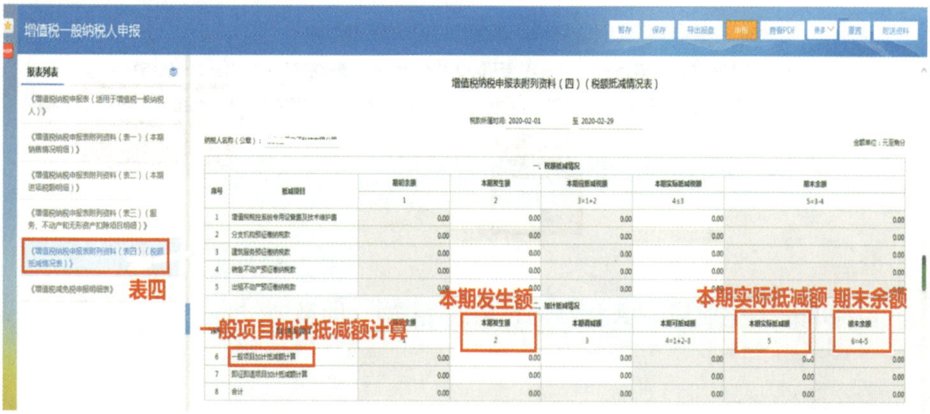

（18）附表增值税减免申报明细表：抵扣税盘及维护费→填写本期发生额→本期实际抵减税额→保存(有抵扣的进项税才需填写)。

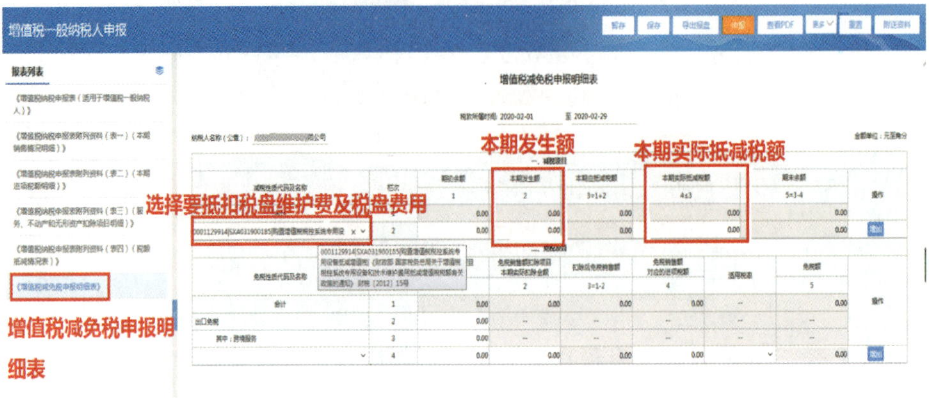

（19）所有申报表核对完数据后→单击[申报]→单击[确定]。

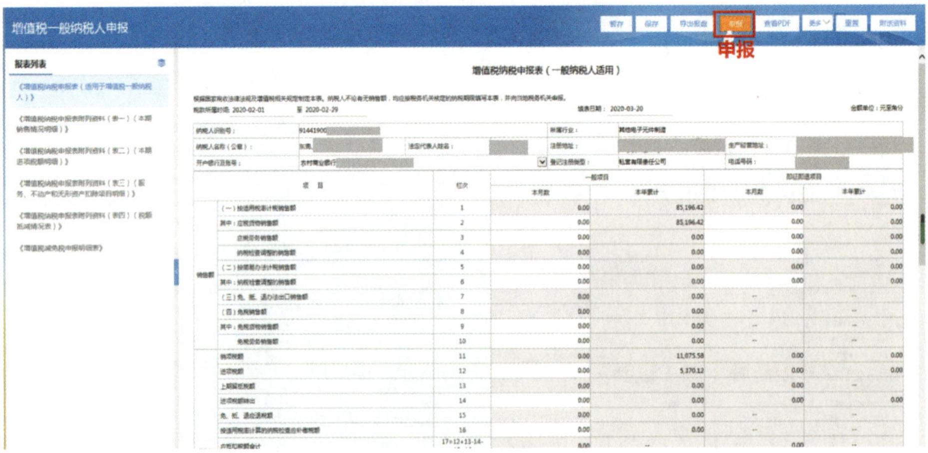

（20）提示申报成功。

（21）税种申报表完成后→单击[清缴税款]→单击[立即缴纳]。

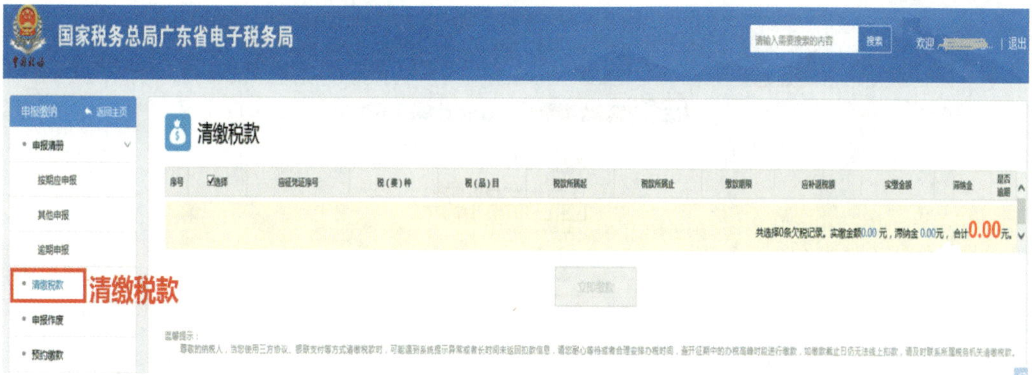

（22）增值税申报完成后回到开票系统→单击[汇总处理]→单击[远程清卡]→确定→清卡成功。

（23）单击[状态查询]→单击[增值税专用发票及增值税普通发票]→查看锁死日期是在下个月日期和汇总报送资料“无”（表示清卡成功）。

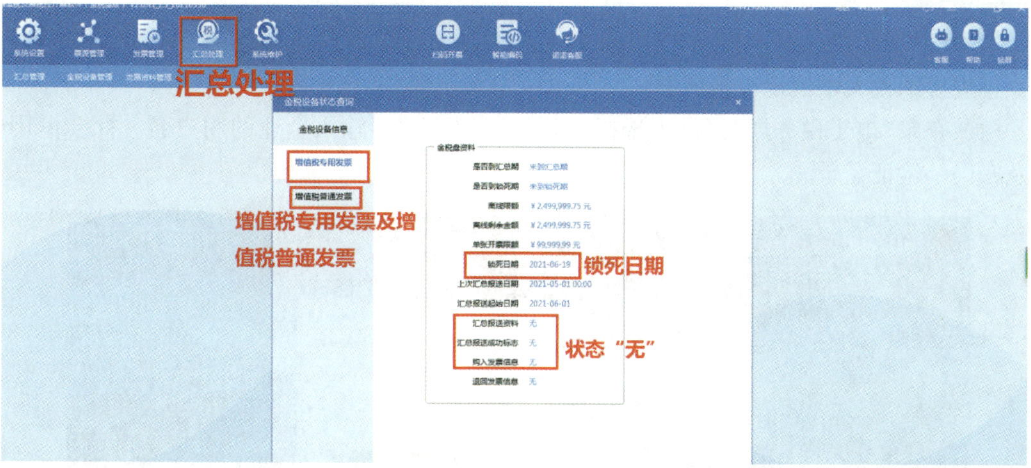

（24）销项票导出：单击[汇总处理]→发票数据导出→选择票种→选择导出月份→确定→选择文件导出。

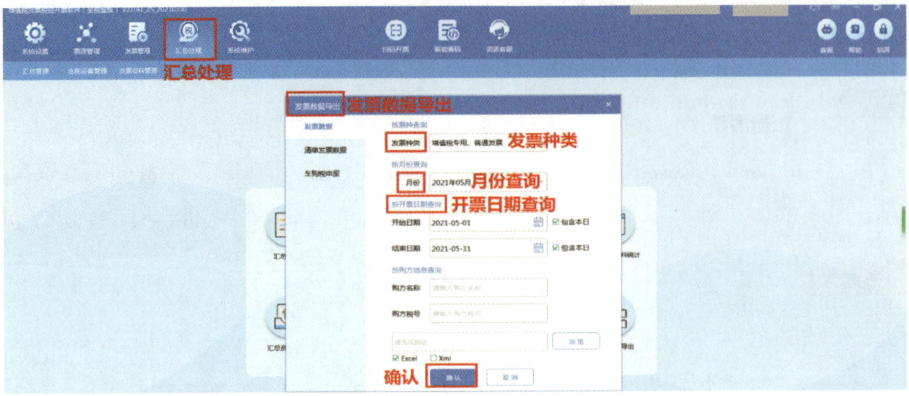

（25）单击[抵扣勾选]→单击[抵扣勾选统计]→选择历史属期数据统计→税款所属日期→单击[查询明细下载]→另保存到文件夹。

任务2 小规模纳税人企业申报增值税

小规模纳税人增值税申报流程：

（1）登录“电子税务局”网站，选择“密码登录”方式→输入企业的用户名、社会信用代码及密码→验证登录。

（2）单击我要办税→单击税费申报及缴纳。

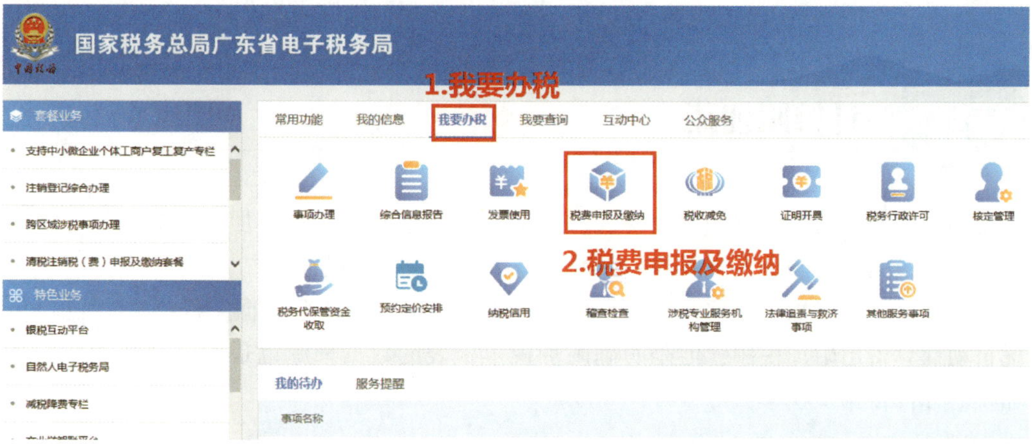

（3）单击填写申报表。

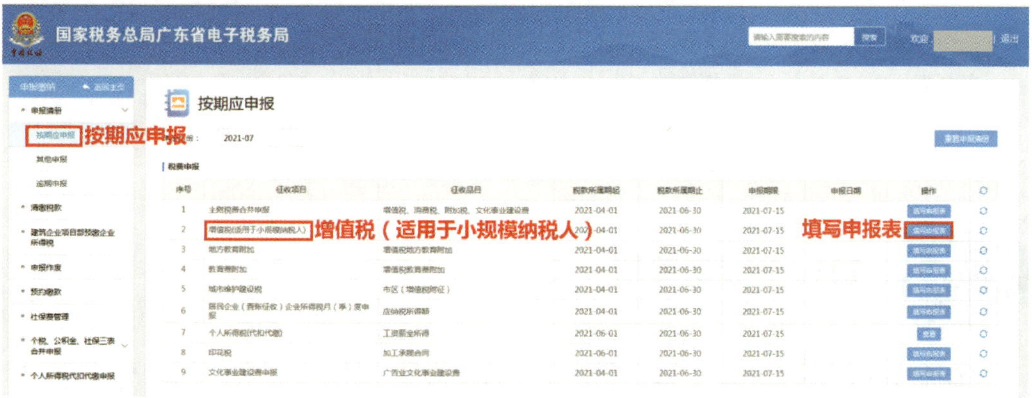

（4）税种申报表完成后，单击清缴税款→单击立即缴纳。

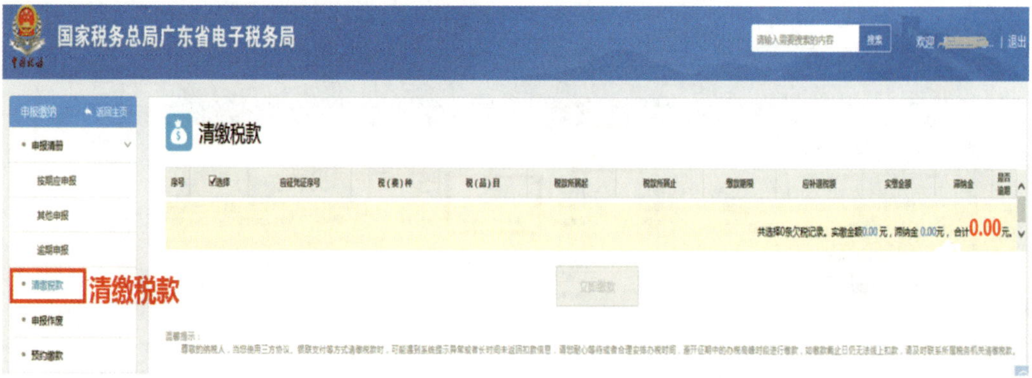

5.3 申报附加税费

任务 1 计算附加税

附加税主要包括城市维护建设税、教育费附加和地方教育费附加，附加税是对缴纳增值税、消费税的单位和个人征收的一种税，是企业常缴纳的税种。

目前企业申报附加税通常采用主、附税一体化申报，系统会根据主税(如增值税)申报情况自动计算得出附加税额，但是明确附加税申报表的数据来源也是十分必要的。以下是附加税的计税依据及税率：

税种	计税依据	税率	备注
城市维护建设税	增值税	7%	针对市区纳税人
		5%	针对县城、镇的纳税人
		1%	针对不在以上区域的纳税人
教育费附加	增值税	3%	(符合政策可减免)
地方教育费附加	增值税	2%	(符合政策可减免)

任务 2 自行申报附加税

附加税的申报期随主税，一般纳税人企业的增值税、附加税进行月报；小规模纳税人企业的增值税和附加税为季报。

附加税的申报须在增值税报税完后。增值税申报后，会提示是否生成附加税费表：选择“是”，会“自动申报”；选择“否”，则“自行申报”。以下介绍附加税自行申报的具体操作步骤：

(1) 登录[电子税务局]→单击[我要办税]→[税费申报及缴纳]。

（2）单击[按期应申报]→填写城建税、教育费附加、地方教育费附加税(费)申报表→增值税申报后附加税的数据会自动出现。

城市维护建设税 教育费附加 地方教育附加申报表

税款所属期：2020年11月01日 至 2020年11月30日

纳税人识别号（统一社会信用代码）：914419000698078939

纳税人名称：东莞市英禾通风设备有限公司

金额单位：人民币元（列至角分）

本期是否适用增值税小规模纳税人减征政策(减免性质代码_城市维护建设税：07049901，减免性质代码_教育费附加：61049901，减免性质代码_地方教育附加：99049901)	○是 ◉否	减征比例_城市维护建设税（%）	0.00
		减征比例_教育费附加（%）	0.00
		减征比例_地方教育附加（%）	0.00
本期是否适用试点建设培育产教融合型企业抵免政策	○是 ◉否	当期新增投资额	0.00
		上期留抵可抵免金额	0.00
		结转下期可抵免金额	0.00

税（费）种	计税（费）依据					税率（征收率）	本期应纳税（费）额	本期减免税（费）额		增值税小规模纳税人减征额	试点建设培育产教融合型企业		本期已缴税（费）额	本期应补（退）税（费）额
	增值税		消费税	营业税	合计			减免性质代码	减免税（费）额		减免性质	本期抵免金额		
	一般增值税	免抵税额												
	1	2	3	4	5=1+2+3+4	6	7=5×6	8	9	10	11	12	13	14=7-9-10-12-13
城市维护建设税	3,294.57	0.00	0.00	0.00	3,294.57	5.0000%	164.73		0.00	0.00		0.00	0.00	164.73
教育费附加	3,294.57	0.00	0.00	0.00	3,294.57	3.0000%	98.84		0.00	0.00		0.00	0.00	98.84
地方教育附加	3,294.57	0.00	0.00	0.00	3,294.57	2.0000%	65.89		0.00	0.00		0.00	0.00	65.89
合计	—				9,883.71	—	329.46	—	0.00	0.00	—	0.00	0.00	329.46

谨声明：本申报表是根据国家法律法规及相关规定填报的，是真实的、可靠的、完整的。

（3）税种申报表完成后，单击[清缴税款]→查看相关数据，若无误则单击[立即缴款]。

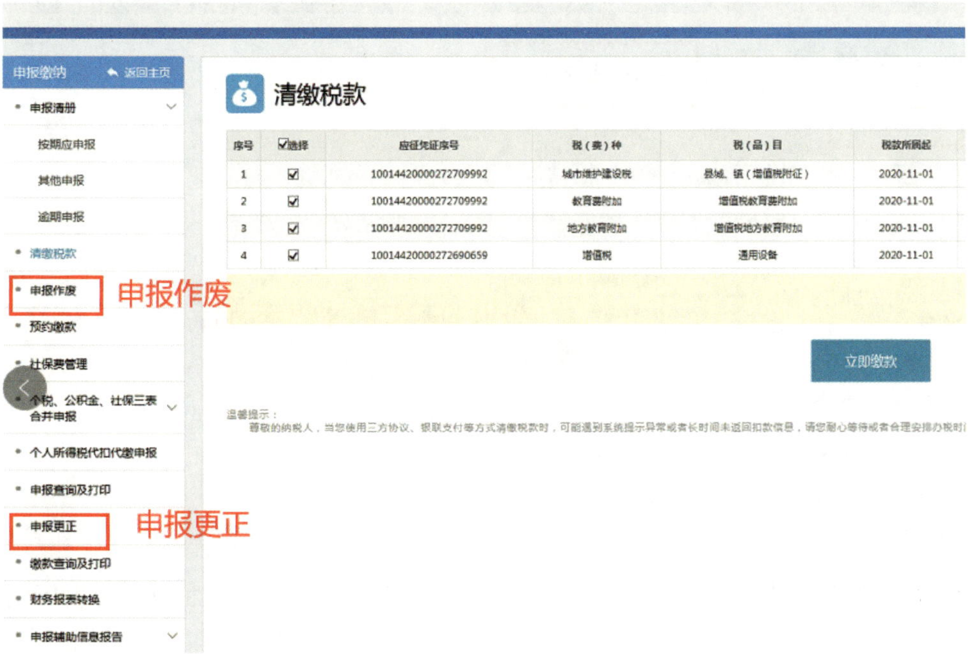

小贴士

1. 一般附加税申报表在增值税申报后会自动生成，生产出口退税企业申报退税时有免抵税额的要填写免抵税额；

2. 若申报错了，报税期内可以申报作废或更正，跨月发现错误也可以申报更正。

5.4 申报企业所得税

我国企业所得税是按年计征，分期预缴，年度汇算清缴，多退少补的方式。所以企业所得税有月(季)报和年报。

任务1 按季申报企业所得税

企业分期预缴一般是按月或按季预缴，应于月份或季度终了之日起 15 日内，向税务机关报送资料，预缴税款。

企业所得税月(季)报的申报具体操作步骤如下：

(1) 登录 电子税务局 →单击 我要办税 → 税费申报及缴纳 。

(2) 单击 按期应申报 →选择企业所得税月(季)报→填写申报表。

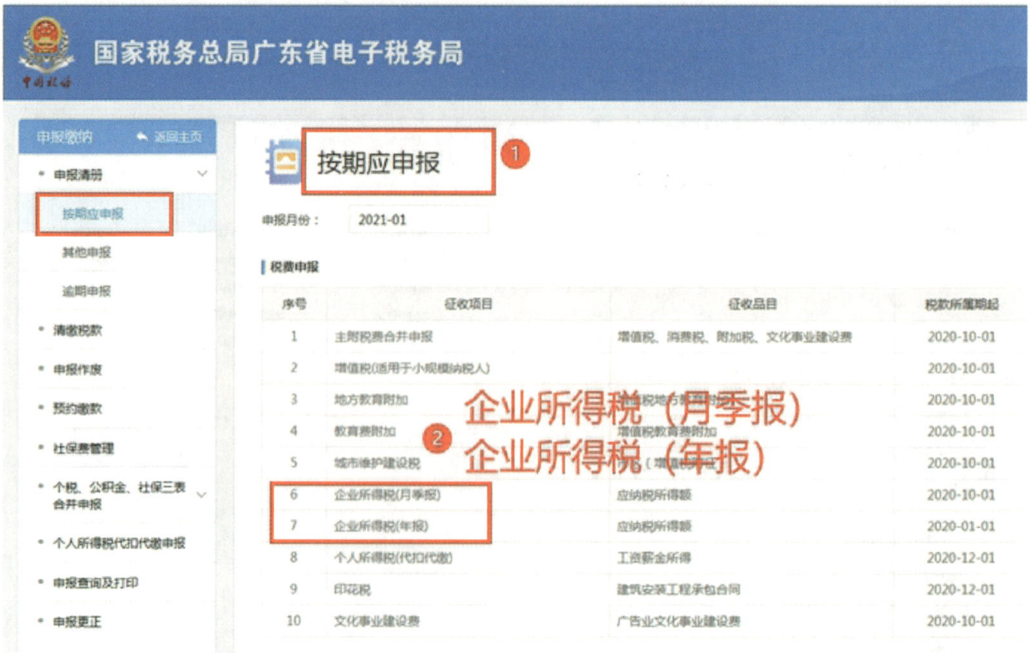

(3)企业所得税月(季)度预缴纳税申报表(A类)表：按表中提示根据企业实际情况填

写，营业收入、营业成本、利润总额一般根据当季利润表本年累计数据里的营业收入、营业成本、利润总额进行填写，其他大部分数据系统会自动计算得出。

A200000　　中华人民共和国企业所得税月（季）度预缴纳税申报表（A类）

税款所属期间：2021年1月1日至2021年3 月31日

纳税人识别号（统一社会信用代码）：□□□□□□□□□□□□□□□□□□

纳税人名称：　　　　　　　　　　　　　　　　金额单位：人民币元(列至角分)

优惠及附报事项有关信息									
项　目	一季度		二季度		三季度		四季度		季度平均值
	季初	季末	季初	季末	季初	季末	季初	季末	
从业人数									
资产总额（万元）									
国家限制或禁止行业	□是■否				小型微利企业				■是□否
	附报事项名称								金额或选项
事项 1	支持新型冠状病毒感染的肺炎疫情防控捐赠支出全额扣除（本年累计，元）								
事项 2	扶贫捐赠支出全额扣除（本年累计，元）								
事项 3	软件集成电路企业按新政策或原政策执行优惠（单选：原政策/新政策）								

	预缴税款计算	本年累计
1	营业收入【本年1月1日至3月31日期间，按照会计利润表累计营业收入填写】	11,000,000
2	营业成本【本年1月1日至3月31日期间，按照会计利润表累计营业成本填写】	10,000,000
3	利润总额【本年1月1日至3月31日期间，按照会计利润表利润总额填写】注意看提示填写 该表中，营业收入-营业成本≠利润总额	900,000
4	加：特定业务计算的应纳税所得额	
5	减：不征税收入	
6	减：资产加速折旧、摊销（扣除）调减额（填写 A201020）	
7	减：免税收入、减计收入、加计扣除（7.1+7.2+…）	
7.1	（填写优惠事项名称）	
7.2	（填写优惠事项名称）	
8	减：所得减免（8.1+8.2+…）	
8.1	（填写优惠事项名称）	
8.2	（填写优惠事项名称）	
9	减：弥补以前年度亏损【只有报完2020年企业所得税汇算清缴，才可弥补】	0
10	实际利润额（3+4-5-6-7-8-9）\ 按照上一纳税年度应纳税所得额平均额确定的应纳税所得额	900,000
11	税率(25%)	25%
12	应纳所得税额（10×11）	225,000
13	减：减免所得税额（13.1+13.2+…）	
13.1	（填写优惠事项名称）【选择项目：符合条件的小型微利企业减免企业所得税】，国家减免幅度22.5%，一定记住：不含地方减免，这里全部是国家减免。	202,500
13.2	（填写优惠事项名称）	
14	减：本年实际已缴纳所得税额【1季度期间缴纳的所得税】	0
15	减：特定业务预缴（征）所得税额	
16	本期应补（退）所得税额（12-13-14-15）\ 税务机关确定的本期应纳所得税额=25%-22.5%=2.5%。也就是说，按照国家最新减半（50%）政策，实际承担的税负是2.5%，一定记住这里不体现地方的优惠	22,500

汇总纳税企业总分机构税款计算			
17	总机构	总机构本期分摊应补（退）所得税额（18+19+20）	
18		其中：总机构分摊应补（退）所得税额（16×总机构分摊比例__%）	
19		财政集中分配应补（退）所得税额（16×财政集中分配比例__%）	
20		总机构具有主体生产经营职能的部门分摊所得税额（16×全部分支机构分摊比例__%×总机构具有主体生产经营职能部门分摊比例__%）	
21	分支机构	分支机构本期分摊比例	
22		分支机构本期分摊应补（退）所得税额	

实际缴纳企业所得税计算			
FZ1	中央级收入实际应纳税额[本期：16行×60%或(18行+20行)×60%+19行或 22行×60%]，**此处60%是国家分享税收的比例。**	**国家应该收的税**	
FZ2	地方级收入应纳税额[本期：16行×40%或(18行+20行)×40%或22行×40%]，**此处40%是地方分享税收的比例。**	**地方应该收的税**	
23	减：民族自治地区企业所得税地方分享部分：■ 免征 □ 减征:减征幅度____%） 该企业利润总额没有超过100万，可以享受国家税收优惠，也可以享受地方税收减免优惠（**地方享受部分全部减免**）。	**本期实际减免金额**（FZ2×减征幅度）	
23.1		本机构本年累计的（23行的**本年累计**）	
23.2		**本年累计**应减免金额（总机构及分支机构的本年累计，总机构填报）	
FZ3	地方级收入实际应纳税额（本期：FZ2-23）		因为地方减免了，所以此处为“0”
24	实际应补（退）所得税额		
经办人： 经办人身份证号： 代理机构签章： 代理机构统一社会信用代码：		受理人： 受理税务机关（章）： 受理日期：年月日	

国家税务总局监制

（4）核对无误，单击申报。

（5）单击缴纳税款。

任务2 汇算清缴企业所得税

企业所得税年终汇算清缴，应于年度终了之日起5个月内，依照税收法律、法规、规章及其他有关企业所得税的规定，自行计算出全年应纳税所得额和应纳所得税额，填写企业所得税年度纳税申报表并向税务机关报送，汇算清缴，结清应缴应退所得税税额。

一、企业所得税汇算清缴前的准备工作

（1）着重检查会计制度与税收规定不一样事项。

（2）着重检查是否用好国家减税降费优惠政策。

（3）着重检查新业务涉税处理是否合法。

（4）着重检查税收政策变化的前后处理是否合理。

（5）着重检查税收新政策的会计处理是否规范。

（6）着重检查职工薪酬是否细分清楚。

（7）着重检查限额扣除费用是否需要纳税调整。

（8）着重检查税前扣除凭证收受是否规范。

（9）着重检查研发费用是否加计扣除，是否正确。

（10）着重检查进项税额转出是否正确。

（11）着重检查相关留存备查手续是否完备。

二、企业所得税汇算清缴流程

企业所得税的征收方式有：查账征收和核定征收，下面以查账征收为例介绍企业所得税汇算清缴的操作流程：

（1）登录 电子税务局 →单击 我要办税 → 税费申报及缴纳 。

（2）单击 按期应申报 →选择企业所得税（年报）→根据企业实际情况勾选企业所得税年度纳税申报表填报表单（如果是小型微利企业申报表单要勾选减免所得税优惠明细表）。

填报说明

企业所得税年度纳税申报表填报表单

表单编号	表单名称	是否填报
A000000	企业所得税年度纳税申报基础信息表	☑
A100000	中华人民共和国企业所得税年度纳税申报表（A类）	☑
A101010	一般企业收入明细表	☑
A101020	金融企业收入明细表	☐
A102010	一般企业成本支出明细表	☑
A102020	金融企业支出明细表	☐
A103000	事业单位、民间非营利组织收入、支出明细表	☐
A104000	期间费用明细表	☑
A105000	纳税调整项目明细表	☑
A105010	视同销售和房地产开发企业特定业务纳税调整明细表	☐
A105020	未按权责发生制确认收入纳税调整明细表	☐
A105030	投资收益纳税调整明细表	☐
A105040	专项用途财政性资金纳税调整明细表	☐
A105050	职工薪酬支出及纳税调整明细表	☑
A105060	广告费和业务宣传费等跨年度纳税调整明细表	☐
A105070	捐赠支出及纳税调整明细表	☐
A105080	资产折旧、摊销及纳税调整明细表	☑
A105090	资产损失税前扣除及纳税调整明细表	☐
A105100	企业重组及递延纳税事项纳税调整明细表	☐
A105110	政策性搬迁纳税调整明细表	☐

（3）依次填写企业基础信息表、各明细表及主表。

① 企业基础信息表：根据公司的基本信息来填写，资产总额和从业人数是全年四个季度的平均值。注意：资产总额的单位是万元。

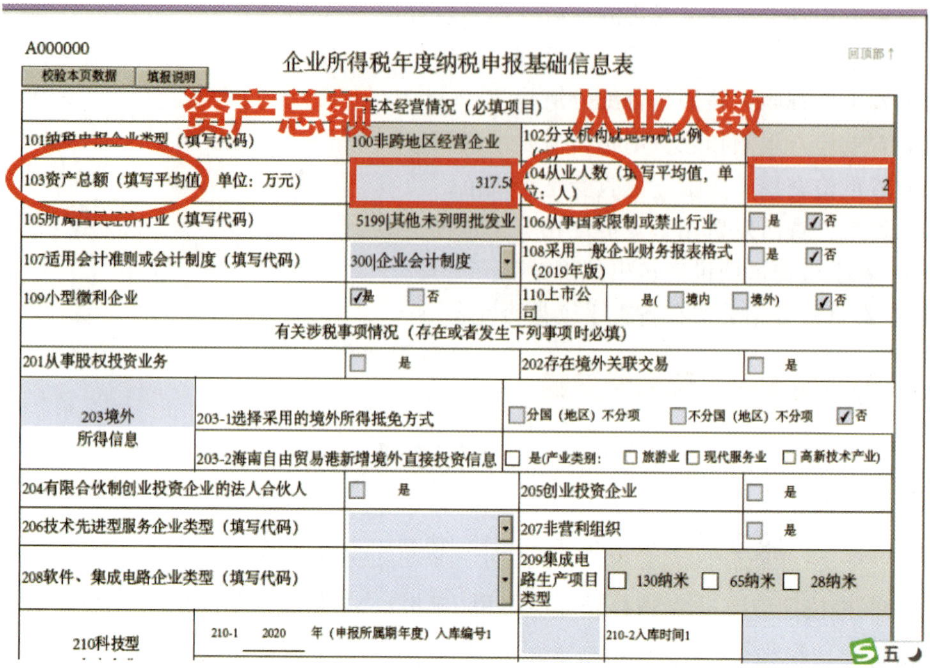

A000000

校验本页数据 填报说明

企业所得税年度纳税申报基础信息表

基本经营情况（必填项目）			
101纳税申报企业类型（填写代码）	100非跨地区经营企业	102分支机构就地纳税比例（%）	
103资产总额（填写平均值，单位：万元）	317.5	104从业人数（填写平均值，单位：人）	2
105所属国民经济行业（填写代码）	5199|其他未列明批发业	106从事国家限制或禁止行业	☐是 ☑否
107适用会计准则或会计制度（填写代码）	300|企业会计制度	108采用一般企业财务报表格式（2019年版）	☐是 ☑否
109小型微利企业	☑是 ☐否	110上市公司	是（☐境内 ☐境外） ☑否
有关涉税事项情况（存在或者发生下列事项时必填）			
201从事股权投资业务	☐ 是	202存在境外关联交易	☐ 是
203境外所得信息	203-1选择采用的境外所得抵免方式	☐分国（地区）不分项 ☐不分国（地区）不分项 ☑否	
	203-2海南自由贸易港新增境外直接投资信息	☐ 是（产业类别：☐旅游业 ☐现代服务业 ☐高新技术产业）	
204有限合伙制创业投资企业的法人合伙人	☐ 是	205创业投资企业	☐ 是
206技术先进型服务企业类型（填写代码）		207非营利组织	☐ 是
208软件、集成电路企业类型（填写代码）		209集成电路生产项目类型	☐ 130纳米 ☐ 65纳米 ☐ 28纳米
210科技型	210-1 2020 年（申报所属期年度）入库编号1		210-2入库时间1

② 一般企业收入明细表：根据账载（账上记载的数字）的主营业务收入、其他业务收入、营业外收入来填写。

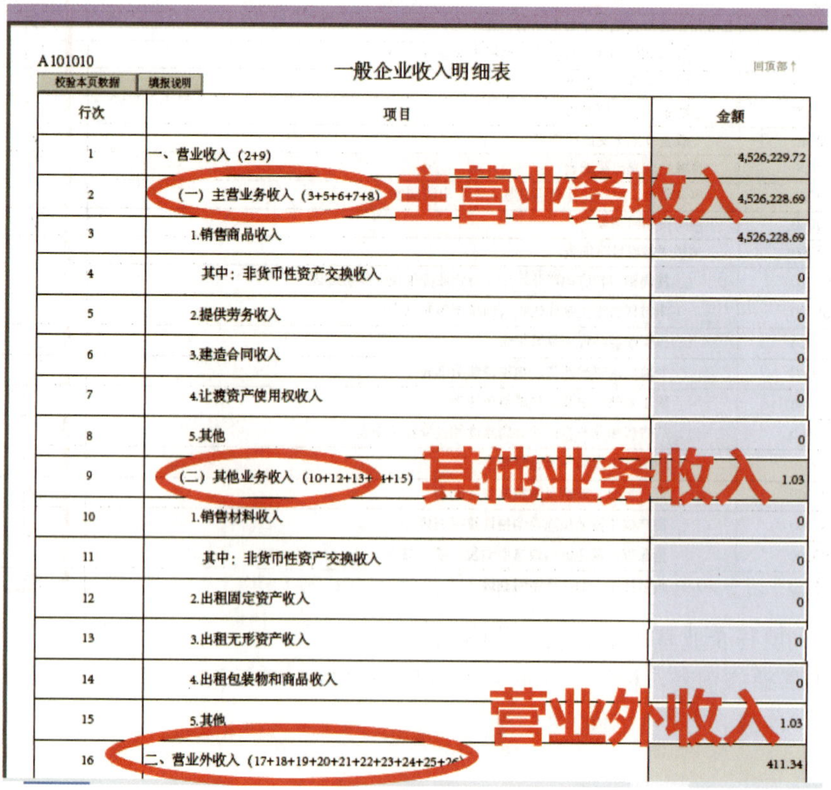

A101010

校验本页数据 填报说明

一般企业收入明细表

行次	项目	金额
1	一、营业收入（2+9）	4,526,229.72
2	（一）主营业务收入（3+5+6+7+8）	4,526,228.69
3	1.销售商品收入	4,526,228.69
4	其中：非货币性资产交换收入	0
5	2.提供劳务收入	0
6	3.建造合同收入	0
7	4.让渡资产使用权收入	0
8	5.其他	0
9	（二）其他业务收入（10+12+13+14+15）	1.03
10	1.销售材料收入	0
11	其中：非货币性资产交换收入	0
12	2.出租固定资产收入	0
13	3.出租无形资产收入	0
14	4.出租包装物和商品收入	0
15	5.其他	1.03
16	二、营业外收入（17+18+19+20+21+22+23+24+25+26）	411.34

③ 一般企业成本明细表：根据账载(账上记载的数字)的主营业务成本、其他业务成本、营业外支出来填写。

A102010　　一般企业成本支出明细表　　回顶部↑

校验本页数据　填报说明

行次	项目	金额
1	一、营业成本（2+9）	4,118,158.78
2	（一）主营业务成本（3+5+6+7+8）	4,118,158.78
3	1.销售商品成本	4,118,158.78
4	其中：非货币性资产交换成本	0
5	2.提供劳务成本	0
6	3.建造合同成本	0
7	4.让渡资产使用权成本	0
8	5.其他	0
9	（二）其他业务成本（10+12+13+14+15）	0
10	1.销售材料成本	0
11	其中：非货币性资产交换成本	0
12	2.出租固定资产成本	0
13	3.出租无形资产成本	0
14	4.包装物出租成本	0
15	5.其他	0
16	二、营业外支出（17+18+19+20+21+22+23+24+25+26）	0
17	（一）非流动资产处置损失	0

主营业务成本　其他业务成本　营业外支出

④ 期间费用明细表：根据账载的销售费用、管理费用、财务费用明细来填写。

A104000　　期间费用明细表　　回顶部↑

校验本页数据　填报说明

行次	项目	销售费用	其中：境外支付	管理费用	其中：境外支付	财务费用	其中：境外支付
		1	2		4	5	6
1	一、职工薪酬	0	*	163,305.76	*	*	*
2	二、劳务费	0	0	0	0	*	*
3	三、咨询顾问费	0	0	0	0	*	*
4	四、业务招待费	1,171.62	*	5,358.9	*	*	*
5	五、广告费和业务宣传费	0	*	0	*	*	*
6	六、佣金和手续费	0	0	0	0	0	0
7	七、资产折旧摊销费	0	*	54,015.72	*	*	*
8	八、财产损耗、盘亏及毁损损失	0	*	0	*	*	[illegible]

销售费用　管理费用　财务费用

⑤ 职工薪酬支出及纳税调整明细表：填写账载金额实际发生金额及税收金额。这几项填好的合计数应该等于账上应付职工薪酬一级科目的贷方发生额。职工福利费不超过工资薪金总额的14%，超过部分要做纳税调增。企业的职工教育经费支出，不超过工资薪金总额8%的部分，准予扣除；超过部分，准予在以后纳税年度结转扣除。

A105050

回顶部↑

职工薪酬支出及纳税调整明细表

校验本页数据　填报说明

账载金额　实际发生额　税收金额

行次	项目	账载金额	实际发生额	税收规定扣除率	以前年度累计结转扣除额	税收金额	纳税调整金额	累计结转以后年度扣除额
		1	2	3	4	5	6（1-5）	7（2+4-5）
1	一、工资薪金支出	156,214.52	156,214.52	*	*	156,214.52	0	*
2	其中：股权激励	0	0	*	*	0	0	*
3	二、职工福利费支出	5,523.25	5,523.25	14%	*	5,523.25	0	*
4	三、职工教育经费支出	0	0	*	0	0	0	0
5	其中：按税收规定比例扣除的职工教育经费	0	0	8%	0	0	0	0

⑥ 广告费和业务宣传费纳税调整明细表：本年的广告费和业务宣传费根据账上的数据来填。本年计算扣除限额的基数按照表中的营业收入来填，本年广宣费的扣除限额是不超过本年营业收入的15%，超过部分在以后年度扣除。如果有以前年度未扣除的广宣费，可以加在本年度扣除。如果没超过扣除标准，那么本年支出纳税调整金额就为零。

A105060

回顶部↑

广告费和业务宣传费等跨年度纳税调整明细表

校验本页数据　填报说明

行次	项　　目	广告费和业务宣传费	保险企业手续费及佣金支出
		1	2
1	一、本年支出	0	0
2	减：不允许扣除的支出	0	0
3	二、本年符合条件的支出（1-2）	0	0
4	三、本年计算扣除限额的基数	0	0
5	乘：税收规定扣除率	15%	18%
6	四、本企业计算的扣除限额（4*5）	0	0
7	五、本年结转以后年度扣除额（3>6，本行=3-6；3<=6，本行=0）	0	0
8	加：以前年度累计结转扣除额	0	0
9	减：本年扣除的以前年度结转额[3>6，本行=0；3<=6，本行=8与(6-3)孰小值]	0	0
10	六、按照分摊协议归集至其他关联方的金额（10<=3与6孰小值）	0	*
11	按照分摊协议从其他关联方归集至本企业的金额	0	*
12	七、本年支出纳税调整金额（3>6，本行=2+3-6+10-11；3<=6，本行=2+10-11-9）	0	0
13	八、累计结转以后年度扣除额（7+8-9）	0	0

本年计算扣除限额的基数

⑦ 捐赠支出及纳税调整明细表：非公益性捐赠、限额扣除的公益性捐赠及全额的公益性捐赠根据账上的金额填写。纳税人的公益、救济性捐赠，在年度会计利润的12%以内的，

允许扣除。超过12%的部分，准予以后三年内在计算应纳税所得额时结转扣除。

A105070

回顶部↑

捐赠支出及纳税调整明细表

行次	项　目	账载金额	以前年度结转可扣除的捐赠额	按税收规定计算的扣除限额	税收金额	纳税调增金额	纳税调减金额	可结转以后年度扣除的捐赠额
		1	2	3	4	5	6	7
1	一、非公益性捐赠	0	*	*	*	0	*	*
2	二、限额扣除的公益性捐赠(3+4+5+6)	0	0	4,814.97	0	0	0	0
3	前三年度（2017）年	*	0	*	*	*	0	*
4	前二年度（2018）年	*	0	*	*	*	0	0
5	前一年度（2019）年	*	0	*	*	*	0	0
6	本　年（2020）年	0	*	4,814.97	0	0	*	0
7	三、全额扣除的公益性捐赠	0	*	*	0	*	*	*

⑧ 纳税调整项目明细表：扣除类调整项目根据账载金额填写业务招待费、利息支出、罚金罚款、税收滞纳金、赞助支出等，税收金额根据税收政策来填写。其中a. 业务招待费按照发生额的60%扣除，最高不得超过营业收入的0.5%，所以这里要做纳税调增。b. 纳税人在生产、经营期间，向金融机构借款的利息支出，按实际发生数扣除；向非金融机构借款的利息支出，不高于按照金融机构同类、同期贷款利率计算的数额以内的部分，准予扣除。c. 没有发票的支出项目(未取得合法票据的费用)填写在“其他”项目中。d. 以前年度损益调整填在跨期扣除项目中。

A105000

回顶部↑

纳税调整项目明细表

税收金额

收入类调整项目

账载金额

行次	项　目	账载金额	税收金额	调增金额	调减金额
		1	2	3	4
1	一、收入类调整项目(2+3+4+5+6+7+8+10+11)	*	*	0	0
2	(一)视同销售收入（填写A105010）	*	0	0	*
3	(二)未按权责发生制原则确认的收入（A105020）	0	0	0	0
4	(三)投资收益（A105030）	0	0	0	0
5	(四) 按权益法核算长期股权投资对初始投资成本调整确认收益	*	*	*	0
6	(五) 交易性金融资产初始投资调整	*	*	0	*
7	(六) 公允价值变动净损益	0	*	0	0
8	(七) 不征税收入	*	*	0	0
9	其中：专项用途财政性资金（填写A105040）	*	*	0	0
10	(八) 销售折扣、折让和退回	0	0	0	0
11	(九) 其他	0	0	0	0
12	二、扣除类调整项目(13[illegible]30)		*	55,015.73	0
13	(一) 视同销售成本（填写A105010）	*	0	*	0

扣除类调整项目

12	二、扣除类调整项目（13+...+24+26+27+28+29+30）	*	*	55,015.73	0
13	（一）视同销售成本（填写A105010）	*	0	*	0
14	（二）职工薪酬（填写A105050）	163,305.76	163,305.76	0	0
15	（三）业务招待费支出	6,530.52	3,918.31	2,612.21	*
16	（四）广告费和业务宣传费支出（填写A105060）	*	*	0	0
17	（五）捐赠支出（填写A105070）	0	0	0	0
18	（六）利息支出	0	0	0	0
19	（七）罚金、罚款和被没收财务的损失	0	*	0	*
20	（八）税收滞纳金、加收利息	0	*	0	*
21	（九）赞助支出	0	*	0	*
22	（十）与未实现融资收益相关在当期确认的财务费用	0	0	0	0
23	（十一）佣金和手续费支出（保险企业填写A105060）	0	0	0	0
24	（十二）不征税收入用于支出所形成的费用	*	*	0	*
25	其中：专项用途财政性资金用于支出所形成的费用（填写A105040）	*	*	0	*
26	（十三）跨期扣除项目	0	0	0	0
27	（十四）与取得收入无关的支出	0	*	0	*
28	（十五）境外所得分摊的共同支出	*	*	0	*
29	（十六）党组织工作经费	0	0	0	0
30	（十七）其他	52,403.52	0	52,403.52	0

⑨ 企业所得税弥补亏损：纳税人发生的年度亏损，可以用下一年度的所得弥补，下一纳税年度的所得不足弥补的，可以逐年延续弥补，但最长不得超过 5 年(特殊年份除外)。表中数据一般系统自动计算得出，单击保存即可。

A106000

企业所得税弥补亏损明细表

回顶部↑

校验本页数据 | 延长亏损声明 | 填报说明

行次	项目	年度	当年境内所得额	分立转出的亏损额	合并、分立转入的亏损额			弥补亏损企业类型	当年亏损额	当年待弥补的亏损额	用本年度所得额弥补的以前年度亏损额		当年可结转以后年度弥补的亏损额
					可弥补年限5年	可弥补年限8年	可弥补年限10年				使用境内所得弥补	使用境外所得弥补	
		1	2	3	4	5	6	7	8	9	10	11	12
1	前十年度	2010	0	0	*	*	0	100|一般企业	0	0	0	0	0
2	前九年度	2011	0	0	*	*	0	100|一般企业	0	0	0	0	0
3	前八年度	2012	0	0	*	0	0	100|一般企业	0	0	0	0	0
4	前七年度	2013	-9,343.16	0	*	0	0	100|一般企业	0	0	0	0	0
5	前六年度	2014	23,514.87	0	*	0	0	100|一般企业	0	0	0	0	0
6	前五年度	2015	21,044.42	0	0	0	0	100|一般企业	0	0	0	0	0
7	前四年度	2016	9,391.37	0	0	0	0	100|一般企业	0	0	0	0	0
8	前三年度	2017	60,879.91	0	0	0	0	100|一般企业	0	0	0	0	0
9	前二年度	2018	82,067.96	0	0	0	0	100|一般企业	0	0	0	0	0

⑩ 资产折旧、摊销及纳税调整明细表：根据账载金额填写资产原值、本年折旧摊销额、累计折旧摊销额。账载金额按照规定折旧的，则税收金额与账载金额一致，如果享受加速折旧或一次性扣除政策的要在对应的栏次中填写。

⑪ 企业所得税年度纳税申报表(主表)：根据账载金额填写税金及附加、资产减值损失、公允价值变动收益、投资收益，其他栏数据会由明细表的数据带出，主表填完后可以看到要退或补的税额，检查无误后单击提交。

A105080

资产折旧、摊销及纳税调整明细表

校验本页数据 填报说明

回顶部 ↑

行次		项目	账载金额			税收金额					纳税调整金额
			资产原值	本年折旧、摊销额	累计折旧、摊销额	资产计税基础	税收折旧、摊销额	享受加速折旧政策的资产按税收一般规定计算的折旧、摊销额	加速折旧、摊销统计额	累计折旧、摊销额	
			1	2	3	4	5	6	7=5-6	8	9（2-5）
1	一、固定资产（2+3+4+5+6+7）		312,919.16	54,015.72	148,730.12	312,919.16	54,015.72	*	*	148,730.12	0
2	所有固有资产	（一）房屋、建筑物	0	0	0	0	0	*	*	0	0
3		（二）飞机、火车、轮船、机器、机械和其他生产设备	0	0	0	0	0	*	*	0	0
4		（三）与生产经营活动有关的器具、工具、家具等	28,626.05	0	27,194.75	28,626.05	0	*	*	27,194.75	0
5		（四）飞机、火车、轮船以外的运输工具	284,293.11	54,015.72	121,535.37	284,293.11	54,015.72	*	*	121,535.37	0
6		（五）电子设备	0	0	0	0	0	*	*	0	0
7		（六）其他	0	0	0	0	0	*	*	0	0
8	其中：享受固定资产加速折旧及一次性扣除政策的资产加速折旧额大于一般折旧额的部分	（一）重要行业固定资产加速折旧（不含一次性扣除）	0	0	0	0	0	0	0	0	*
9		（二）其他行业研发设备加速折旧	0	0	0	0	0	0	0	0	*
10		（三）海南自由贸易港企业固定资产加速折旧	0	0	0	0	0	0	0	col8 0	*
11		（四）500万元以下设备器具一次性扣除	0	0	0	0	0	0	0	0	*
12		（五）疫情防控重点保障物资生产企业单价500万元以上设备一次性扣除	0	0	0	0	0	0	0	0	*
13		（六）海南自由贸易港企业固定资产一次性扣除	0	0	0	0	0	0	0	0	*
14		（七）技术进步、更新换代固定资产	0	0	0	0	0	0	0	0	*

A100000

中华人民共和国企业所得税年度纳税申报表（A类）

校验本页数据 填报说明

回顶部 ↑

行次	类别	项目	金额
1	利润总额计算	一、营业收入（填写A101010\101020\103000）	4,526,229.72
2		减：营业成本（填写A102010\102020\103000）	4,118,158.78
3		税金及附加	8,281.23
4		销售费用（填写A104000）	3,234.83
5		管理费用（填写A104000）	279,010.94
6		财务费用（填写A104000）	77,830.54
7		资产减值损失	0
8		加：公允价值变动收益	0
9		投资收益	0
10		二、营业利润（1-2-3-4-5-6-7+8+9）	39,713.4
11		加：营业外收入（填写A101010\101020\103000）	411.34
12		减：营业外支出（填写A102010\102020\103000）	0
13		三、利润总额（10+11-12）	40,124.74
14	应纳	减：境外所得（填写A108010）	0
15		加：纳税调整增加额（填写A105000）	55,015.73
16		减：纳税调整减少额（填写A105000）	0

这些数据要填

19	得额计算	四、纳税调整后所得（13-14+15-16-17+18）	95,140.47
20		减：所得减免（填写A107020）	0
21		减：弥补以前年度亏损（填写A106000）	0
22		减：抵扣应纳税所得额（填写A107030）	0
23		五、应纳税所得额（19-20-21-22）	95,140.47
24	应纳税额计算	税率（25%）	0.25
25		六、应纳所得税额（23*24）	23,785.12
26		减：减免所得税额（填写A107040）	19,028.09
27		减：抵免所得税额（填写A107050）	0
28		七、应纳税额（25-26-27）	4,757.03
29		加：境外所得应纳所得税额（填写A108000）	0
30		减：境外所得抵免所得税额（填写A108000）	0
31		八、实际应纳所得税额（28+29-30）	4,757.03
32		减：本年累计实际已预缴的所得税额	2,006.3
33		九、本年应补（退）所得税额（31-32）	2,750.73
34		其中：总机构分摊本年应补（退）所得税额（填写A109000）	0
35		财政集中分配本年应补（退）所得额（填写A109000）	0
36		总机构主体生产经营部门分摊本年应补（退）所得税额（填写A109000）	0

5.5 申报个人所得税

个人所得税是国家对我国公民、居住在我国境内的个人所得和境外个人来源于我国的所得所征收的一种税。

个人所得税的内容比较多，这里介绍“经营所得”个人所得税和“工资薪金”个人所得税的申报方法。

任务1 申报经营所得

我国个人所得税“经营所得”的申报，一般针对个体户、个人独资或合伙企业，有核定征收和查账征收两种，按季申报。具体操作步骤如下：

（1）登录进入[自然人电子税务局]→使用申报密码登录或实名登录→若还未有人员信息，则单击[人员信息采集]→[添加]→填写人员信息。

（2）单击[生产经营]→[预缴纳税申报]→填写本年累计收入和成本（核定征收和查账征收两种方式）→填好后保存。

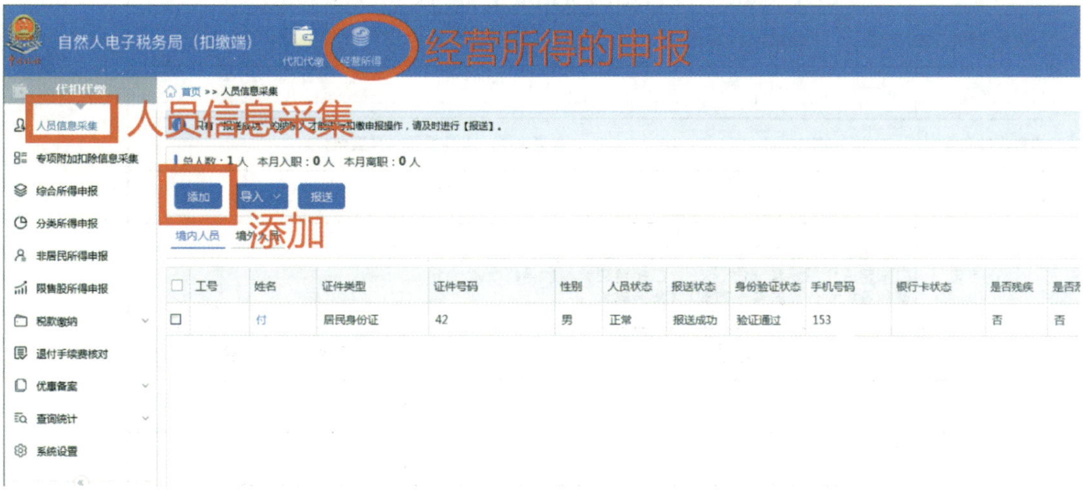
自然人电子税务局（扣缴端）
经营所得的申报
人员信息采集
添加
导入
报送
专项附加扣除信息采集
综合所得申报
分类所得申报
非居民所得申报
限售股所得申报
税款缴纳
退付手续费核对
优惠备案
查询统计
系统设置
境内人员
工号
姓名
证件类型
证件号码
性别
人员状态
报送状态
身份验证状态
手机号码
银行卡状态
居民身份证
男
正常
报送成功
验证通过

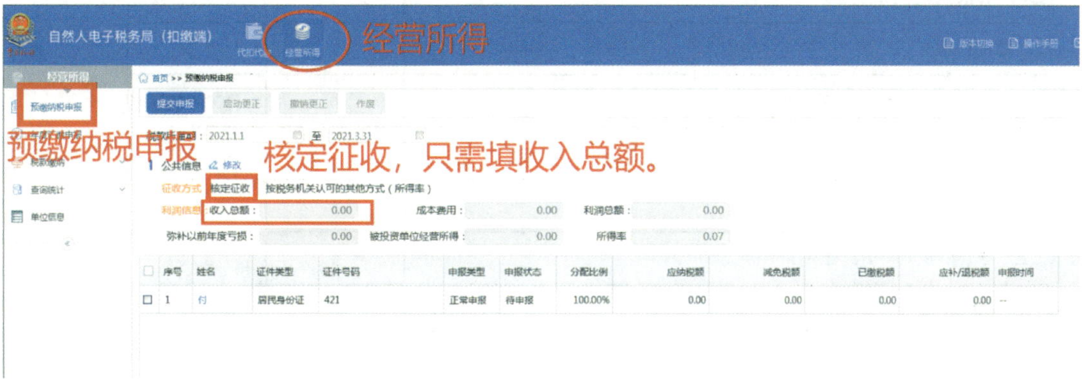
自然人电子税务局（扣缴端）
经营所得
预缴纳税申报
核定征收，只需填收入总额。
提交申报
公共信息
征收方式
核定征收
按税务机关认可的其他方式（所得率）
收入总额：
成本费用：
利润总额：
弥补以前年度亏损：
被投资单位经营所得：
所得率
查询统计
单位信息

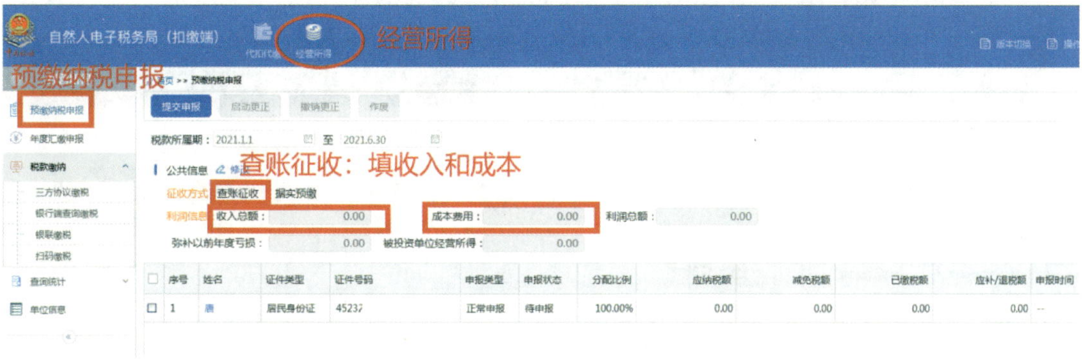
自然人电子税务局（扣缴端）
经营所得
预缴纳税申报
查账征收：填收入和成本
提交申报
年度汇缴申报
税款缴纳
三方协议缴税
银行端查询缴税
银联缴税
扫码缴税
查询统计
单位信息
税款所属期：
2021.1.1
2021.6.30
公共信息
征收方式
查账征收
据实预缴
收入总额：
成本费用：
利润总额：
弥补以前年度亏损：
被投资单位经营所得：

个人所得税经营所得纳税申报表（A表）

税款所属期：2020年1月1日 － 2020年9月30日				
纳税人姓名：	[redacted]			
纳税人识别号：[redacted]107250313			金额单位：人民币元（列至角分）	
被投资单位信息	名称	东莞市[redacted]	社会统一信用代码	[redacted]
征收方式	□查账征收（据实预缴） □查账征收（按上年应纳税所得额预缴） □核定应税所得率征收 □核定应纳税所得额征收 ■税务机关认可的其他方式 （所得率）			

项目	行次	金额（比例）
一、收入总额	1	137092.28
二、成本费用	2	0.00
三、利润总额	3	0.00
四、弥补以前年度亏损	4	0.00
五、应税所得率（%）	5	7.00
六、合伙企业个人合伙人分配比例（%）	6	100.0000
七、允许扣除的个人费用及其他扣除（7=8+9+14）	7	45000.00
（一）投资者减除费用	8	45000.00
（二）专项扣除（9=10+11+12+13）	9	0.00
1、基本养老保险费	10	0.00

（3）填好申报表后→单击[发送申报]—[获取反馈]（查看申报是否成功）。

（4）单击[税款缴纳]→选择缴纳方式→完成。（若无税款可以不操作此步）

任务2 申报工资薪金所得

对于居民个人而言，工资薪金、劳务报酬、稿酬等属于综合所得，在日常获取收入时应由扣缴义务人预扣缴个人所得税，年终再由纳税人进行汇算清缴。

我国个人所得税工资薪金申报一般按月申报，具体申报流程：

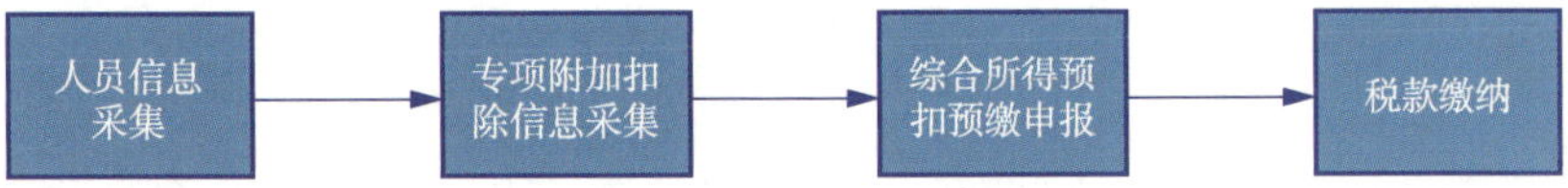

（1）登录进入[自然人电子税务局]→采用申报密码登录或实名登录→检查税款所属月份是否正确。

（2）人员信息采集：单击[人员信息采集]→增加人员单击[添加]或[导入]→[报送]→[获取反馈]，在职员工的“人员状态”是“正常”的，离职的员工将“人员状态”选为[非正常]，并填写该员工的“离职日期”→[保存]→单击[报送]（正确的会显示“报送成功”及“验证通过”，无变动的无需操作）。

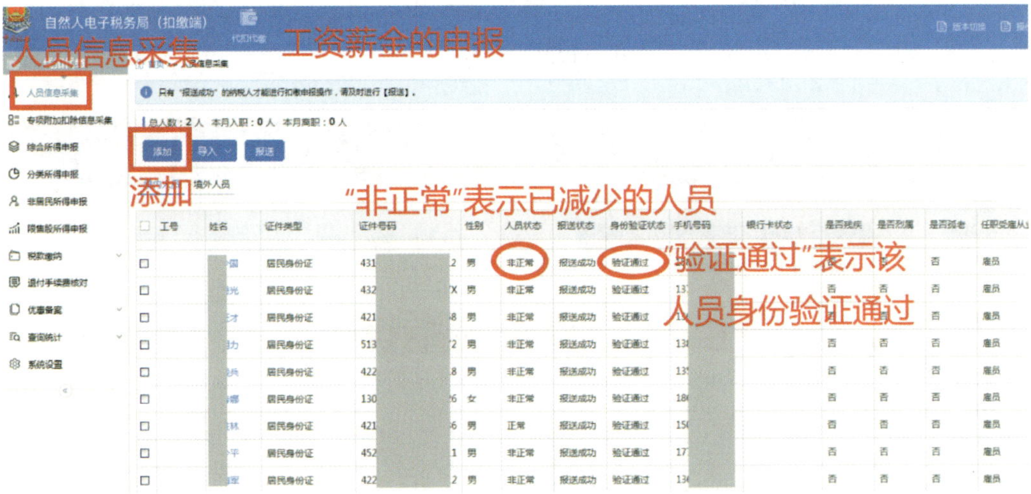

（3）专项附加扣除信息采集：单击[专项附加扣除信息采集]→[添加]或[导入]或[下载更新]→单击[报送]。

小贴士

个人所得税专项附加扣除具体包括六项：子女教育、住房贷款利息、住房租金、赡养老人、继续教育、大病医疗，专项附加扣除可在申报纳税时按规定标准予以税前扣除。专项附加扣除信息采集有三种方式：1. 由纳税人提供信息，扣缴义务人在自然人电子税务局(扣缴端)直接添加；2. 由纳税人通过专项附加扣除信息模板填写，扣缴义务人在自然人电子税务局(扣缴端)导入；3. 由纳税人通过手机下载个人所得税 APP 进行信息采集；扣缴义务人在自然人电子税务局(扣缴端)下载。

(4) 综合所得申报：单击[综合所得申报]→[1 收入及减除填写]（根据实际情况选择其中一报表，如“正常工资薪金所得”，单击→[填写]→单击[添加]（直接填写工资金额）或[导入]（按标准模板填写导入）→[预填专项附加扣除]。

（5）单击[2 税款计算]→自动核算税款。

（6）若有特殊情况则需填写附表，单击[3 附表填写]→填写完保存提交便可。

（7）单击[4 申报报表报送]→[发送申报]→[获取反馈]→显示申报成功。

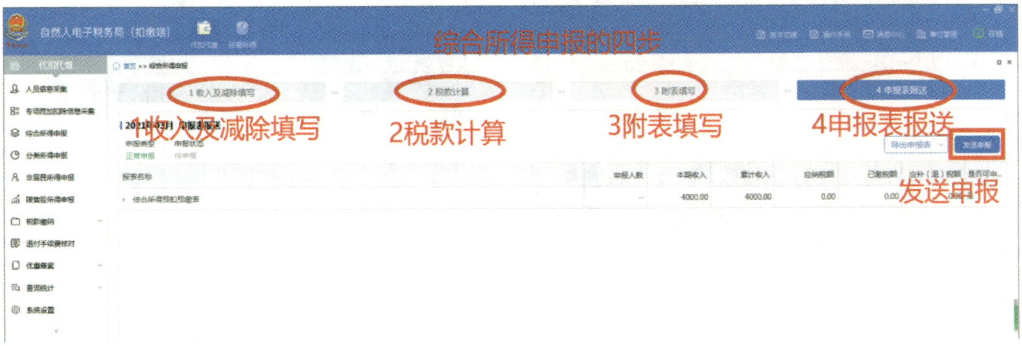

（8）单击[税款缴纳]→[三方协议缴税]→[立即缴款]。

任务3　汇算清缴个人所得税(APP操作)

个体工商户业主、个人独资企业投资者、合伙企业的个人合伙人、承包承租经营者个人及其他从事生产、经营活动的个人，在中国境内取得的经营所得，且实行查账征收的，需要办理经营所得汇算清缴。

个人所得税年度汇算可以使用手机APP操作，有简易申报和标准申报两种情况：年收入额低于6万元的纳税人可使用简易申报方式办理年度汇算，年收入额超过6万元的纳税人只能使用标准申报方式办理年度汇算(使用方式系统会判断)。以下介绍如何使用手机办理个税年度汇算标准申报方式，具体操作流程如下：

(1) 下载个人所得税APP，注册登录。

(2) 单击进入综合所得年度汇算。

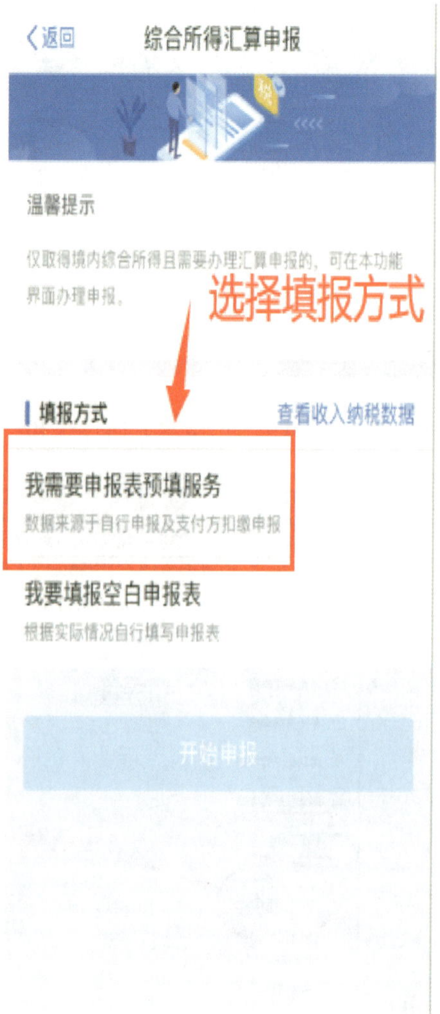

（3）建议选择我需要申报表预填服务方式后，单击开始申报。

（4）仔细阅读标准申报须知后单击我已阅读并知晓后，这一页可以看到个人基础信息、汇缴地，仔细核对个人信息，选择汇缴地，确认无误则单击下一步。

（5）这一页面可看到收入、免税收入和税前扣除，每个申报项目都可通过右边的小箭头查看具体明细或添加相应内容。如劳务报酬、稿酬所得需手动添加，全年一次性奖金可以手动调整。专项扣除、专项附加扣除、其他扣除等通过右边的小箭头进行新增或调整。

（6）系统自动计算出应纳税额和已缴税额，检查核对应补税额/应退税额，无误后，单击提交申报。

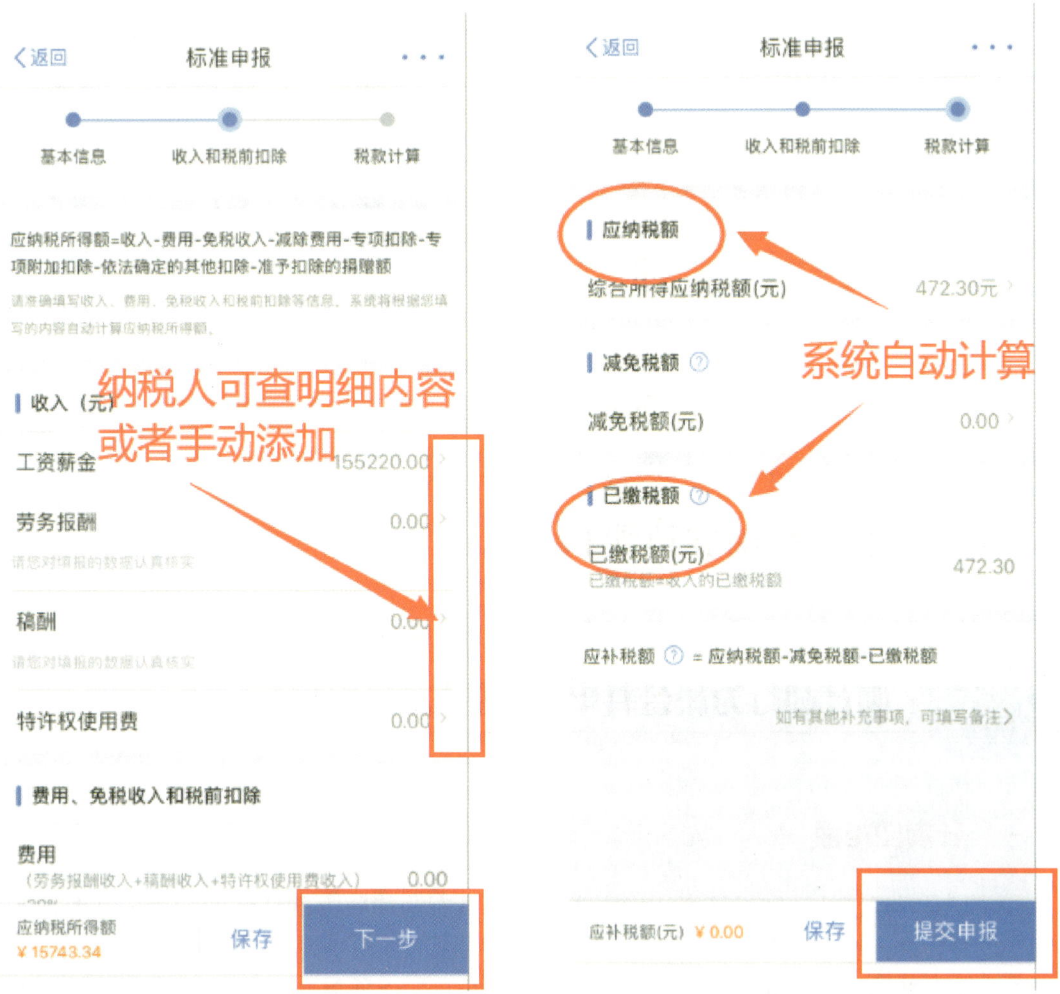

（7）若应退或应补，则添加绑定银行卡，提交申请，等待税务审核，退税或补税即可。

5.6 计算与缴纳其他费用

任务 1 财产和行为税合并申报印花税(月报)

一、计算印花税

印花税是对经济活动和经济交往中书立、领受具有法律效力的凭证的行为所征收的一种税。印花税的计算分为定额税率和比例税率两种方式。

(1) 定额税率：即按件征收，每件按 5 元定额贴花，应纳印花税税额=凭证件数×固定税额(5 元)。

(2) 比例税率：即按应税凭证所载金额乘以固定比例的税率计算贴花，应纳税印花税税额=计税金额×比例税率。

二、申报缴纳印花税

印花税的申报包括税源采集和纳税申报两大模块。印花税的申报应在每月 15 日前进行。具体操作如下：

（1）财产和行为税税源采集

① 登录电子税务局→单击我要办税→单击综合信息报告

② 单击税源信息报告→选择“财产和行为税税源信息报告”→单击印花税税源采集→单击新增税源→选择“税款所属期”→填写计税金额或件数→单击保存，完成印花税税源信息采集。（注意：根据每个税种的实际情况，税源信息表可在申报期前填报，也可在申报期内进行印花税的税源信息采集之前填报）

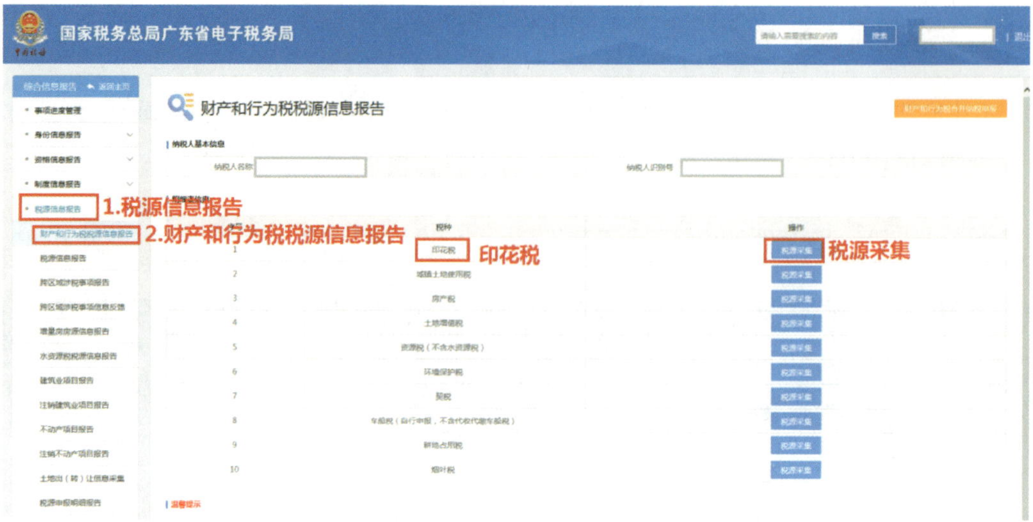

若需修改税源，查询已采集的税源，单击[修改]；按次申报的纳税人需在按次申报的区域内单击[增加录入税源信息]，税款所属期起止，系统自动默认为同一天；如果有减免的信息，需要在采集界面录入减免税的性质、代码和项目名称→核对数据无误之后，单击[保存]→完成印花税税源信息采集。

（2）财产和行为税纳税申报

① 登录[电子税务局]→[我要办税]→单击[税费申报及缴纳]

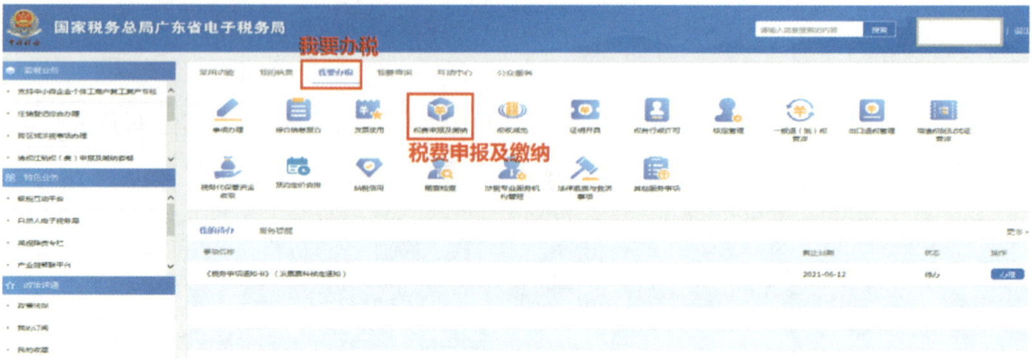

② 选择“申报清册”→单击[其他申报]

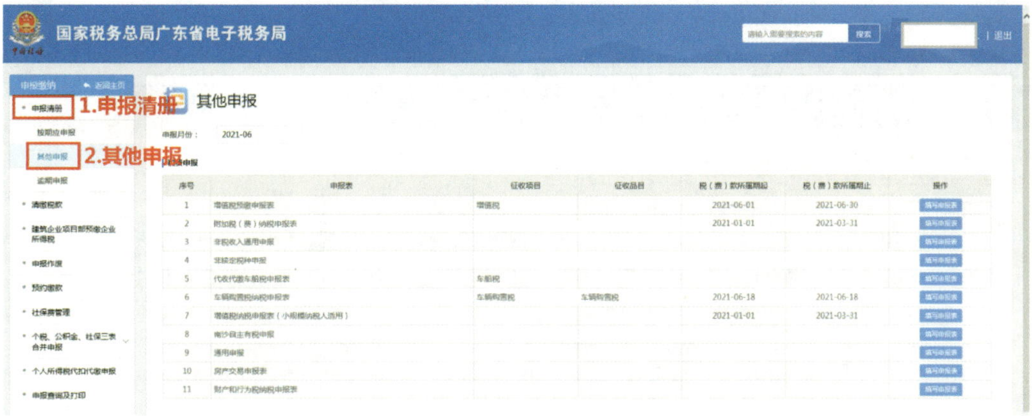

③ 填写“财产和行为税纳税申报表”→单击[下一步]→申报表中的内容是系统根据税源采集表中的内容自动生成的→申报表和减免表的数据核对无误之后→单击[申报确认]

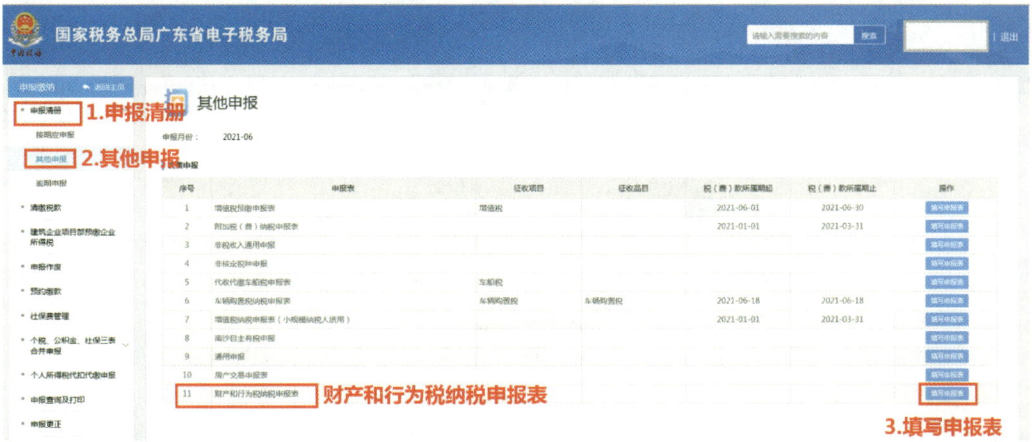

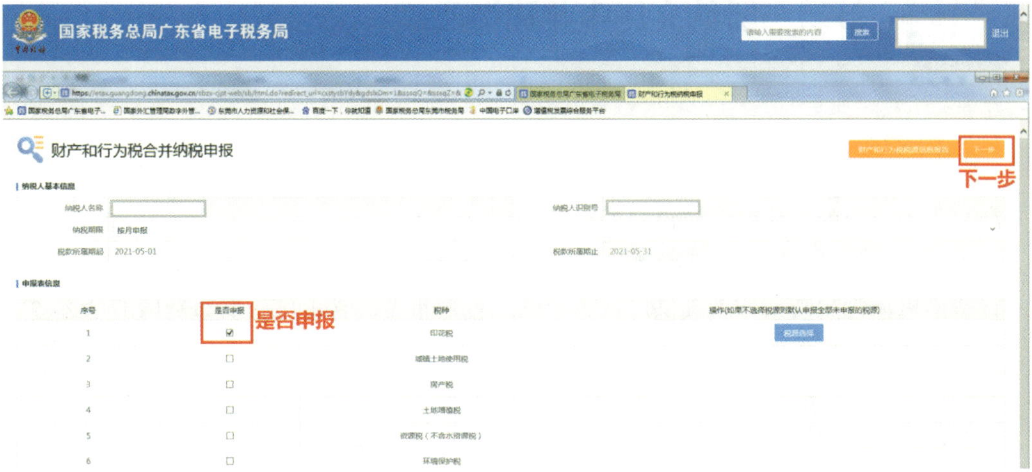

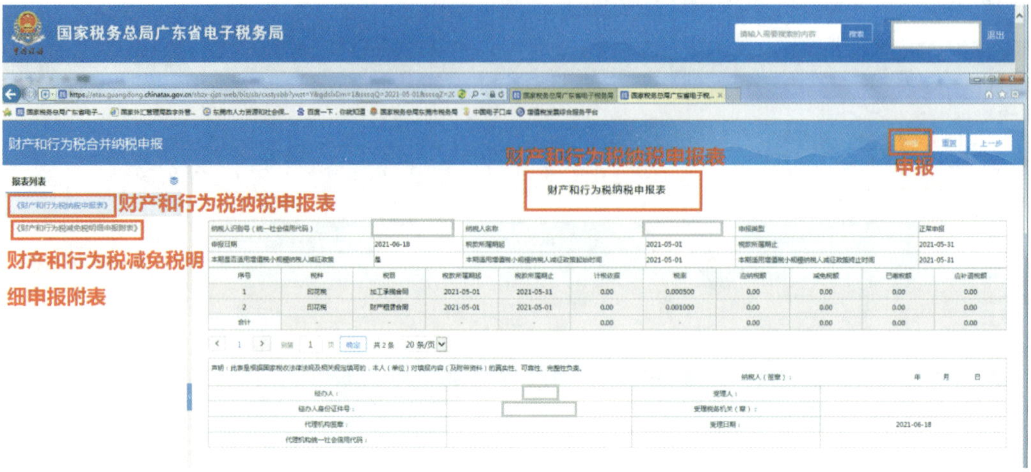

④ 申报成功→单击 缴款

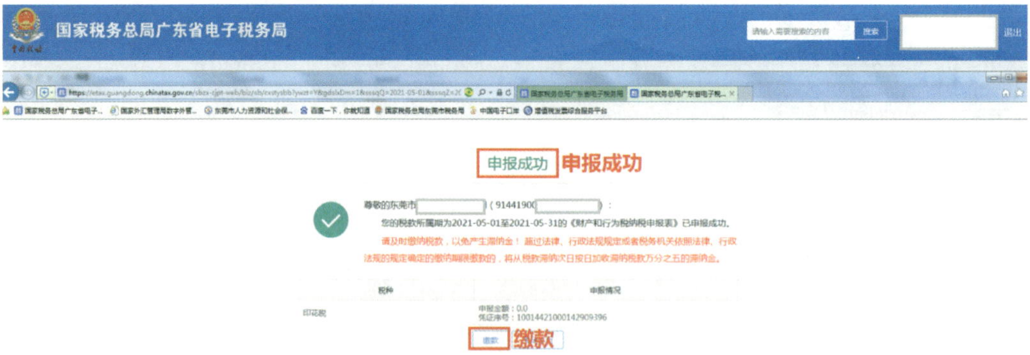

任务 2 计算与缴纳文化事业建设费

一、计算文化事业建设费

(1) 广告公司的文化事业建设费的计算公式：

$$应缴费额 = 计费销售额 * 3\%$$

计费销售额为缴纳义务人提供广告公司或广告发布者的含税广告发布费后的余额。

(2) 提供娱乐服务的文化事业建设费的计算公式：

$$应缴费额 = 计费销售额 * 3\%$$

计费销售额为缴纳义务人提供娱乐服务取得的全部含税价款和价外费用。

二、申报缴纳文化事业建设费（主要是广告业的企业，按主税缴纳）

（1）登录[电子税务局]→单击[我要办税]→[税费申报及缴纳]→[按期应申报]。

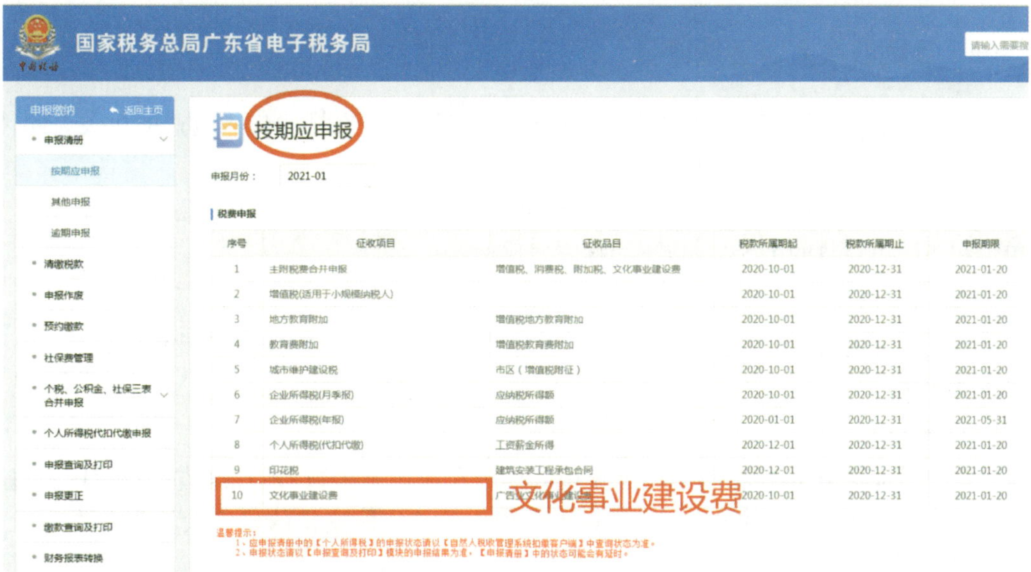

序号	征收项目	征收品目	税款所属期起	税款所属期止	申报期限
1	主附税费合并申报	增值税、消费税、附加税、文化事业建设费	2020-10-01	2020-12-31	2021-01-20
2	增值税(适用于小规模纳税人)		2020-10-01	2020-12-31	2021-01-20
3	地方教育附加	增值税地方教育附加	2020-10-01	2020-12-31	2021-01-20
4	教育费附加	增值税教育费附加	2020-10-01	2020-12-31	2021-01-20
5	城市维护建设税	市区（增值税附征）	2020-10-01	2020-12-31	2021-01-20
6	企业所得税(月季报)	应纳税所得额	2020-10-01	2020-12-31	2021-01-20
7	企业所得税(年报)	应纳税所得额	2020-01-01	2020-12-31	2021-05-31
8	个人所得税(代扣代缴)	工资薪金所得	2020-12-01	2020-12-31	2021-01-20
9	印花税	建筑安装工程承包合同	2020-12-01	2020-12-31	2021-01-20
10	文化事业建设费	广告[illegible]	2020-10-01	2020-12-31	2021-01-20

（2）填写文化事业建设费申报表。

文化事业建设费申报表

纳税人识别号：9[redacted]

纳税人名称：东莞市[redacted]公司

纳税所属期：2020-11-01　至　2020-11-30　　报送日期：2020-12-03　　金额单位:人民币元(列至角分)

项目			栏次	本月（期）数	本年累计
计费收入	应征收入		1	0	0
	免征收入		2	0	0
费额计算	减除项目期初金额		3	0	----
	减除项目本期发生额		4	0	0
	本期减除额	应征收入减除额	5	0	0
		免征收入减除额	6	0	0
	减除项目期末余额		7=3+4-5-6	0	0
	计费销售额		8=1-5	0	0
	费率		9	3%	----
	应缴费额		10=8×9	0	0
	期初未缴费额（多缴为负）		11	0	

（3）单击[申报]，选择缴纳方式，单击[缴款]。

任务3 计算与缴纳残疾人就业保障金

一、计算残疾人就业保障金

残疾人就业保障金是为保障残疾人权益，由未按规定安排残疾人就业的机关、团体、企业、事业单位和民办非企业单位缴纳的资金。

根据《残疾人就业保障金征收使用管理办法》用人单位安排残疾人就业的比例不得低于本单位在职职工总数的1.5%，以下简称安残比例。

1. 征收比例

1%<安残比例<当地规定比例，按规定应缴费额的50%缴纳残疾人就业保障金；

安残比例<1% ，按规定比例应缴费额的90%缴纳残疾人就业保障金。

2. 计算公式

残疾人就业保障金年缴纳额=(上年用人单位在职职工人数×所在地省、自治区、直辖市人民政府规定的安排残疾人就业比例-上年用人单位实际安排的残疾人就业人数)×上年用人单位在职职工年平均工资。

二、申报缴纳残疾人就业保障金

残疾人就业保障金一般一年申报缴纳一次，申报期一般为8月1日至11月30日前。

(1) 登录国家电子税务局，单击 我要办税 → 税费申报及缴纳 → 非税收入申报 → 残疾人就业保障金 → 按期应申报 。

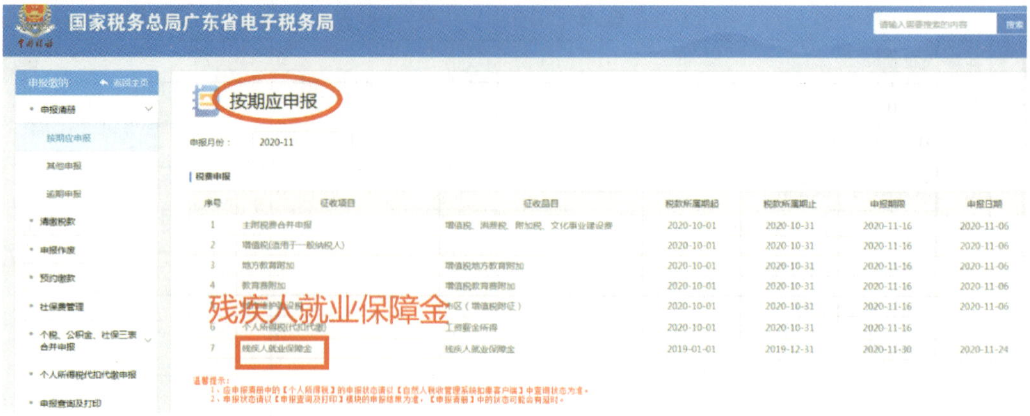

(2) 填写残疾人就业保障金缴费申报表。

残疾人就业保障金缴费申报表

残疾人就业保障金缴费申报表

费款所属期：自 2019-01-01　　至　　2019-12-31

缴费人识别号（统一社会信用代码）：9144419

缴费人名称：广东　资源管理咨询有限公司　　　　金额单位：元至角分

序号	*上年在职职工工资总额	*上年在职职工人数	*应安排残疾人就业比例	*上年实际安排残疾人就业人数	*上年在职职工年平均工资（或当地社会平均工资的2倍）	本期应纳费额	减免性质	本期减免费额	本期已缴费额	本期应补（退）费额
1	2	3	4	5	6-2/3	7-(3*4-5)*6	8	9	10	11-7-9-10
2	2, 421, 811. 16	34. 0000	1. 50%	0. 0000	36, 993	18, 866. 43	0035013601 | 残保金调整为分档征收 | 《国家发展和改革委员会财政部民政部人力资源和社会保障部国家税务总局中国残疾人联合会关于印发<关于完善残疾人就业保障金制度更好促进残疾人就业的总体方案>的通知》发改价格规[2019]2015号附件：第二条第(三)款	1, 886. 64	0. 00	16, 979. 79

声明：此表是根据国家有关法律法规及相关规定填写的，本人（单位）对填报内容（及附带资料）的真实性、可靠性、完整性负责。

缴费人（签字或者加盖印章）：　　年　　月　　日

*经办人：	莫	受理人：	
*经办人身份证件类型：	居民身份证	受理税务机关（印章）：	
*经办人身份证件号：	450322********1022	受理日期：	2020年11月24日
代理机构（签字或者加盖章）：		联系电话：	1892
代理机构统一社会信用代码：			

模块6 常用财务软件的应用

会计做账，一般借助财务软件去完成，财务软件种类很多，常见的有金蝶、用友等财务软件，其操作原理基本都是相似的。下面介绍金蝶、用友财务软件的使用。

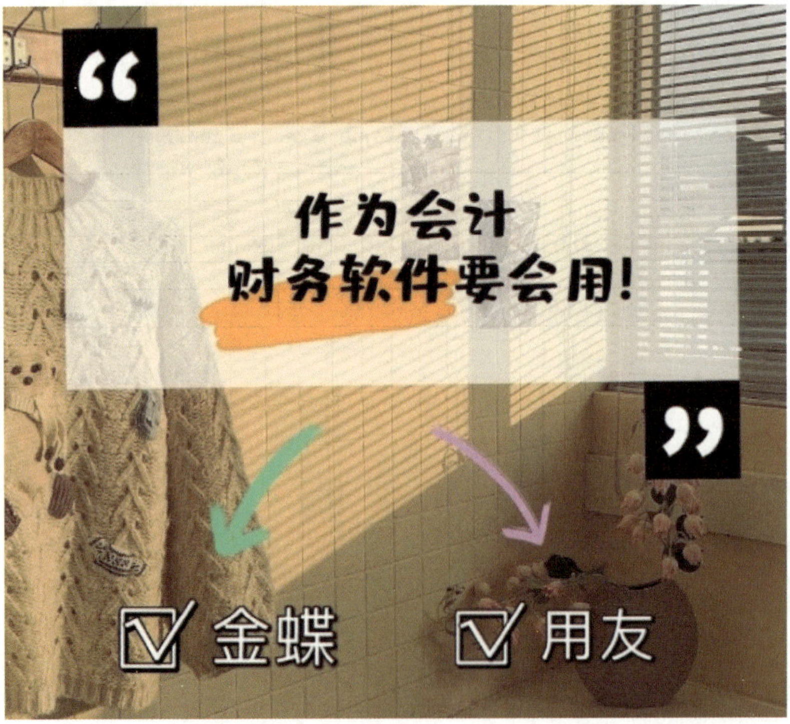

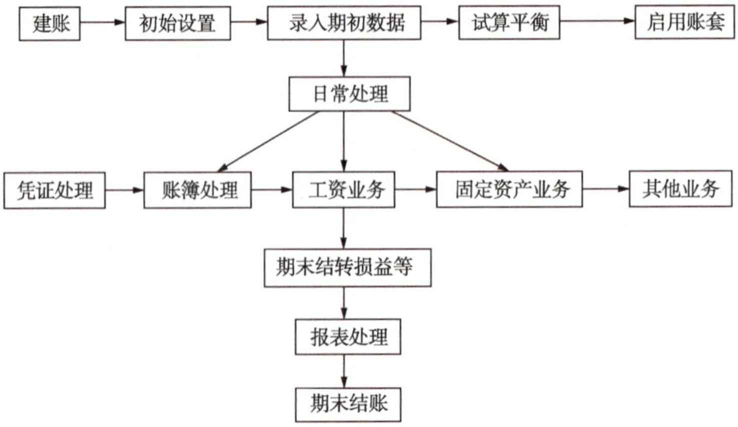

6.1　使用金蝶财务软件

任务1　新建账套

一、新建账套步骤

（1）启动金蝶财务软件，单击 新建账套 ，输入账套文件的文件名和选择账套文件保存位置（可以事先建好要保存的文件夹）。

（2）在建账向导指引下，依次输入“账套名称”、选择“公司所属行业”（如小企业会计制度）、定义“会计科目结构”、录入“账套启用日期”等。

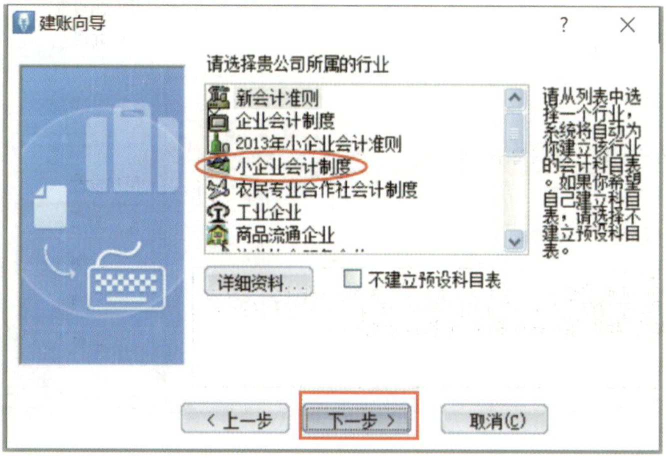

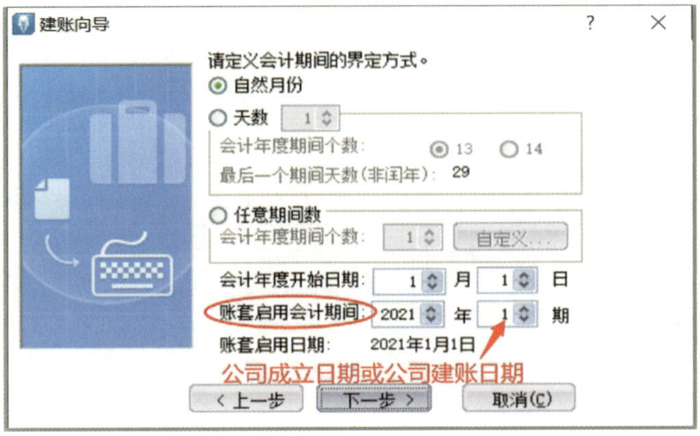

小贴士

启用的会计期间必须选择正确，若选择错误，无法修改，须重新建账！

二、用户设置及权限分配

1. 用户设置

单击菜单栏中的[工具]→[用户管理]，进入用户管理窗口。

(1)系统管理员的增加。

单击[系统管理员组]→单击[用户设置]中的[新增](第二个新增按钮)→输入用户名如："李明"→输入安全码，例如："88888"，不能少于5位数(安全码属于密码，要牢记)→[确定]。

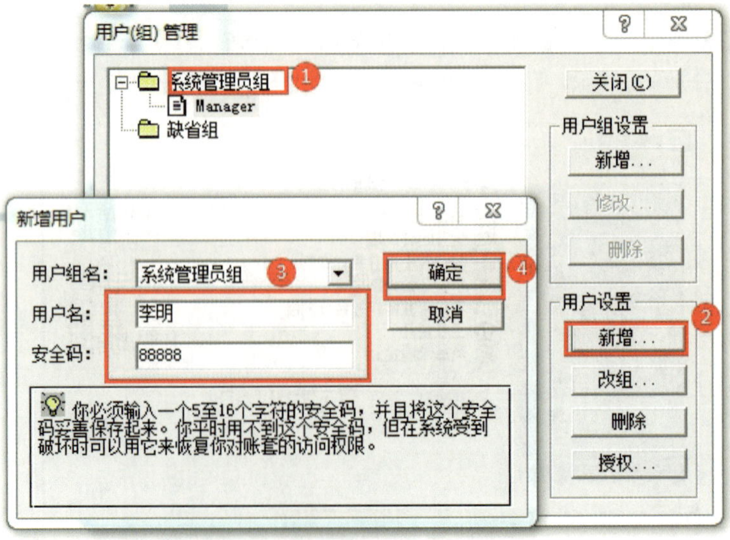

(2)一般用户的增加。

方法同上，只是一般用户不属于系统管理员组。

2. 用户授权(只有系统管理员才有权进行操作)

以系统管理员身份进入用户管理窗口→选择要授权的用户→单击“授权”。若是给系统管理员授权，应尽可能把所有的“口”都打上“√”(注：操作权限、报表权限、科目权限都应进行授权)→把权限分配完之后，单击授权→确定→关闭(授权完成)。

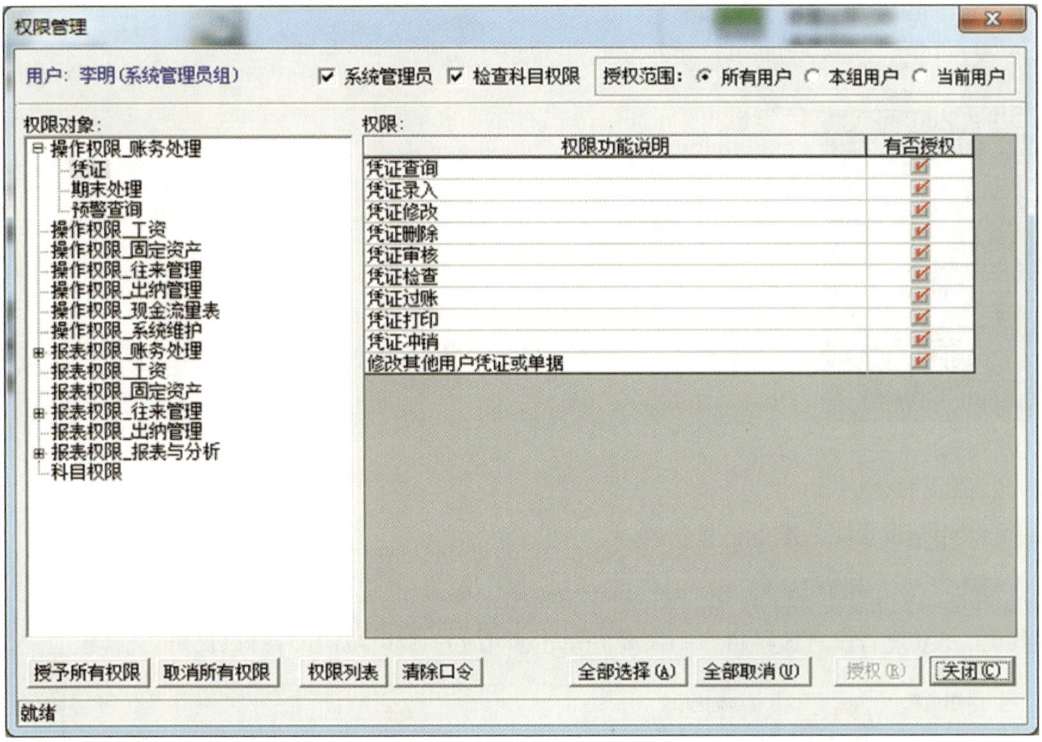

注：“权限适用范围”应选择“所有用户”。

任务2　初始设置

一、基础设置

1. 基础资料设置

单击菜单栏基础资料，根据建账资料和企业实际情况设置凭证字、结算方式、会计科目等内容，如有工资和固定资产模块的核算，其基础设置也在此处完成。

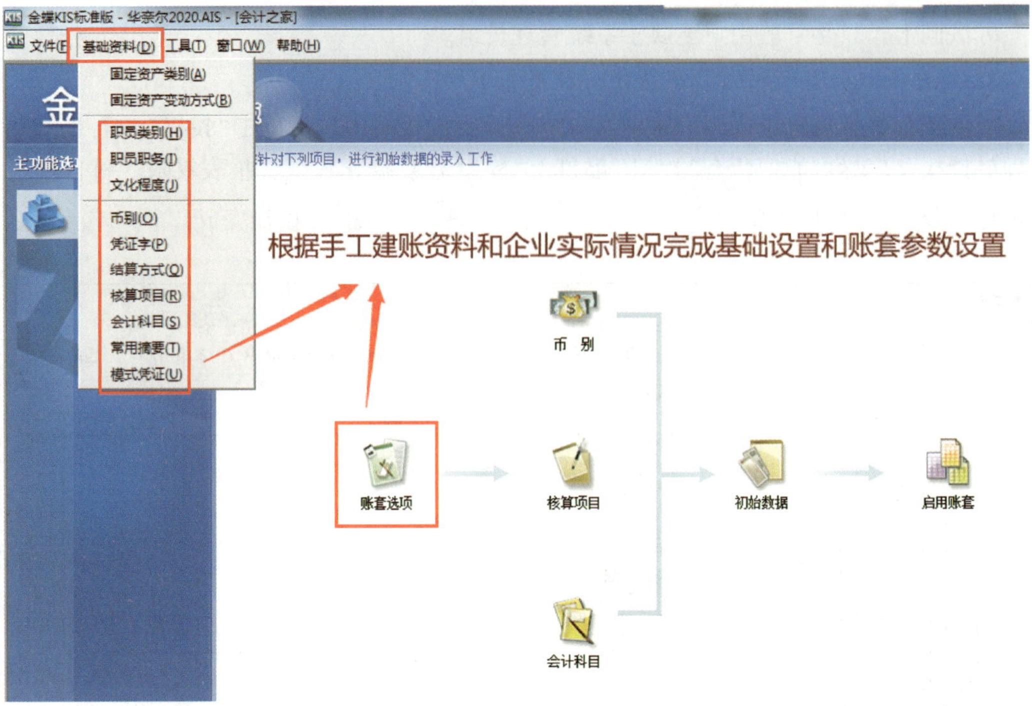

2. 设置账套参数

(1)补充设置减值准备科目代码。

操作：单击[账套选项]→[特别科目]→[高级]→单击[固定资产]选项卡，设置减值准备科目代码。(系统若没有该科目，则需要先单击新增177资产减值准备科目，再选择设置。)

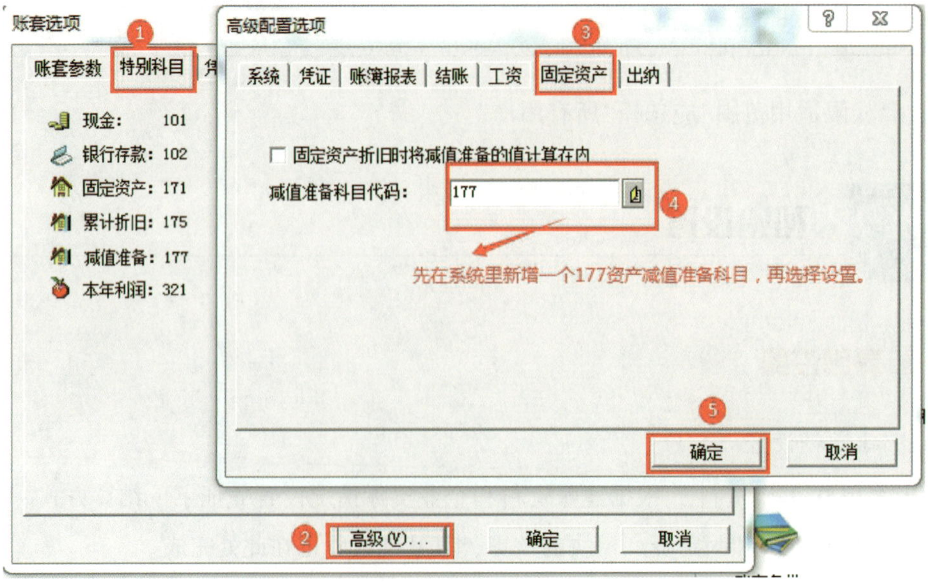

(2)补充设置凭证参数。

操作：单击[账套选项]→[凭证]→根据需要勾选凭证有关参数→[确定]。

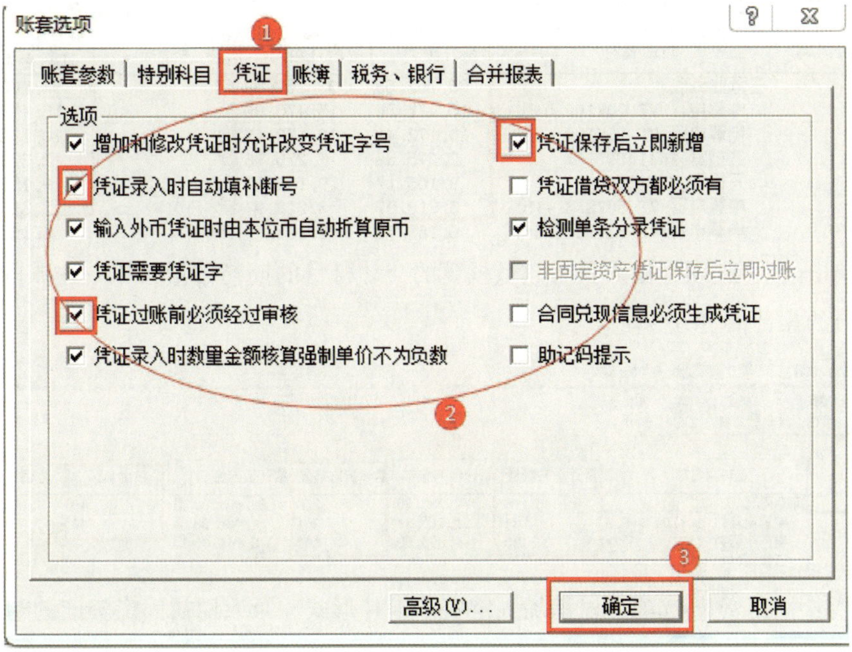

二、录入期初数据

设置完基础资料后，就可以根据建账资料录入期初数据，操作要点如下：

(1) 单击[初始数据]，进入初始数据录入页面。

(2) 选择[人民币]选项，直接输入末级科目的期初余额，上级科目余额将由其下级科目余额自动汇总得到。输入辅助核算类科目时，应注意输入辅助账的期初明细。年中建账的，除输入期初余额栏外，还需录入累计借方和累计贷方金额(年初至当月月初的累计金额)，损益类科目还需录入本年累计实际发生额。

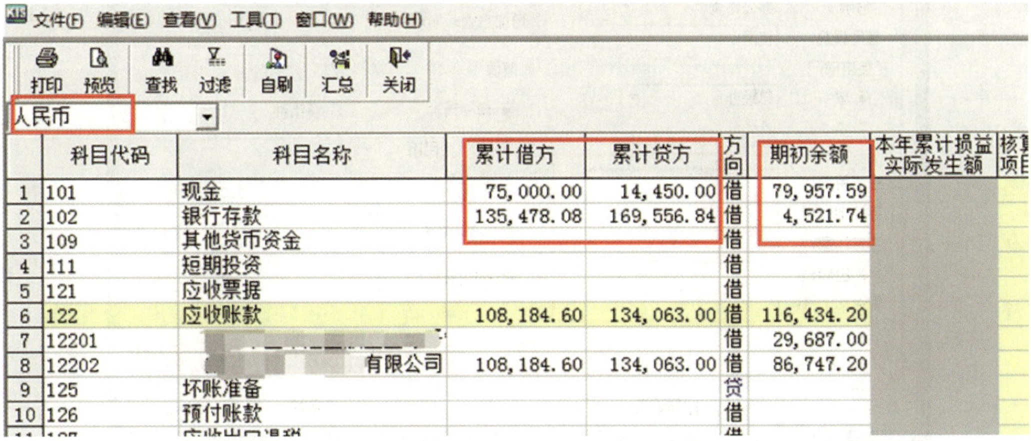

	科目代码	科目名称	累计借方	累计贷方	方向	期初余额	本年累计损益实际发生额	核算项目
1	101	现金	75,000.00	14,450.00	借	79,957.59		
2	102	银行存款	135,478.08	169,556.84	借	4,521.74		
3	109	其他货币资金			借			
4	111	短期投资			借			
5	121	应收票据			借			
6	122	应收账款	108,184.60	134,063.00	借	116,434.20		
7	12201	[illegible]			借	29,687.00		
8	12202	[illegible]有限公司	108,184.60	134,063.00	借	86,747.20		
9	125	坏账准备			贷			
10	126	预付账款			借			

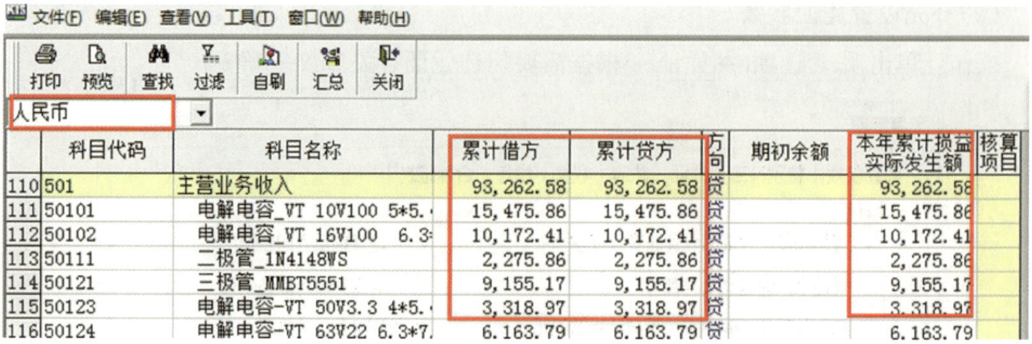

（3）单击数量选项，输入具有数量核算的会计科目的期初数量，年中建账的，还需要输入该科目的累计借贷方数量。

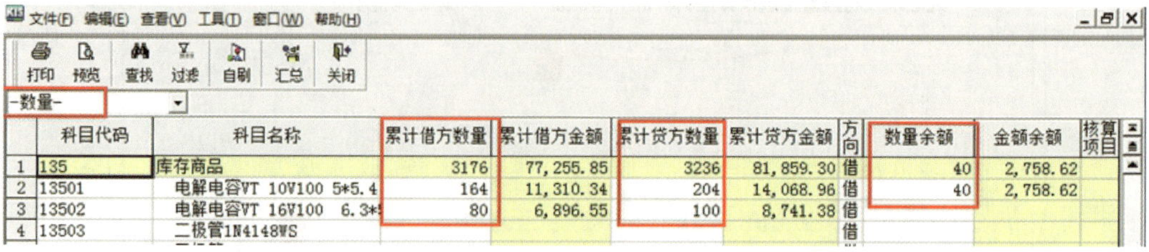

（4）单击固定资产选项，以添加固定资产卡片形式，录入期初固定资产的初始数据。

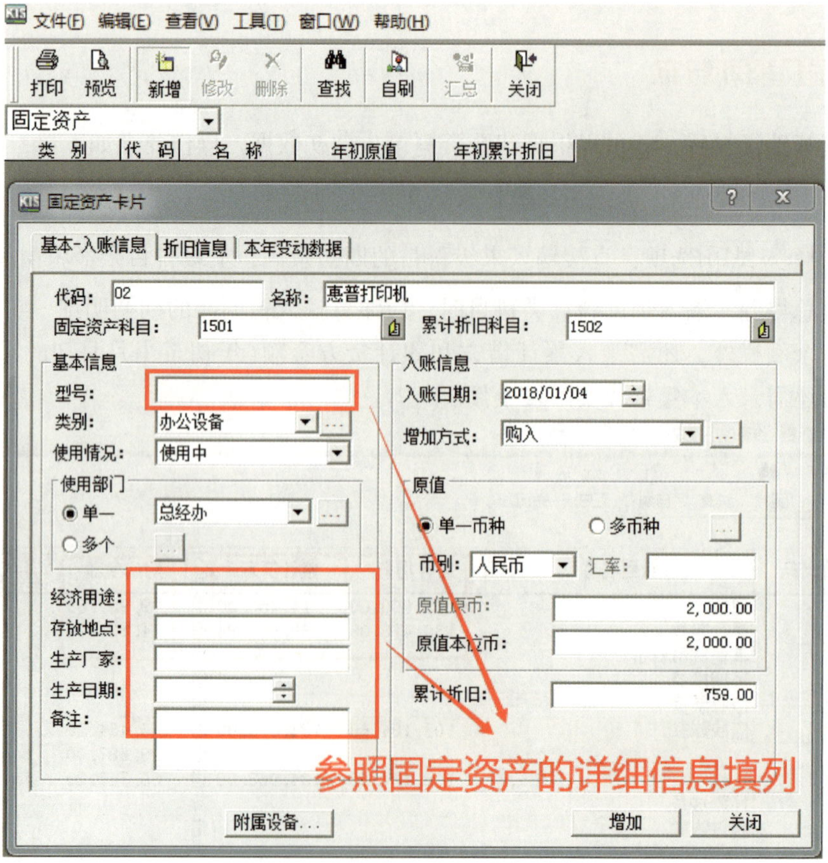

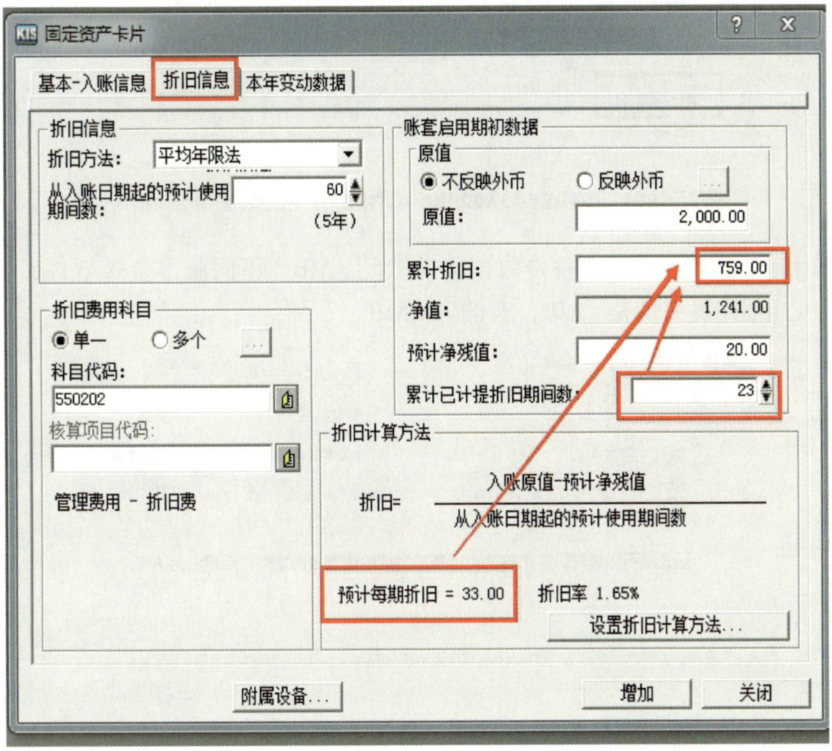

（5）单击试算平衡表选项，若数据平衡，系统会提示“试算平衡表已平”；若数据不平衡，系统会出现“试算表不平衡”，请仔细核对初始数据的录入是否有误。

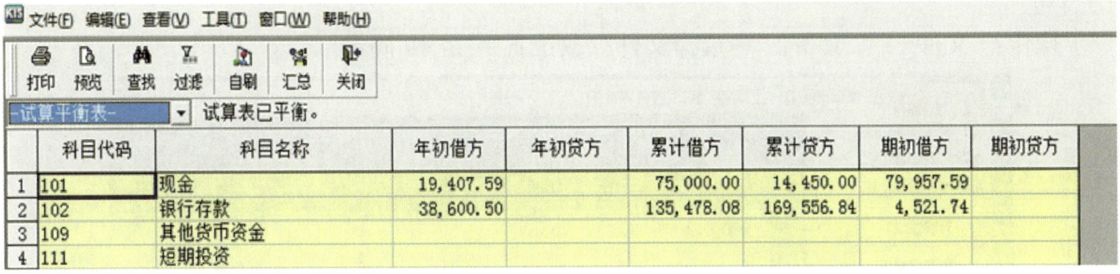

	科目代码	科目名称	年初借方	年初贷方	累计借方	累计贷方	期初借方	期初贷方
1	101	现金	19,407.59		75,000.00	14,450.00	79,957.59	
2	102	银行存款	38,600.50		135,478.08	169,556.84	4,521.74	
3	109	其他货币资金						
4	111	短期投资						

三、启用账套

期初余额试算平衡之后，单击初始设置→启用账套，正式进入账套进行日常业务处理；若启用账套不成功，则是因为录入的初始数据有问题。启用账套之前，建议先对账套进行备份。

例：以微元公司的账套为例。

（1）启用账套前，建议复制一个副本（启用前的微元副本 . AIS）。

（2）启用时会自动生成一个备份数据文件微元 . AIB。不同版本金蝶软件，备份数据文件的后缀名可能不同，有的是 . AIB，有的为 . AIR。

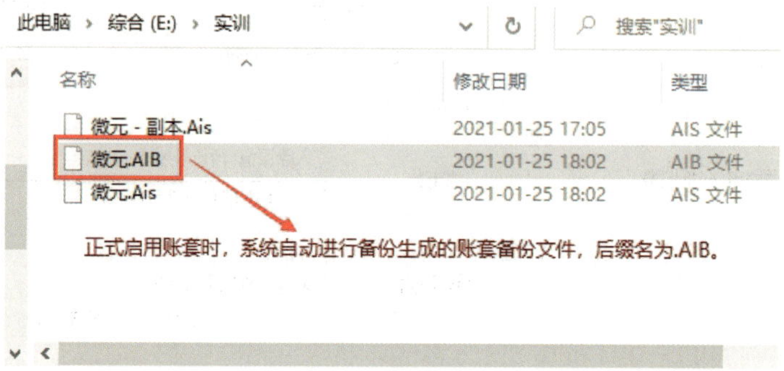

四、账套备份与恢复

1. 账套备份

一般在账套启用、月末结账、年末结账时系统要求进行备份，平时可根据工作需要进行适时备份。

操作：文件→账套备份→选择文件存放位置→是→确定。

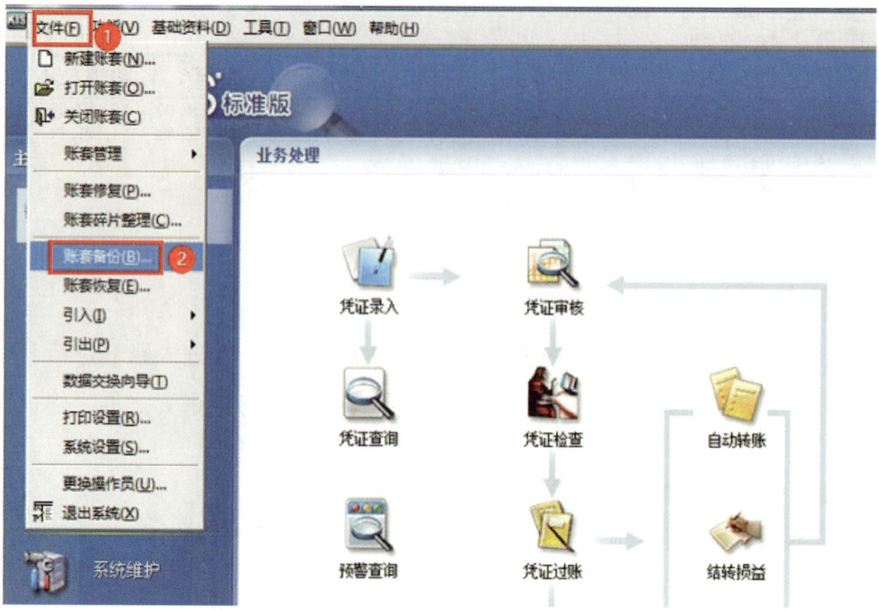

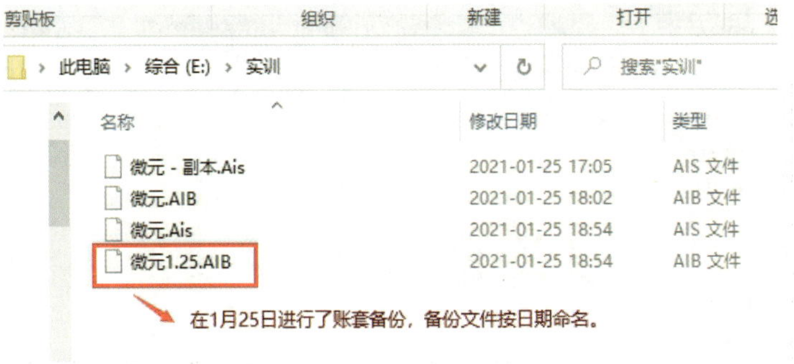

2. 账套恢复

在需要的时候可以利用之前的备份文件，将账套恢复到某一特定时刻。

操作：文件→账套恢复→选择备份文件的文件夹→选择一个备份文件如"微元 27 日备份 . AIB"→打开→恢复为"微元 27 日备份新 . AIS"进行保存。文件→打开账套→选择刚才保存文备份文件的文件夹→选择刚保存的 AIS 账套文件"微元 27 日备份新 . AIS"→打开。

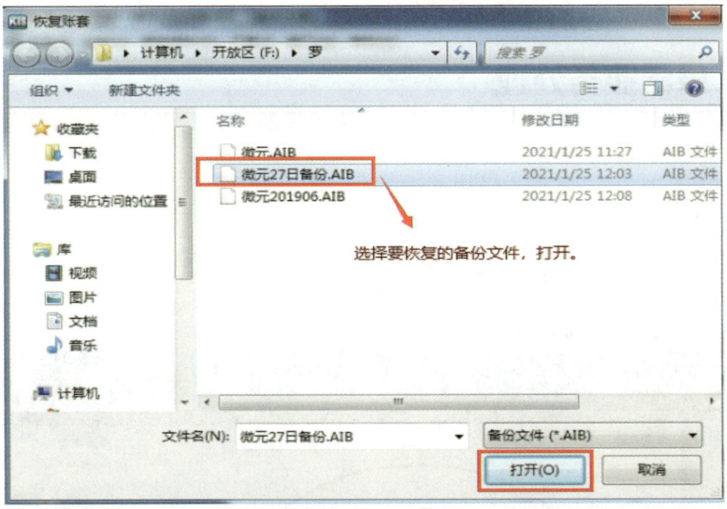

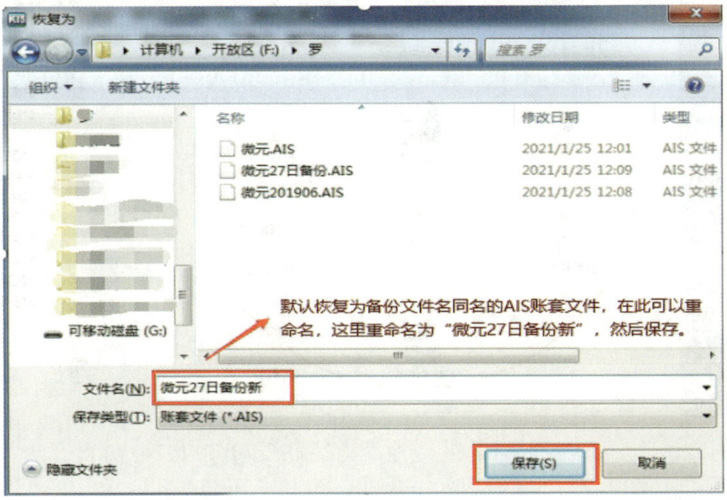

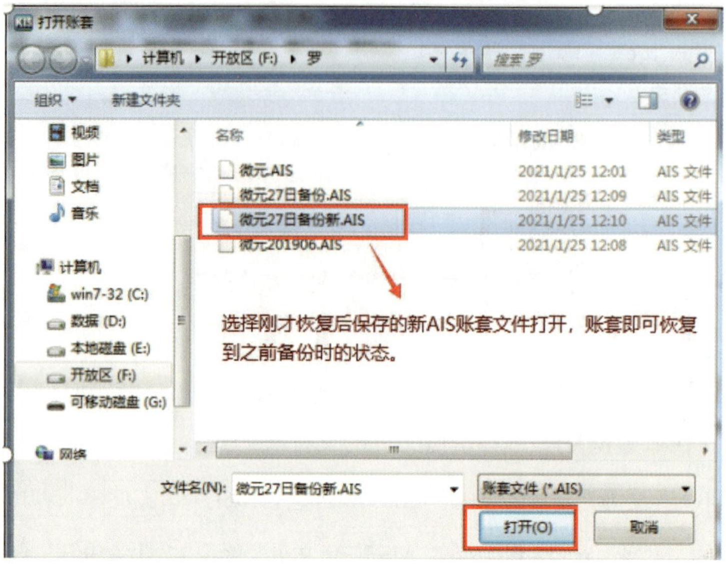

任务 3 日常业务处理

一、凭证处理

根据当月做账资料，填制记账凭证，然后进行审核过账。

1. 填制记账凭证

操作：单击[账务处理]→[凭证查询]→[新增]打开凭证录入界面，依据做账资料填写记账凭证内容→填完后单击[保存]。

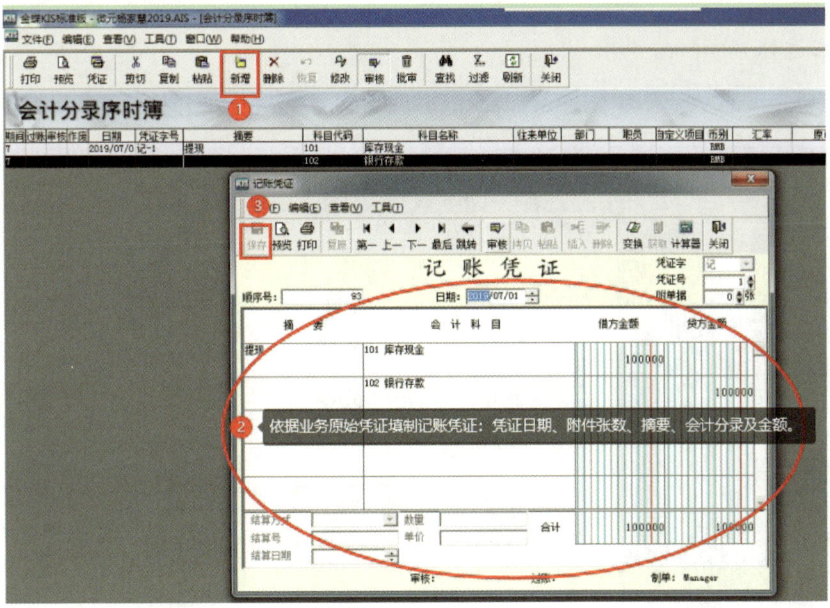

2. 审核记账凭证

操作：[文件]→[更换操作员]登录系统，单击[账务处理]→[凭证审核]→在打开的会计分录序时簿里选择需要审核的凭证→单击上方工具栏[审核]→审核凭证信息，无误后单击记账凭证窗口内的[审核]。

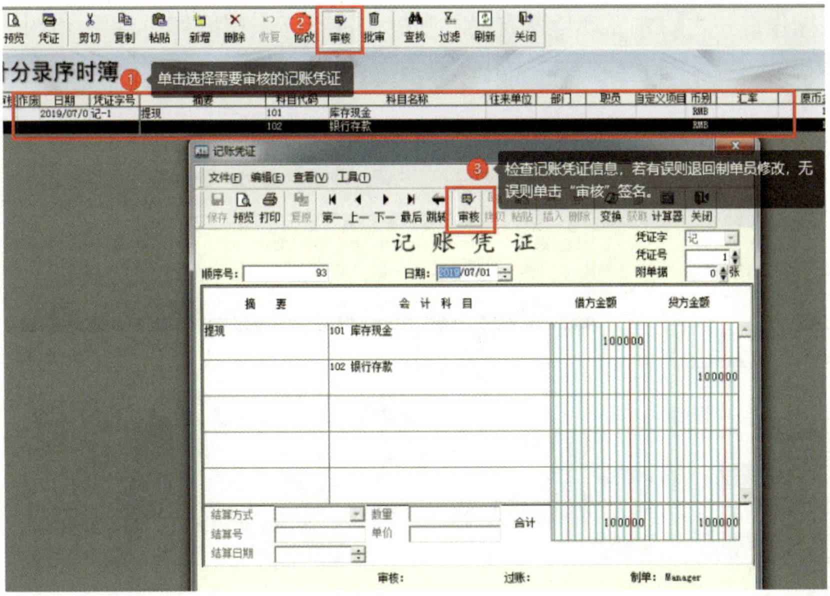

小贴士

凭证的填制、修改、删除、审核等操作都可以在“凭证查询”这个功能打开的会计分录序时簿中完成。

3. 凭证过账

操作：单击[账务处理]→[凭证过账]，依据向导提示完成凭证过账。

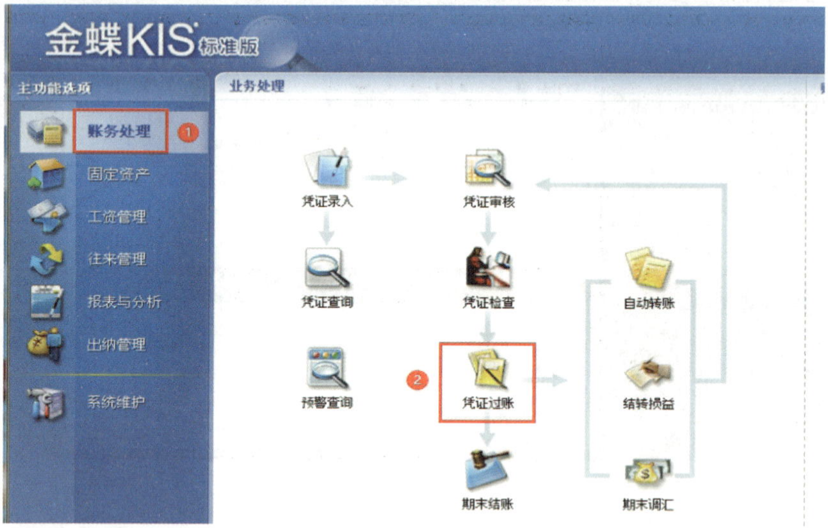

二、反审核及反过账

1. 反审核(取消审核)

如果在操作审核之后才发现凭证有误，则需先进行反审核操作，然后才能修改凭证。

操作：单击[账务处理]→[凭证查询]→[确定]→在会计分录序时簿选择凭证→单击“编辑”菜单中的“成批销章”→[是]→[确定]→[关闭]。

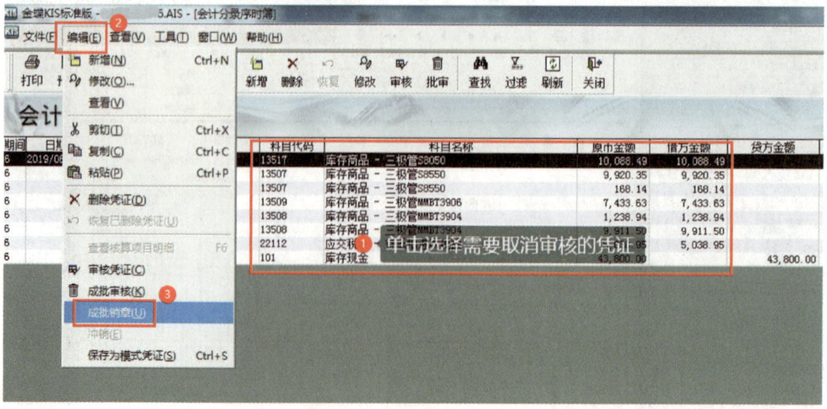

2. 反过账(取消过账)

如果过账之后发现凭证有误，则可以取消过账，恢复到过账前状态，以便实现对凭证进行无痕迹修改。

操作：单击[账务处理]→按组合键“Ctrl + F11”→[完成]。

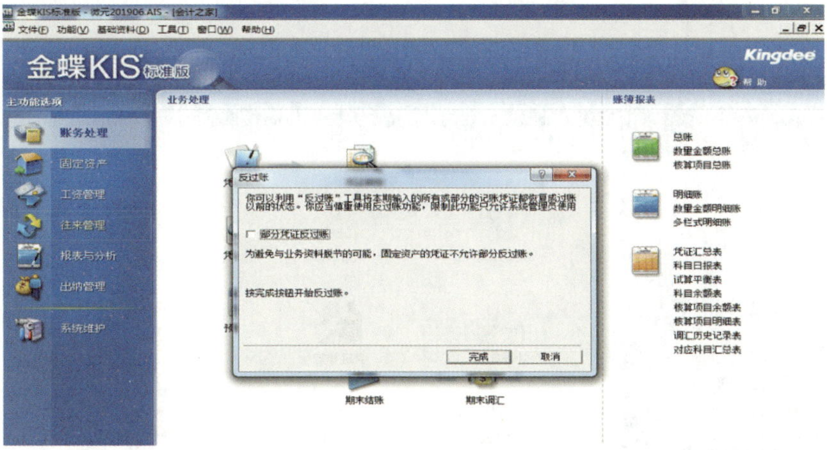

反过账后还需要进行反审核操作才能修改凭证，修改完毕再对凭证重新进行审核和过账操作。

任务 4　期末处理

一、固定资产计提折旧

操作：单击[固定资产]→[计提折旧]→依据向导提示生成本月结转折旧费用的记账凭证。

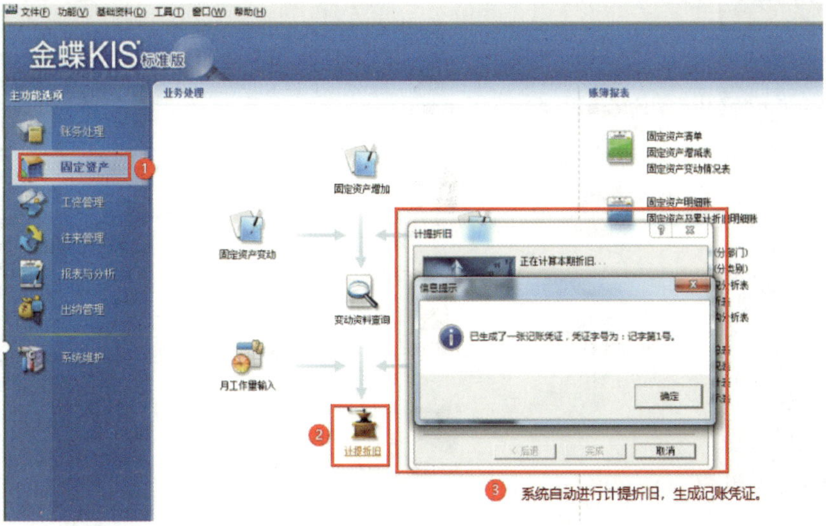

二、月末结转损益

操作：单击账务处理→结转损益→依据向导提示生成本月结转损益的记账凭证。自动转账生成的凭证同样需要审核并过账。(注意：自动转账前需先对之前的凭证进行审核记账)

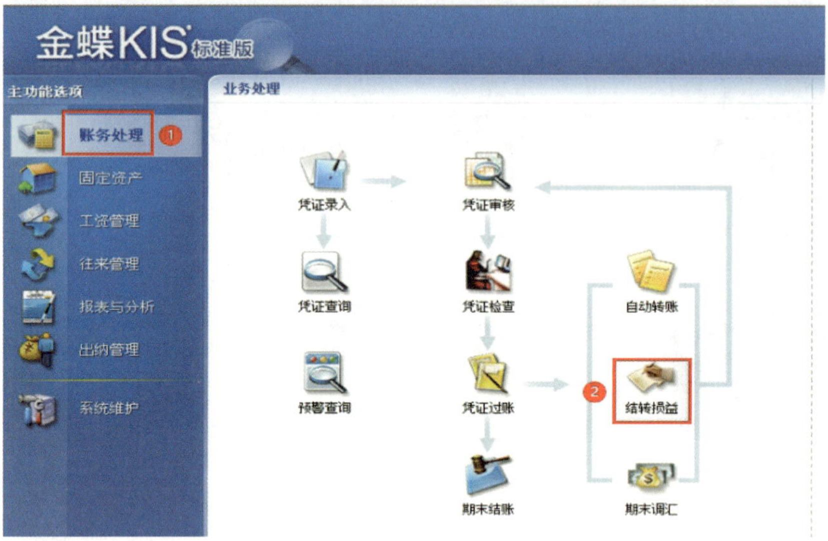

三、查询科目余额表

操作：单击账务处理→在账簿报表列表中单击科目余额表→设置查询条件(可勾选包含未记账凭证)→核对各科目的期初余额、本月发生额及期末余额。

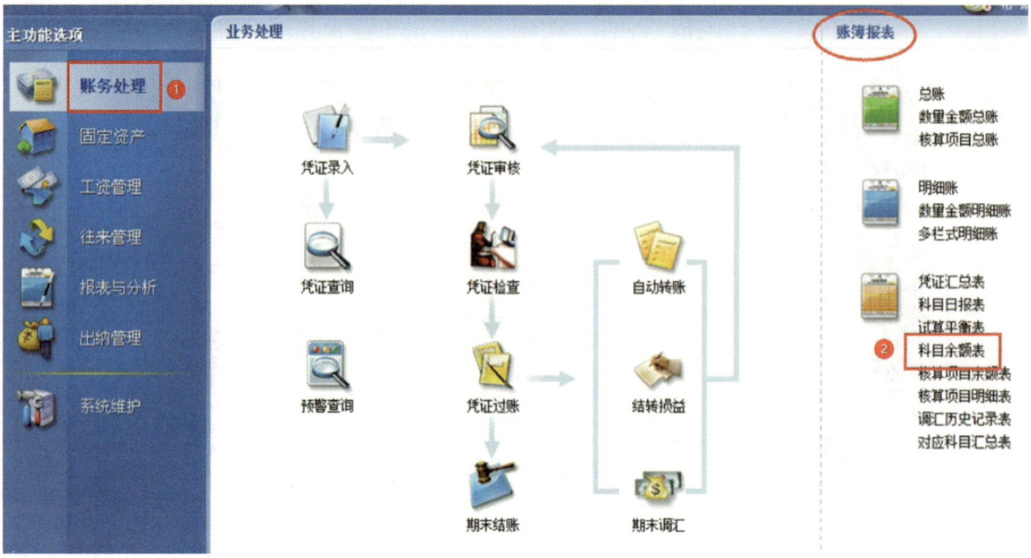

四、生成资产负债表和利润表

操作：当月所有凭证审核过账后，在“报表与分析”功能模块调用企业所属行业的对应报表模板生成当月报表。（依据企业情况，可对报表模板的报表公式进行修改）

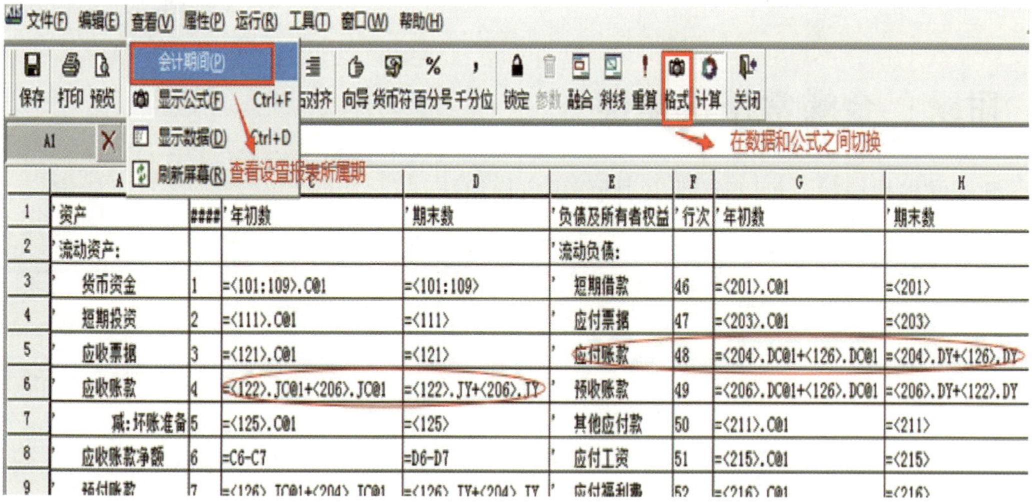

五、结账

操作：单击[账务处理]→[期末结账]→依据向导完成本月结账操作。

结账完成之后，就可以进行下一个月的业务处理。

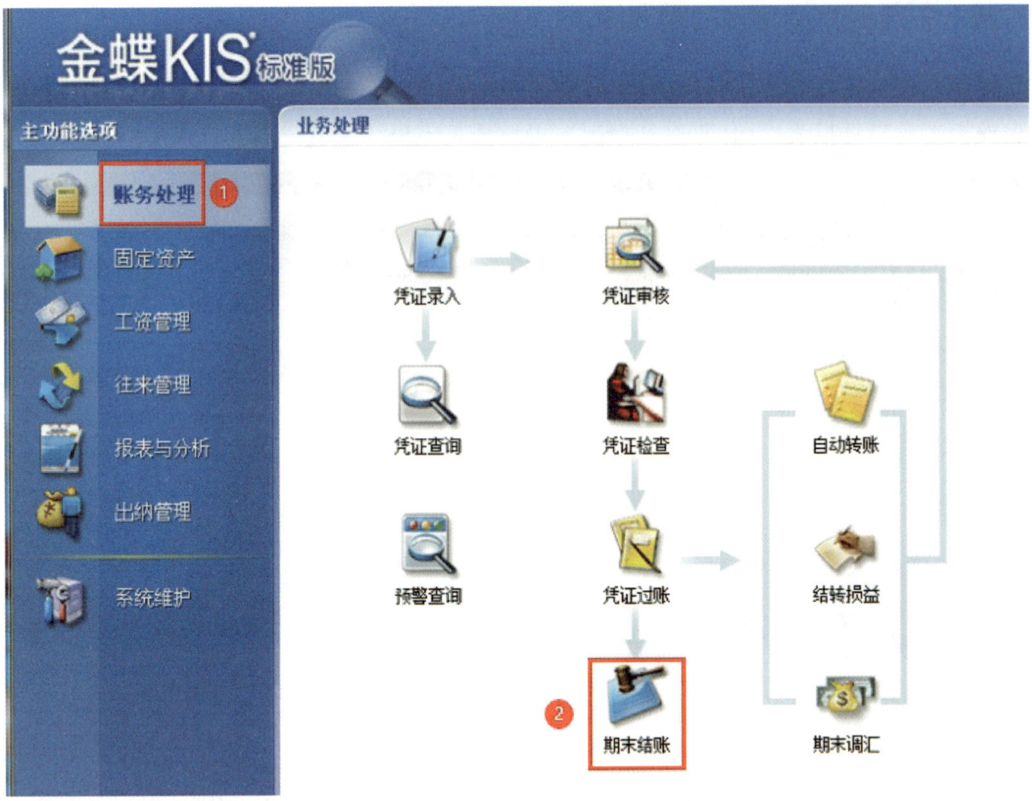

附录：金蝶常用快捷键

熟练掌握快捷键，可以让我们的操作更方便快捷。

金蝶快捷键

F1	调出系统帮助
F3	在凭证录入界面，进行凭证审核
F5	在凭证录入界面可以新增凭证
F7	1. 获取基础资料；2. 在自定义报表界面可以调出公式向导；3. 在自定义报表界面可以调出公式
F8	保存凭证
F9	1. 界面刷新；2. 在自定义报表界面可以进行报表重算
F11	调出计算器，计算结果
Ctrl+F7	在凭证录入界面，实现分录借贷自动平衡
Ctrl+F9	反扎账

续表

Ctrl+F11	反过账
Ctrl+F12	反结账
Ctrl+B	在凭证录入界面，查询科目余额
Ctrl+D	在凭证录入界面，进行凭证打印
Ctrl+F	调出查找界面
Ctrl+I	在凭证录入界面，进行凭证打印预览
Ctrl+L	在凭证录入界面，调入模式凭证
Ctrl+S	在凭证录入和凭证序时簿界面，将当前凭证保存为模式凭证
//	在凭证录入界面，复制第一条摘要
..	在凭证录入界面，复制上一条摘要
空格键	在凭证录入界面，可以转换金额的借贷方

6.2　使用用友财务软件

任务1　系统管理操作

一、启动并注册“系统管理”

以系统管理员(admin)身份登录“系统管理”模块。

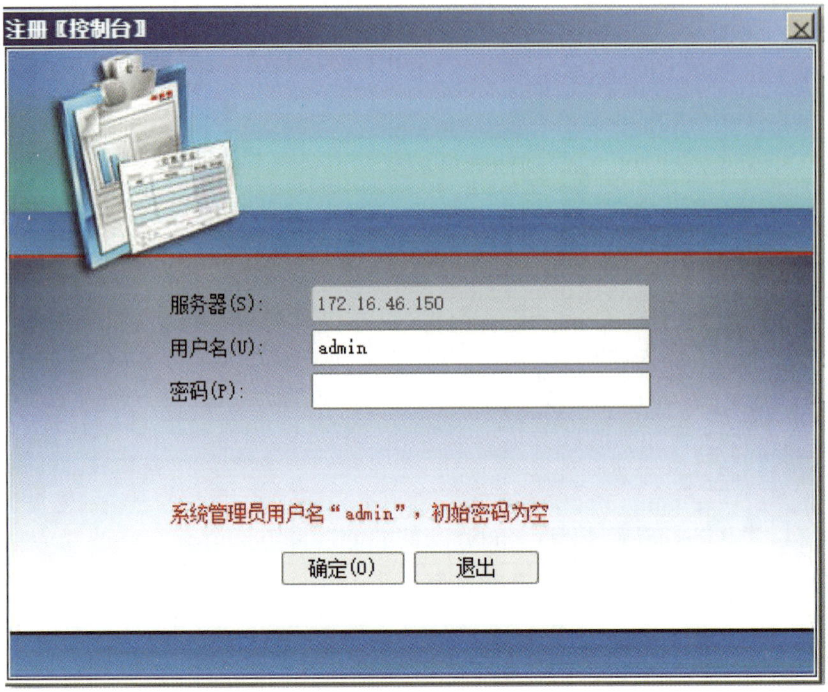

二、设置操作员

操作：系统管理员 admin 登录"系统管理"后，单击[权限]→[操作员]→[增加]→填写操作员的编号、姓名、口令、部门等信息→[增加]→[确定]→[退出]。

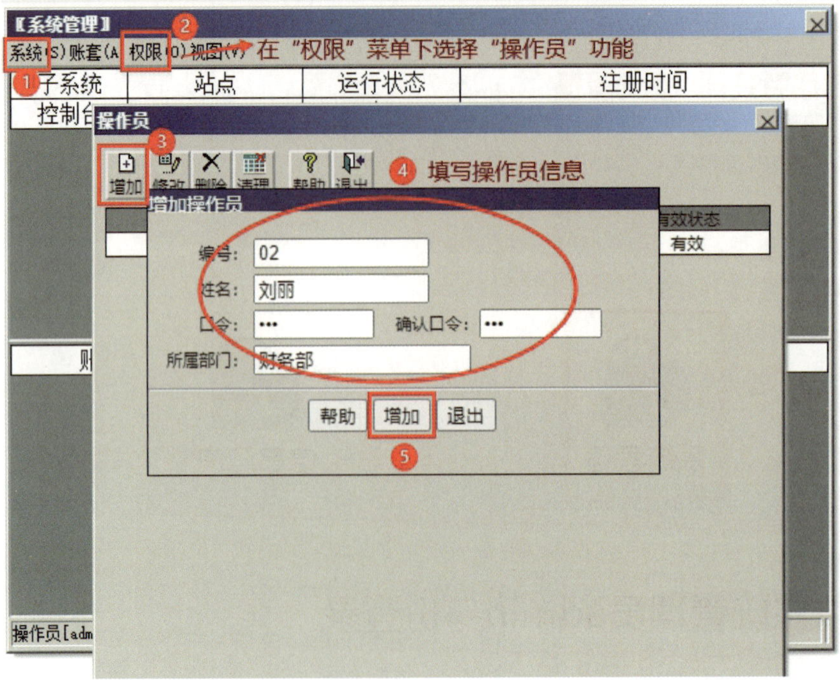

小贴士

1. 操作员的新增、修改、删除操作均在此完成。
2. 操作员编号一般为数字或者字母组成。
3. 口令一般由操作员自己登录后进行修改。

三、新建账套

操作：系统管理员 admin 登录“系统管理”后，单击[账套]→[建立]→依据建账向导完成建账内容（账套信息、单位信息、核算类型、基础信息、编码级次、数据精确度定义）的填写和选择→[确定]→选择要启用的子系统并设置启用日期→[退出]。

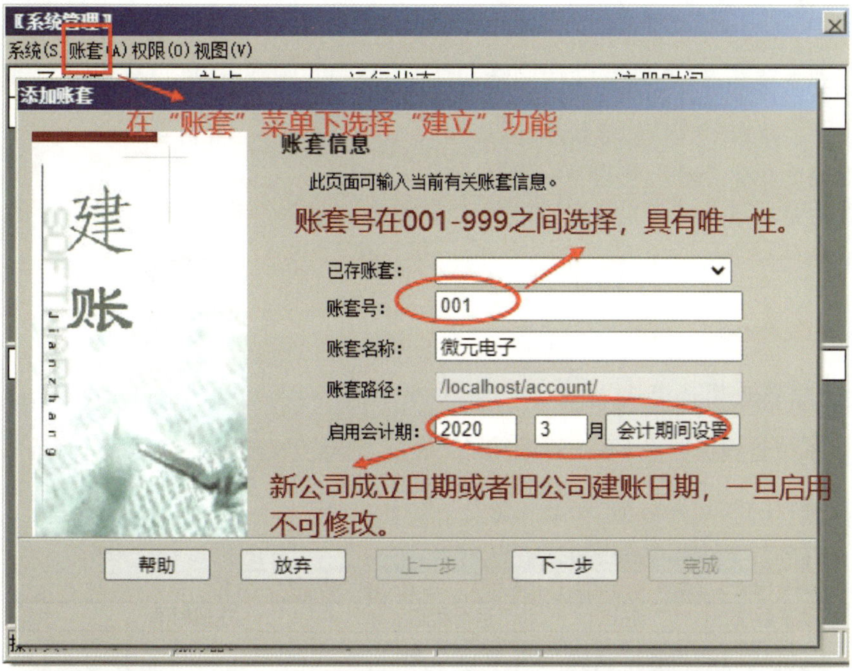

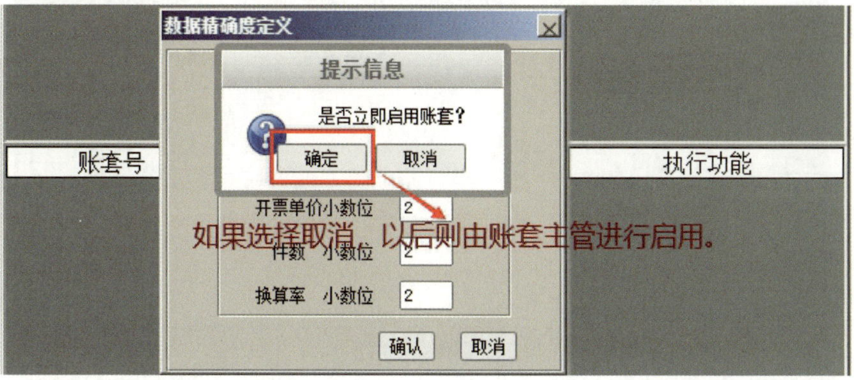

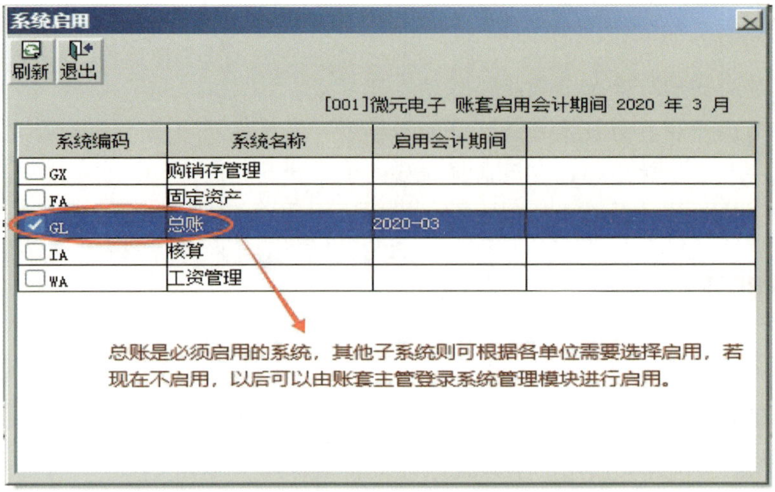

小贴士

1. 账套启用后若要修改账套，则需账套主管登录“系统管理”，单击“账套”菜单下的“修改”命令，按向导提示完成修改。

2. 账套号和账套启用日期不能修改。

3. 总账是必须启用的系统。

四、设置操作员权限

1. 设置账套主管

操作：系统管理员登录“系统管理”后，单击菜单栏 权限 → 权限 →选择需授权的操作员→选择要授权的账套→勾选“账套主管”→ 退出 。

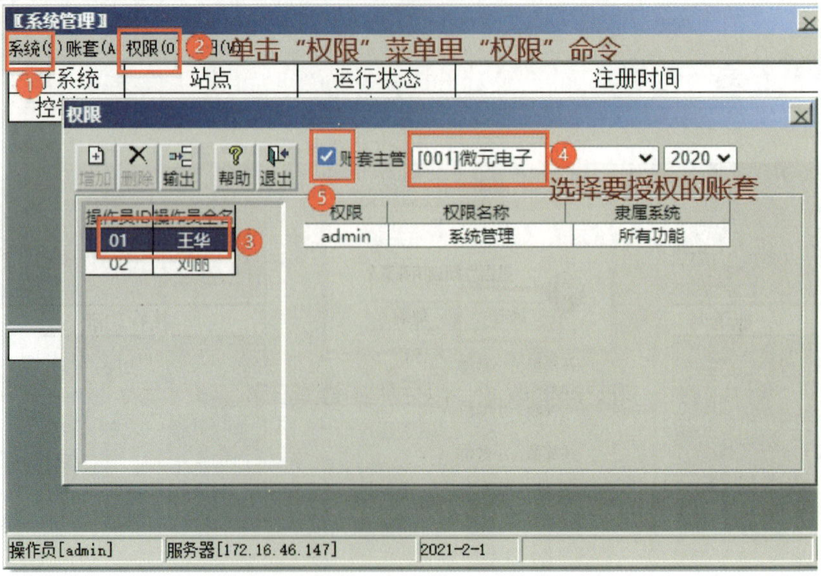

小贴士

1. 如果建账前已设置好操作员，则账套主管在建账时指定。

2. 同个账套可以指定多个操作员为账套主管，同一操作员也可担任多个账套的账套主管。

3. 账套主管拥有该账套所有权限。

2. 分配其他操作员权限

系统管理员可对系统内所有账套、所有操作员进行授权，账套主管则只能授权操作员拥有本账套内的权限。

操作：系统管理员登录“系统管理”后，单击菜单栏 权限 → 权限 →选择需授权的操作员→选择要授权的账套→ 增加 →在需要授予的权限前面双击进行授权→ 确定 → 退出 。

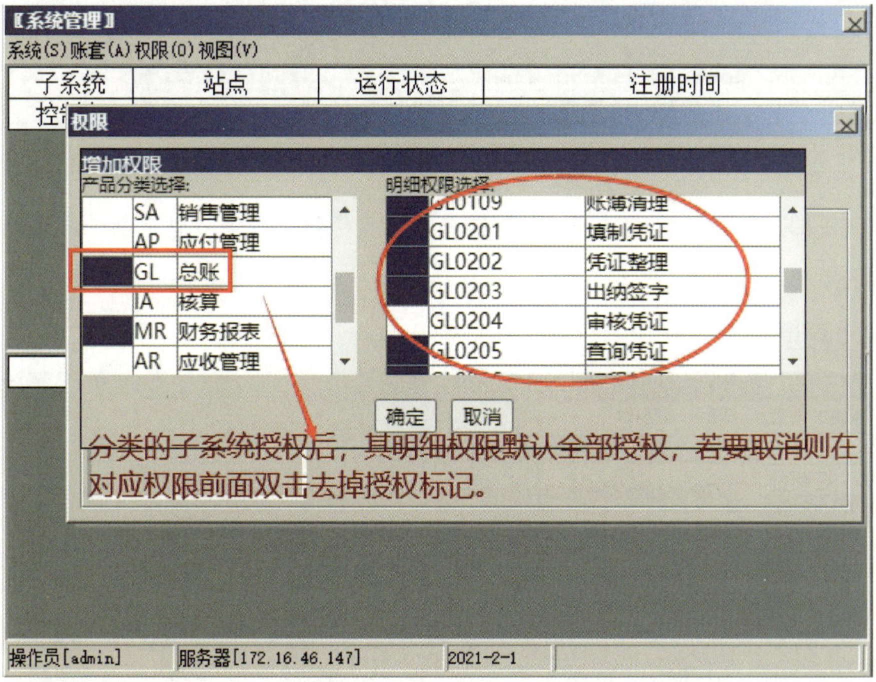

五、账套备份与恢复

1. 账套备份

一般在月结、年结时系统会强制要求备份，平时也可根据工作需要进行备份。

操作：系统管理员登录“系统管理”后，单击菜单栏 账套 → 备份 →选择要备份的账套→ 备份导出 → 确定 →生成一个备份文件进行保存→ 完成 → 退出 。

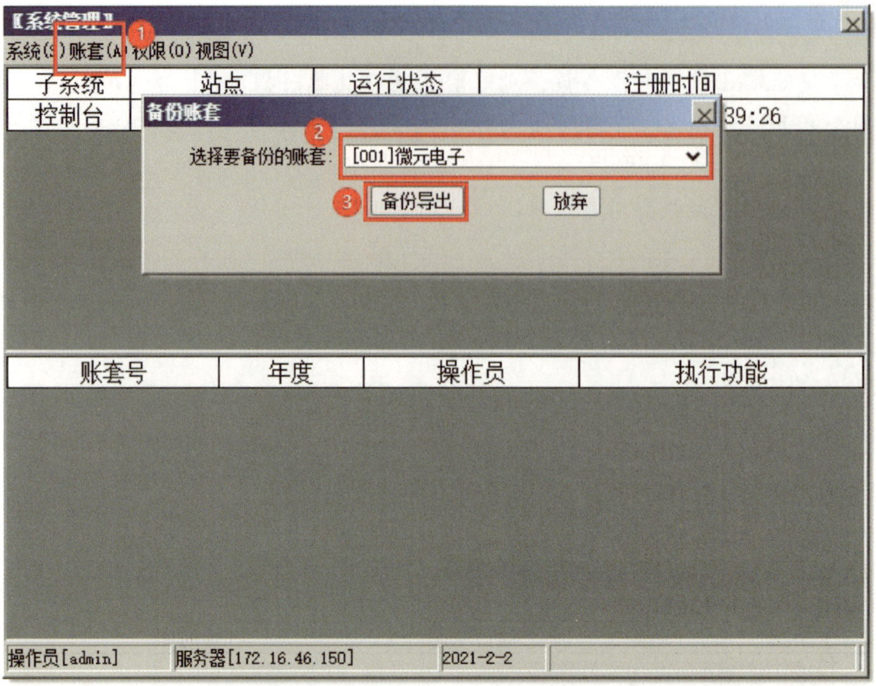

2. 账套恢复

账套恢复即账套备份的逆过程，利用账套备份文件将账套恢复到之前的某个特定时刻。

操作：系统管理员登录“系统管理”后，单击菜单栏 账套 → 恢复 →选择要恢复的账套备份文件→ 打开 → 导入 → 确定 → 完成 。

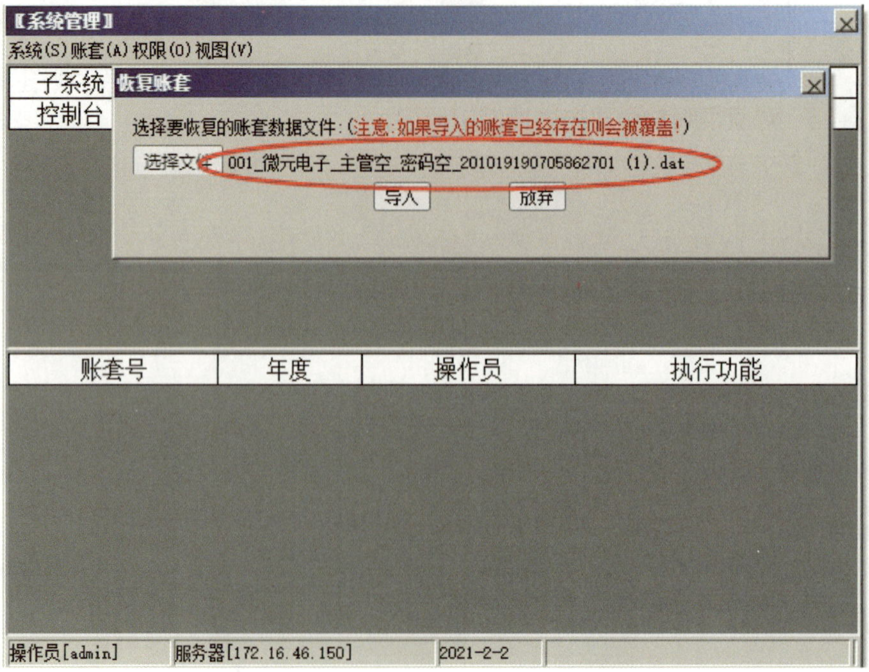

任务2 初始设置

账套启用之后，由账套主管登录“信息门户”系统对账套进行初始化设置。

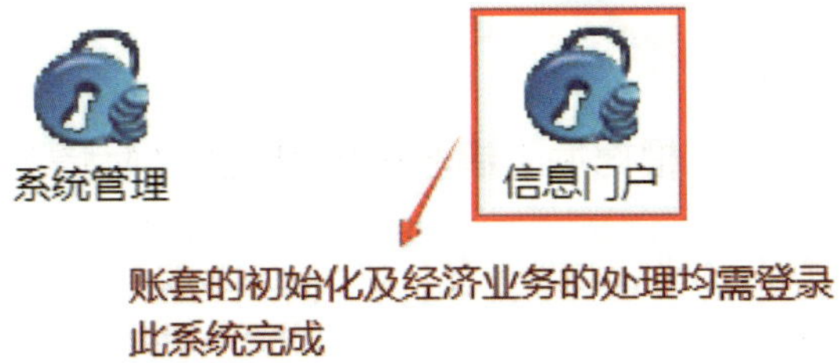

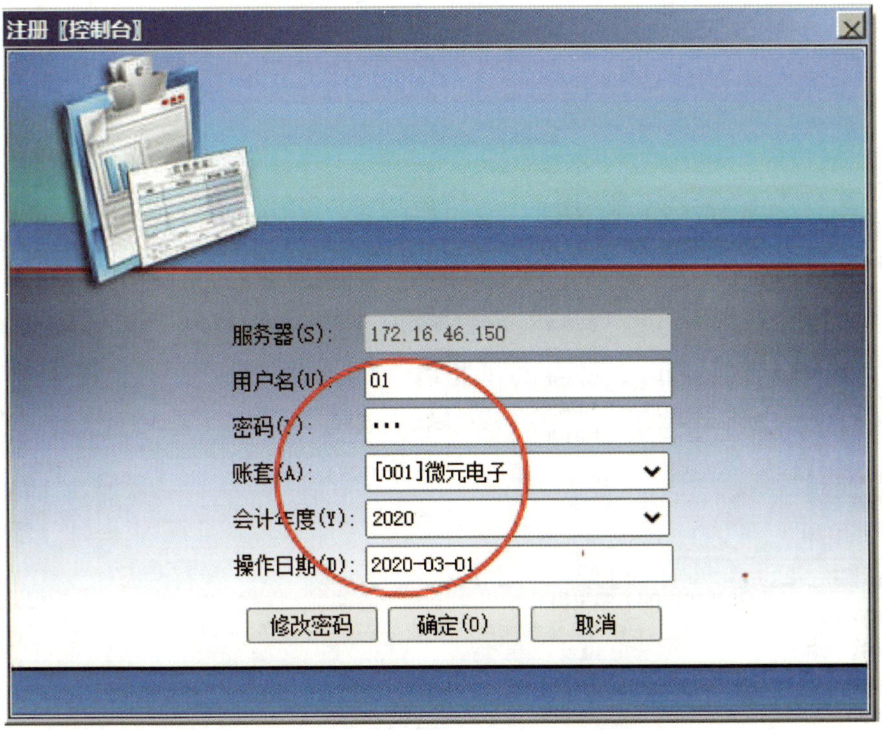

一、设置公共基础信息

操作：单击菜单栏 基础设置 ，根据建账资料和企业实际情况设置部门档案、往来单位、凭证类别、会计科目、收付结算等内容，该模块设置的基础信息可以与其他已启用的子系统进行共享。

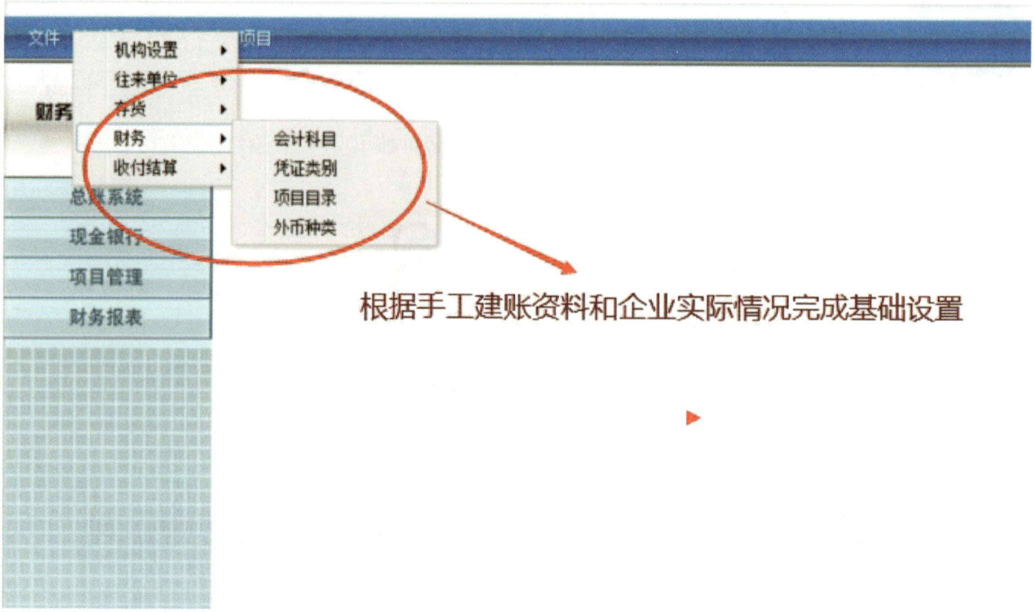
文件
机构设置
往来单位
存货
财务
收付结算
会计科目
凭证类别
项目目录
外币种类
总账系统
现金银行
项目管理
财务报表
根据手工建账资料和企业实际情况完成基础设置

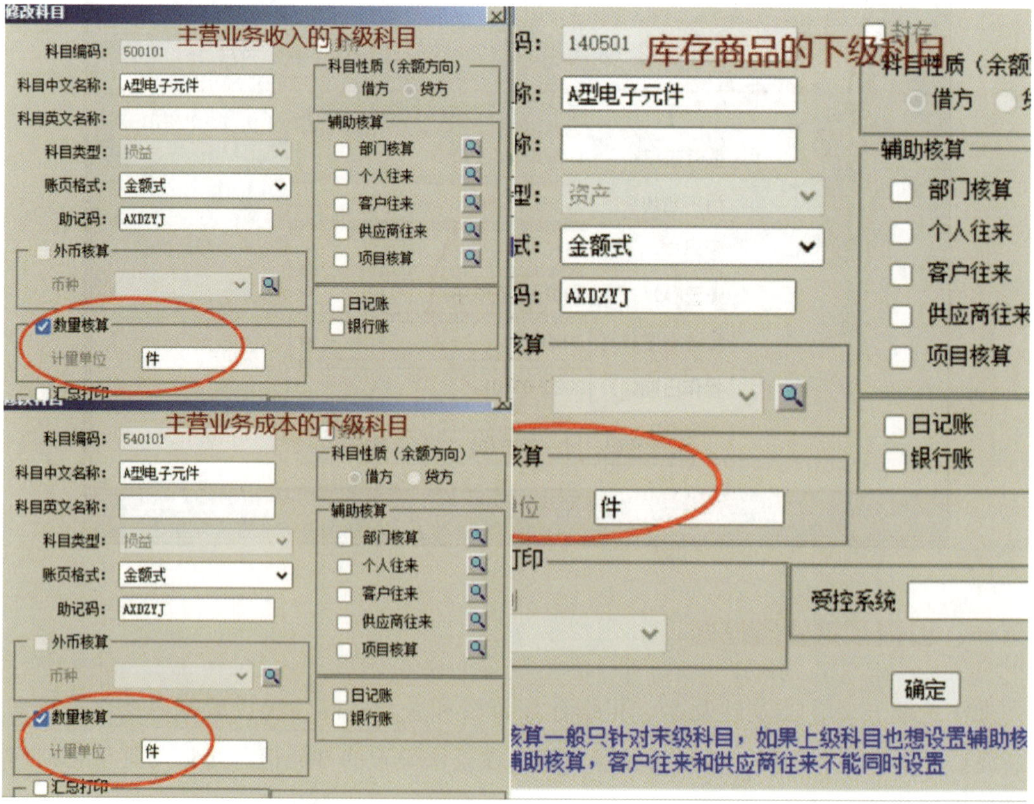
修改科目
主营业务收入的下级科目
科目编码：500101
科目中文名称：A型电子元件
科目英文名称：
科目类型：损益
账页格式：金额式
助记码：AXDZYJ
外币核算
币种
数量核算
计量单位 件
汇总打印
科目性质（余额方向）
借方 贷方
辅助核算
部门核算
个人往来
客户往来
供应商往来
项目核算
日记账
银行账
主营业务成本的下级科目
科目编码：540101
科目中文名称：A型电子元件
科目英文名称：
科目类型：损益
账页格式：金额式
助记码：AXDZYJ
外币核算
币种
数量核算
计量单位 件
汇总打印
科目性质（余额方向）
借方 贷方
辅助核算
部门核算
个人往来
客户往来
供应商往来
项目核算
日记账
银行账
库存商品的下级科目
140501
A型电子元件
资产
金额式
AXDZYJ
件
封存
借方
辅助核算
部门核算
个人往来
客户往来
供应商往来
项目核算
日记账
银行账
受控系统
确定
核算一般只针对末级科目，如果上级科目也想设置辅助核
辅助核算，客户往来和供应商往来不能同时设置

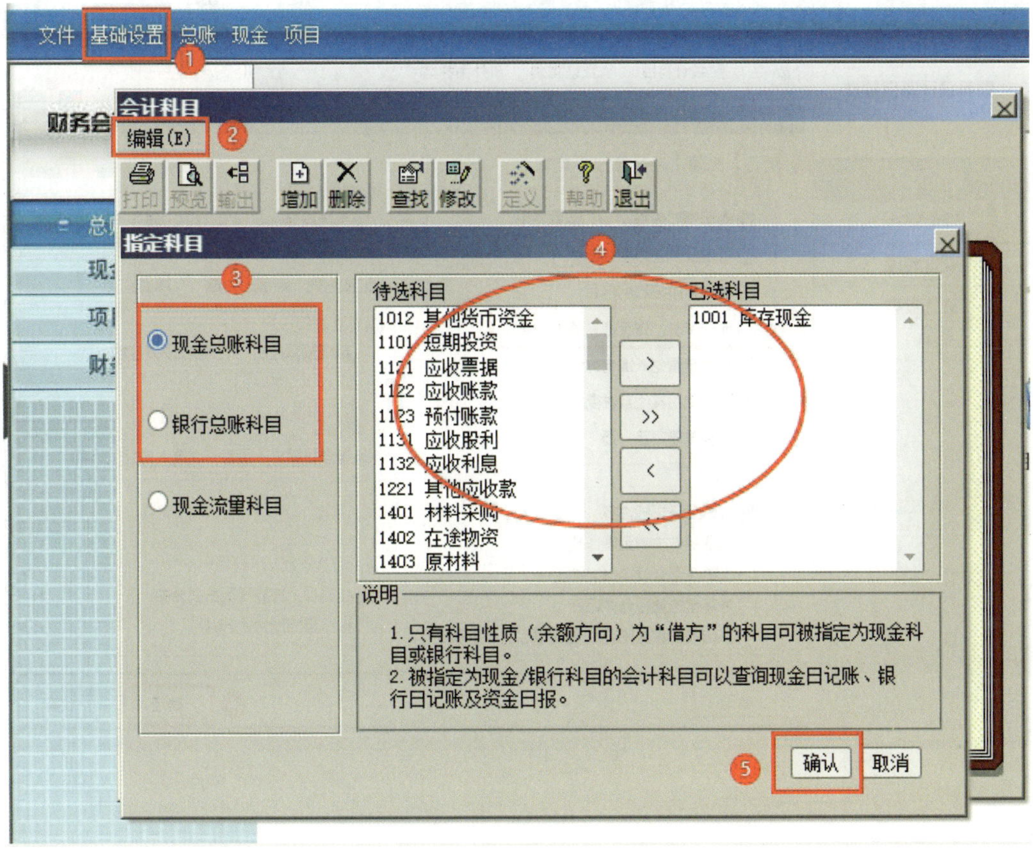

小贴士

1. 期末若要使用自动转账里的“销售成本结转”功能结转销售成本，则库存商品、销售收入、销售成本三个对应的会计科目的下级科目结构须相同，选择数量核算时，计量单位也要相同。

2. 若要使用“出纳签字”功能，则需要指定现金和银行存款科目。

二、设置总账初始化

1. 设置账套参数

操作：单击菜单栏 总账 → 设置 → 选项 →单击 凭证 选项卡→根据实际需求勾选相关参数→ 确定 。

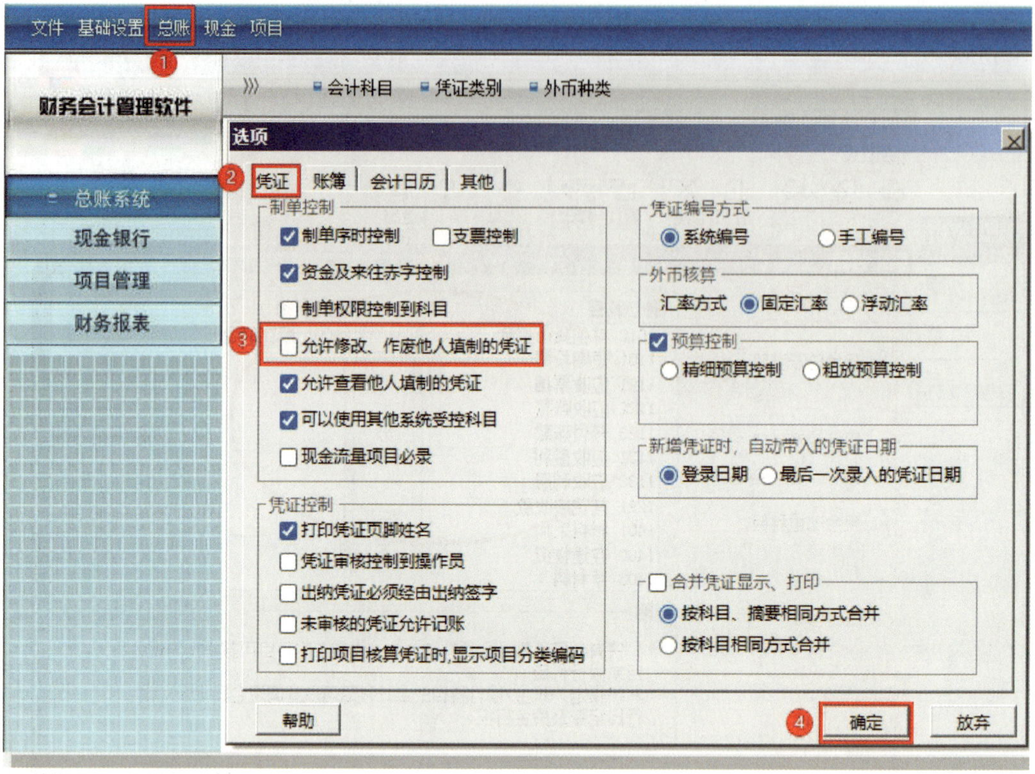

2. 录入期初数据并试算平衡

操作：单击菜单栏 总账 → 设置 → 期初余额 →录入各科目的期初余额信息→ 试算 → 确认 → 退出 。

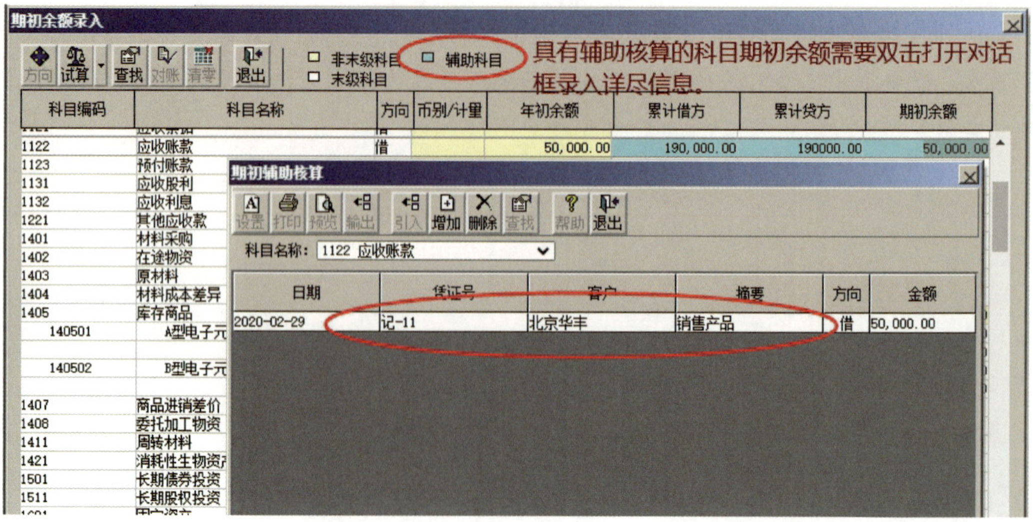

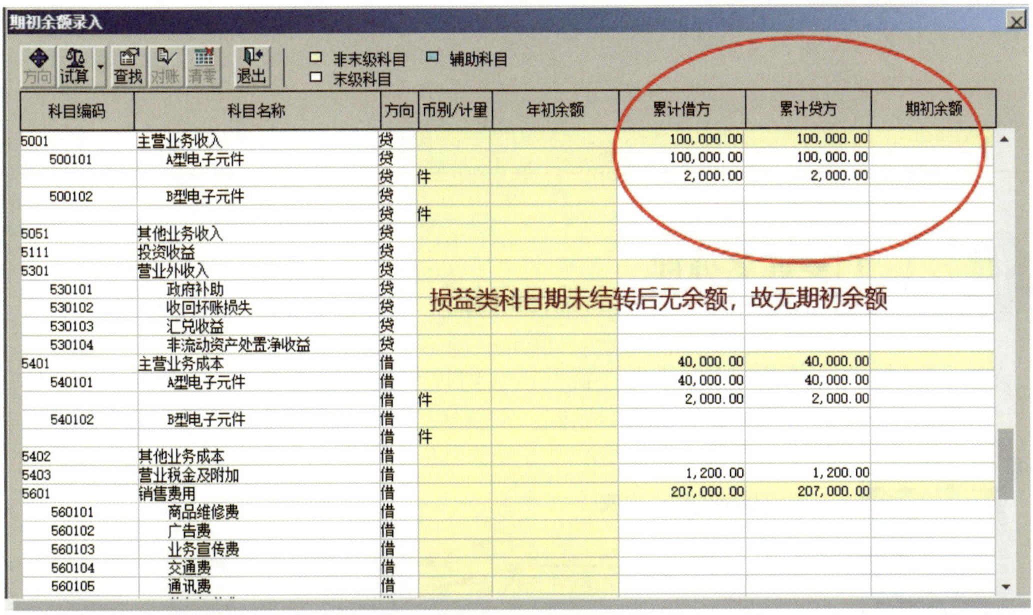

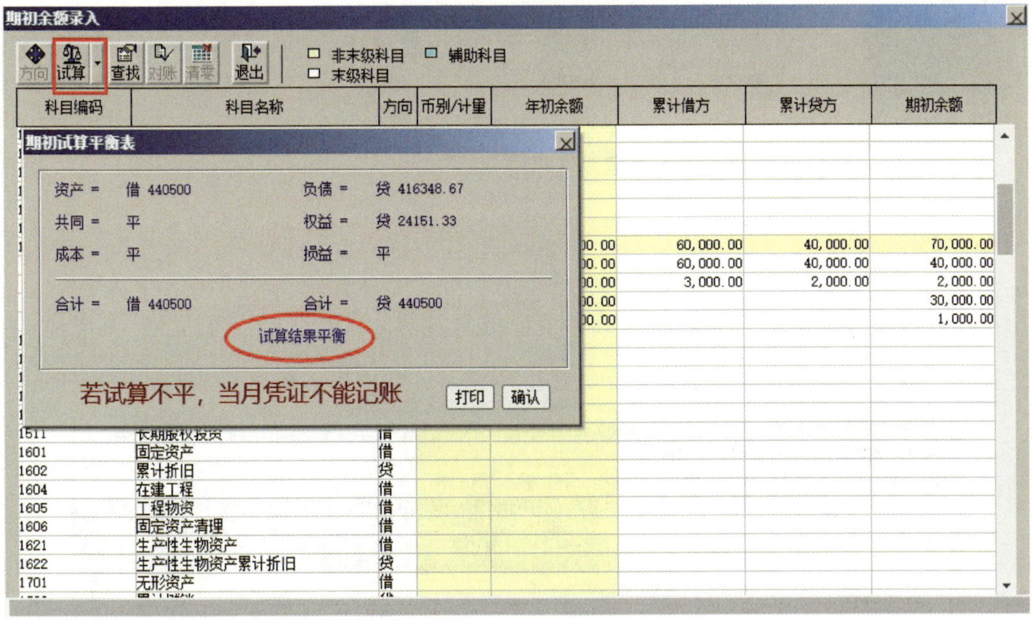

操作要点提示：

☆只需录入末级（最明细）科目的余额，上一级科目余额将由其下一级科目余额自动汇总得到。

☆辅助核算科目的期初余额录入，需要双击该科目的期初余额栏，进入对话框，详细录入该科目的余额信息。

☆年初建账只需录入期初余额栏信息，年中建账除录入期初余额外，还需要录入年初至当月月初的累计借贷方金额。

☆有数量核算的科目除录入金额外，还需录数量栏信息。

☆试算不平衡可以录入当月记账凭证，但会导致当月凭证不能记账，所以需要查找原因改正。

任务3 日常业务处理

在总账系统中，完成初始设置后，就可以开始日常业务的处理了。日常业务处理的主要工作是凭证处理，关键环节包括填制凭证、审核凭证、记账。

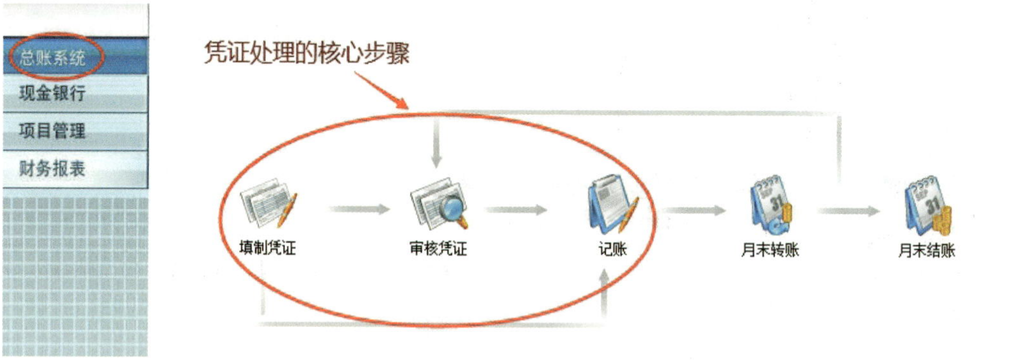

一、填制凭证

操作：以会计身份登录“信息门户”系统，单击总账→凭证→填制凭证→增加→打开凭证录入界面，依据做账资料填写记账凭证内容→填完之后，单击保存→确定。

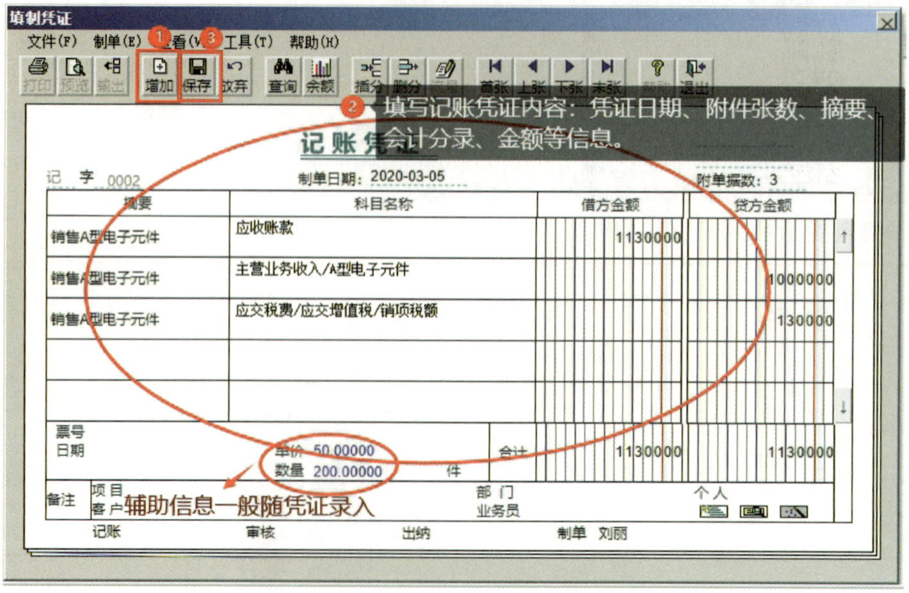

小贴士

1. 未审核的凭证由制单员自己修改，从“填制凭证”功能进入，单击凭证上方的按钮切换到要修改的凭证直接进行修改，然后保存。

2. 已审核已记账的凭证不能直接修改，需要先取消记账再取消审核方能修改。

二、审核凭证

操作：更换操作员登录，单击[总账]→[凭证]→[审核凭证]→进入凭证审核查询条件设置，默认全部单击[确认]→选择要审核的凭证，单击[确定]→进入审核凭证对话框，审核凭证无误后单击[审核]→[确定]→单击[下张]依次审核其他未审核的凭证。

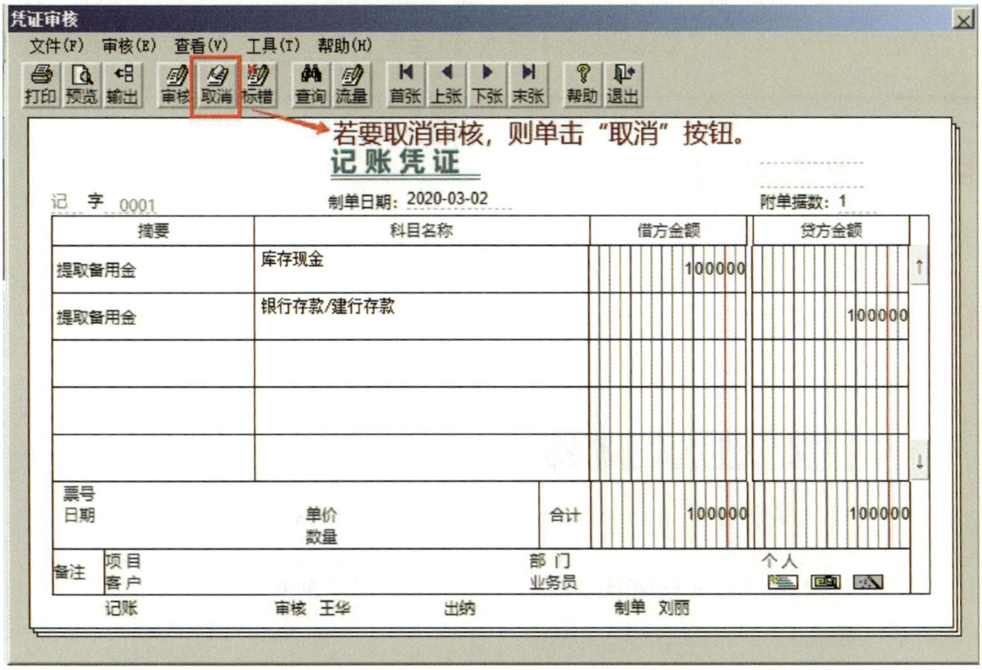

小贴士

凭证审核之后如果要取消审核，则直接在“凭证审核”的窗口，单击上方取消按钮即可取消审核签字。

三、记账

操作：单击[总账]→[凭证]→[记账]→选择记账范围，依据向导提示完成记账。

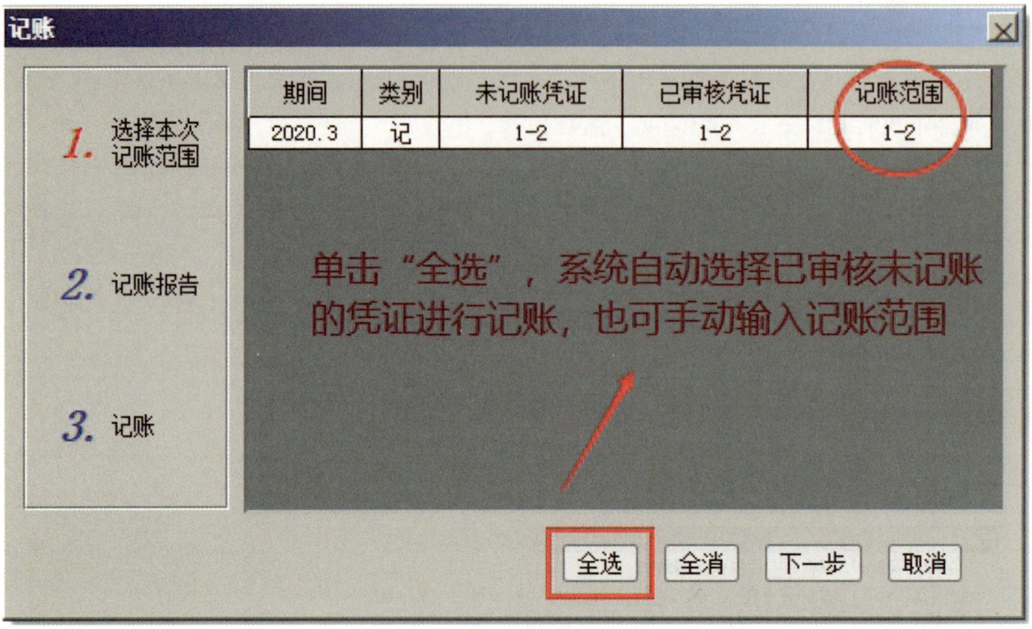

四、反记账（取消记账）

在记账之后发现记账凭证有误，想要实现无痕迹更正错账，则需要使用反记账功能，将凭证恢复到记账前的状态，再取消审核由制单员修改记账凭证，修改之后再重新提交审核并记账。

操作：单击[总账]→[凭证]→[恢复记账前状态]→[确定]。

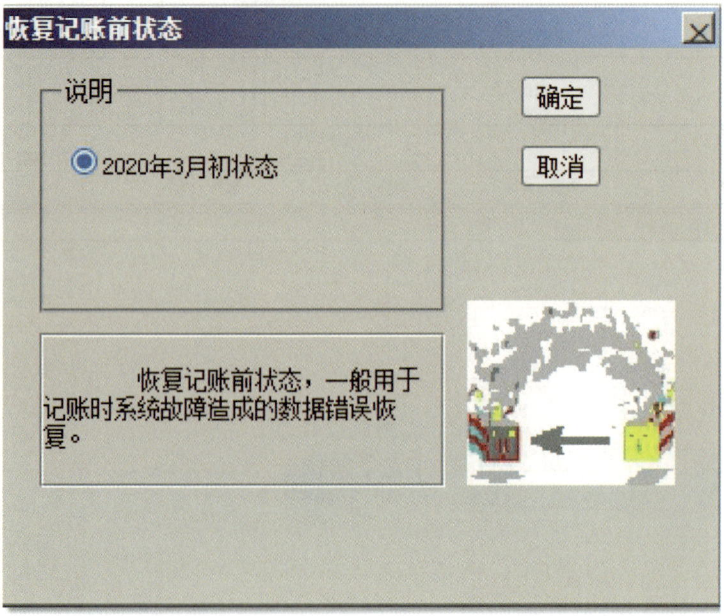

小贴士

如果系统的“恢复记账前状态”功能被隐藏，则需要在总账期末对账窗口，按住“Ctrl+H”组合键激活该功能。

五、删除凭证

删除记账凭证需要分两步进行，第一步作废凭证（只是在凭证上标记“作废”字样，凭证依然保存在系统中，不能审核但能参与记账），第二步整理凭证（彻底从系统中删除凭证）。

操作：制单员登录系统，单击[总账]→[凭证]→[填制凭证]→进入填制凭证窗口后单击菜单栏[制单]→[作废/恢复]凭证标记作废，单击菜单栏[制单]→[整理凭证]→选择凭证期间后[确定]→在“作废凭证表”选择要删除的作废凭证后[确定]→凭证整理完毕[确定]→[退出]。

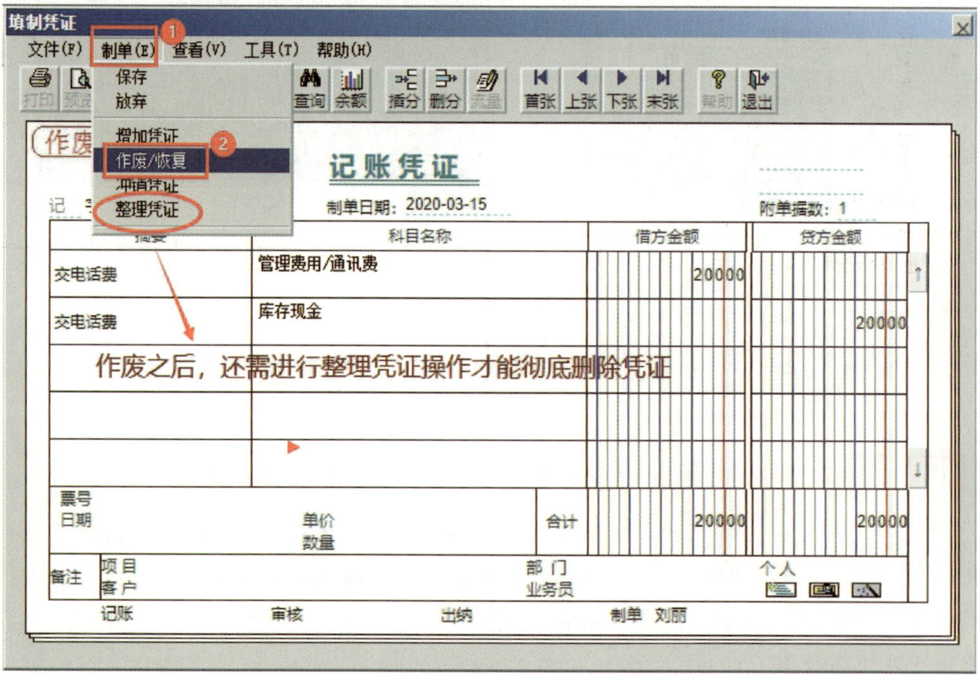

任务4 期末处理

一、月末转账

进行月末自动转账之前须将本月所有未记账凭证进行记账处理。

1. 自定义结转(以计提利息为例)

例如：上月 15 日借入年利率 10% 的一年期借款 12 万元，到期还本付息，利息按月计提。

操作：单击总账→期末→转账定义→自定义结转→进入“自动转账设置”对话框→增加→填写“转账序号”“转账说明”“凭证类别”后确定→增行→填写“科目编码”“方向”“金额公式”→保存。

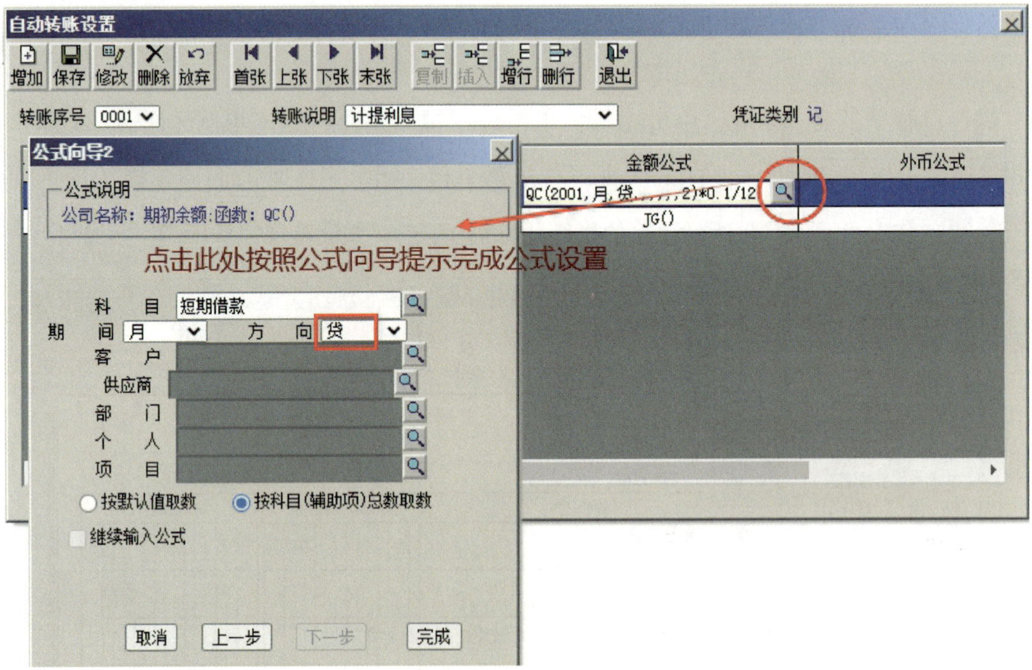

小贴士

1. 第一行科目代码填财务费用的末级科目，方向选“借”方，金额公式利用期初余额函数 QC( ) 设置取“短期借款”科目的本月期初贷方余额再乘以年利率除以 12。

2. 第二行科目代码填应付利息科目代码，方向选“贷”方，金额公式设置为取对方科目计算结果的函数 JG( )。

2. 销售成本结转

操作：单击总账→期末→转账定义→销售成本结转→进入“销售成本结转设置”对话框→选择“凭证类别”并设置库存商品科目、商品销售收入科目、商品销售成本科目→确定→保存成功确定。

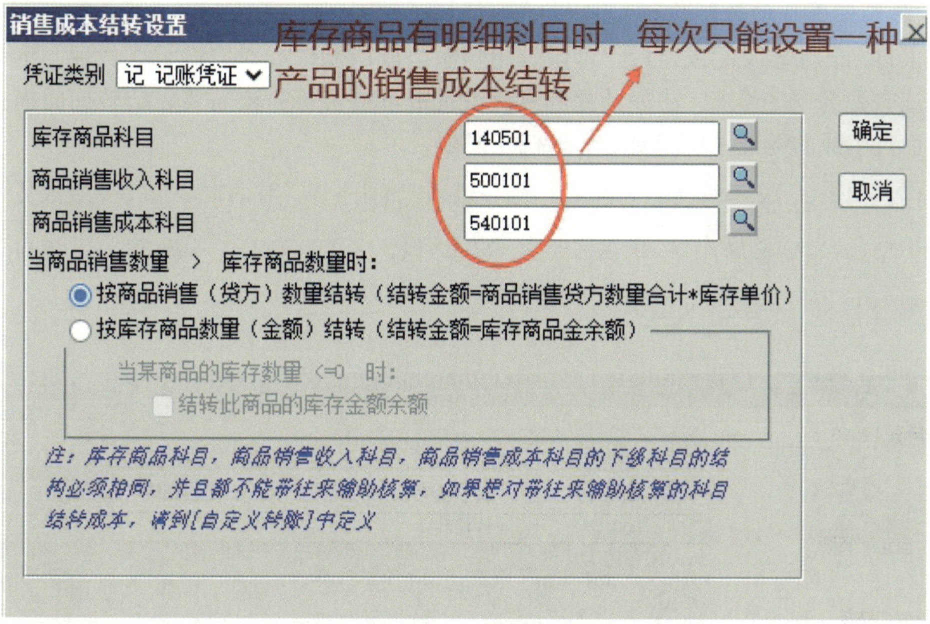

小贴士

这三类科目的结构必须一致，且不能有辅助核算，若选择数量核算，则这三类科目的计量单位必须一致。

3. 期间损益结转

操作：单击[总账]→[期末]→[转账定义]→[期间损益]→进入“期间损益设置”对话框→设置“凭证类别”和“本年利润科目”→[确定]。

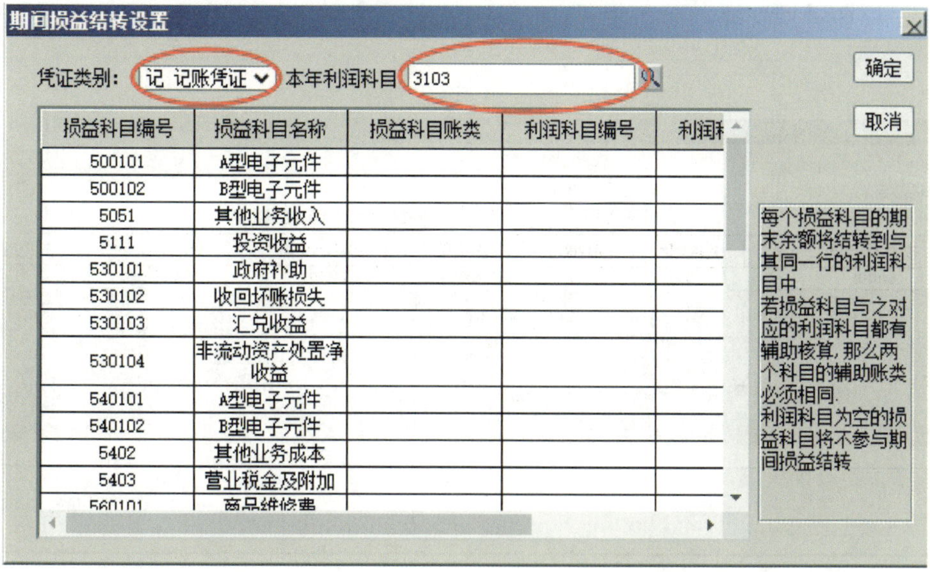

4. 期末生成自动转账凭证

期末自动转账定义完成之后，可以利用转账生成功能生成对应的记账凭证，生成自动转账凭证有先后顺序要求，比如计提利息、销售成本结转等凭证需要在结转期间损益之前生成，而且生成的凭证一样需要进行审核并记账。

操作：单击[总账]→[期末]→[转账生成]→进入“转账生成”对话框→选择要生成凭证的自动转账类型如“自定义转账”→单击[全选]，勾选“包含未记账凭证”→[确定]→系统自动生成凭证后单击[保存]→[确定]→[退出]。

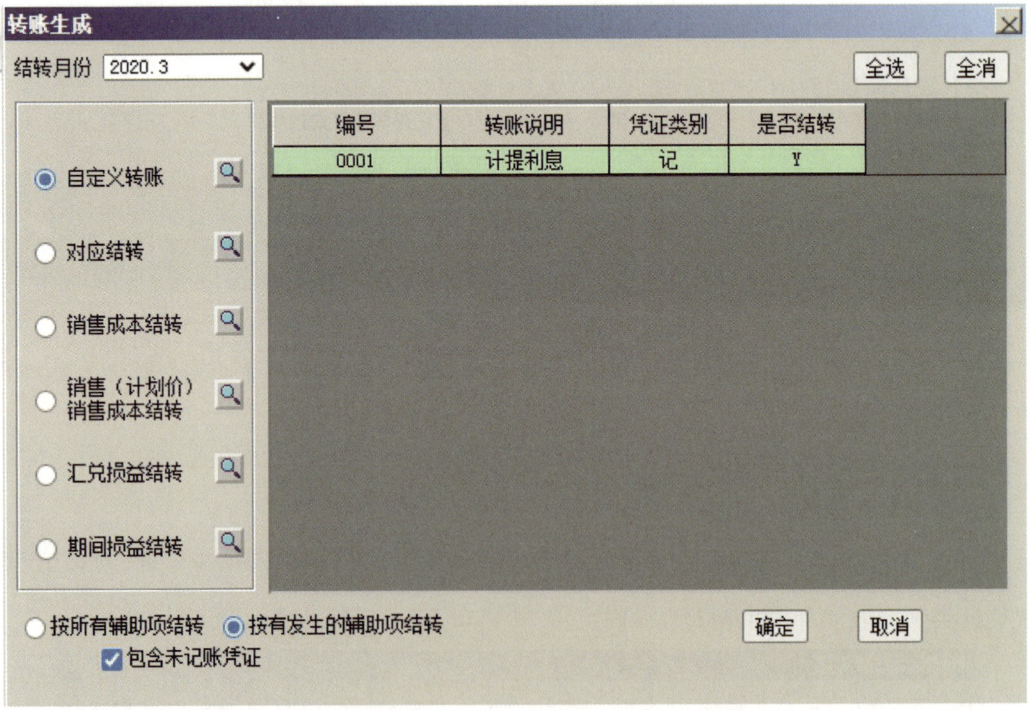

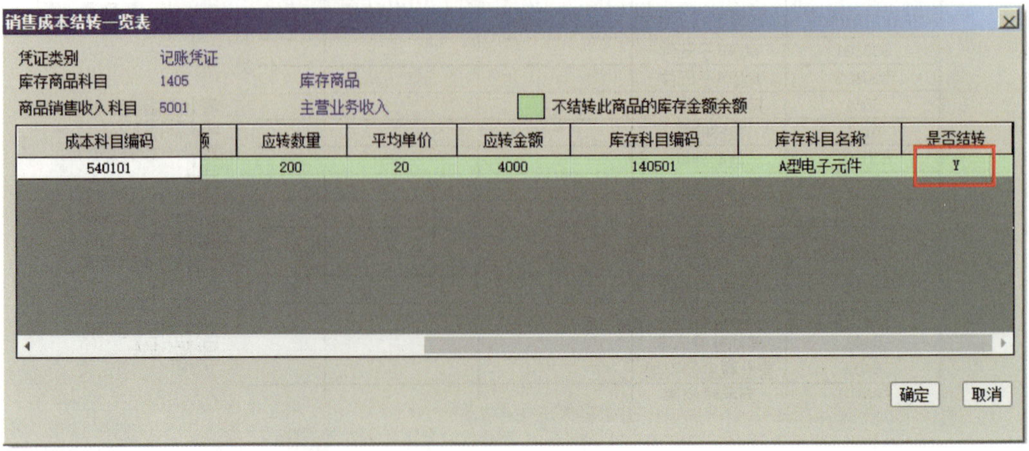

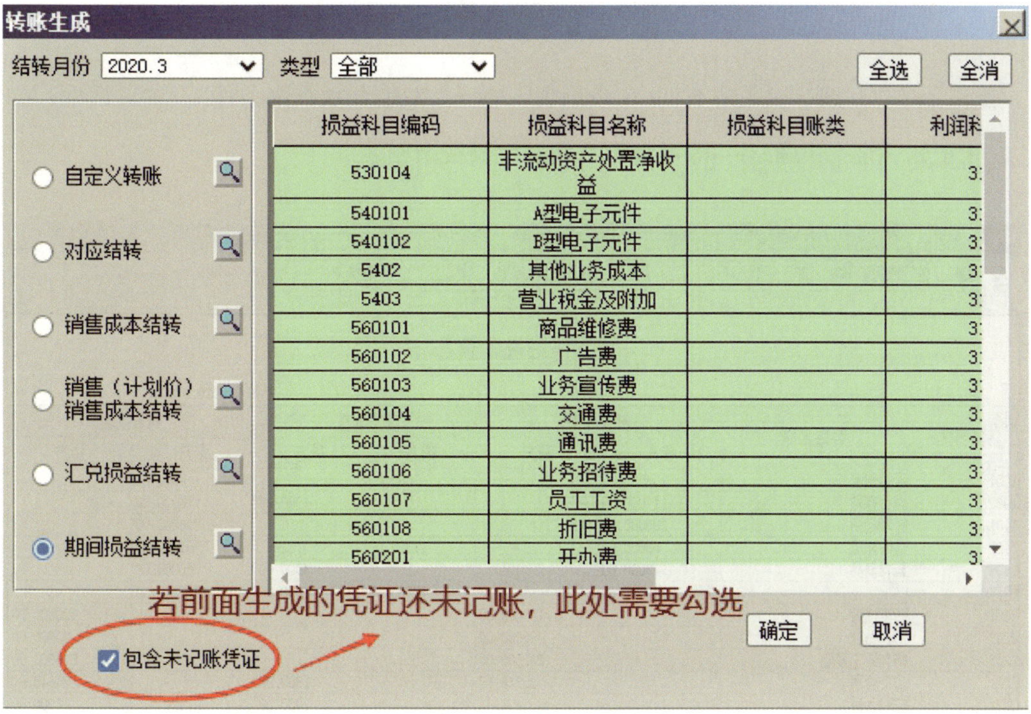
转账生成
结转月份 2020.3
类型 全部
全选
全消
自定义转账
对应结转
销售成本结转
销售（计划价）销售成本结转
汇兑损益结转
期间损益结转
损益科目编码
损益科目名称
损益科目账类
530104 非流动资产处置净收益
540101 A型电子元件
540102 B型电子元件
5402 其他业务成本
5403 营业税金及附加
560101 商品维修费
560102 广告费
560103 业务宣传费
560104 交通费
560105 通讯费
560106 业务招待费
560107 员工工资
560108 折旧费
若前面生成的凭证还未记账，此处需要勾选
包含未记账凭证
确定
取消

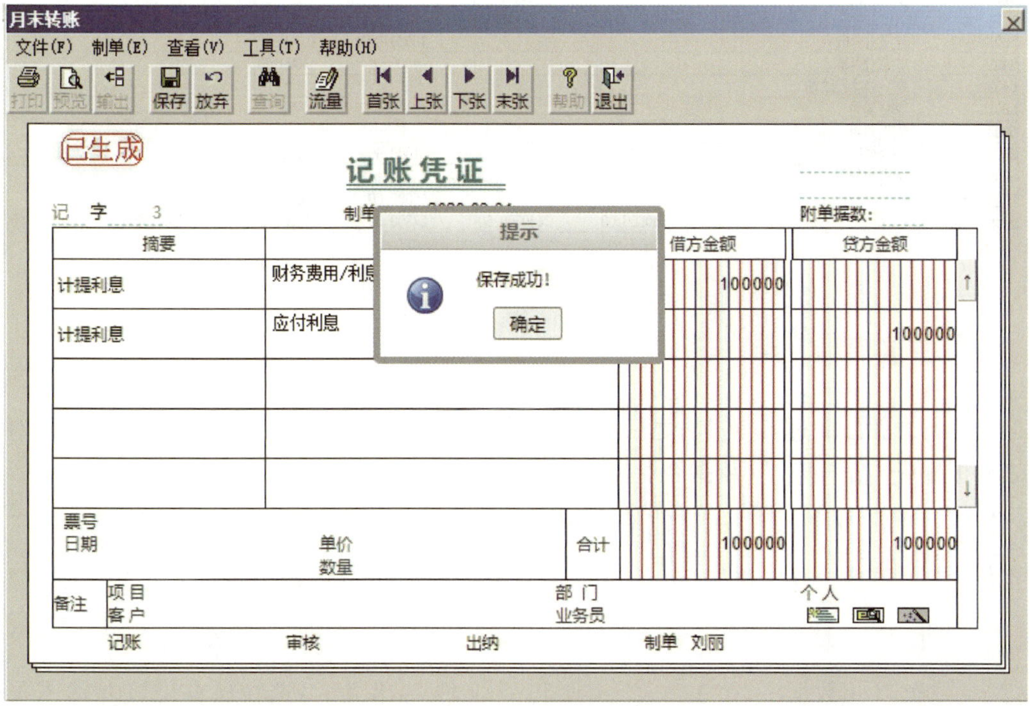
月末转账
文件(F) 制单(E) 查看(V) 工具(T) 帮助(H)
打印 预览 输出 保存 放弃 查询 流量 首张 上张 下张 末张 帮助 退出
已生成
记账凭证
记 字 3
附单据数:
摘要
借方金额
贷方金额
计提利息 财务费用/利息
计提利息 应付利息
提示
保存成功!
确定
100000
票号
日期
单价
数量
合计
备注
项 目
客 户
部 门
业务员
个 人
记账
审核
出纳
制单 刘丽

二、查询账表

操作：单击[总账]→[账簿查询]→[余额表]→进入“发生金额查询条件”设置对话框，勾选“包含未记账凭证”→[确定]→即可查看本期发生额及余额表。

发生额及余额表

月份：2020.3-2020.3

科目编码	科目名称	期初余额		本期发生		期末余额	
		借方	贷方	借方	贷方	借方	贷方
1001	库存现金	3500.00		1000.00		4500.00	
1002	银行存款	117000.00			1000.00	116000.00	
1101	短期投资	200000.00				200000.00	
1122	应收账款	50000.00		11300.00		61300.00	
1405	库存商品	70000.00			4000.00	66000.00	
资产小计		440500.00		12300.00	5000.00	447800.00	
2001	短期借款		120000.00				120000.00
2202	应付账款		30000.00				30000.00
2211	应付职工薪酬		233000.00				233000.00
2221	应交税费		33348.67		1300.00		34648.67
2231	应付利息				1000.00		1000.00
负债小计			416348.67		2300.00		418648.67
3103	本年利润				5000.00		5000.00
3104	利润分配		24151.33				24151.33
权益小计			24151.33		5000.00		29151.33
5001	主营业务收入			10000.00	10000.00		
5401	主营业务成本			4000.00	4000.00		
5403	营业税金及附加						
5601	销售费用						
5602	管理费用						
5603	财务费用			1000.00	1000.00		
5801	所得税费用						
损益小计				15000.00	15000.00		
合计		440500.00	440500.00	27300.00	27300.00	447800.00	447800.00

三、生成报表

当月所有凭证经过审核过账之后，在“报表与分析”功能模块调用企业所属行业的对应报表模板生成当月报表。（依据企业情况，可对报表模板的报表公式进行修改）

操作：单击[财务报表]→[文件]→[新建]→选择企业所属行业对应的报表模板，如“资产负债表”→[确定]→在“格式”状态下按需对报表模板进行修改→单击左下角[格式]切换到“数据”状态→“是否需要重算全表？”选择[确定]→单击[数据]→[关键字]→[录入]→录入关键字→[确定]→[数据]→[整表重算]→[确定]→[文件]→[保存]→选择保存位置并输入报表文件名→[保存]→[确定]。

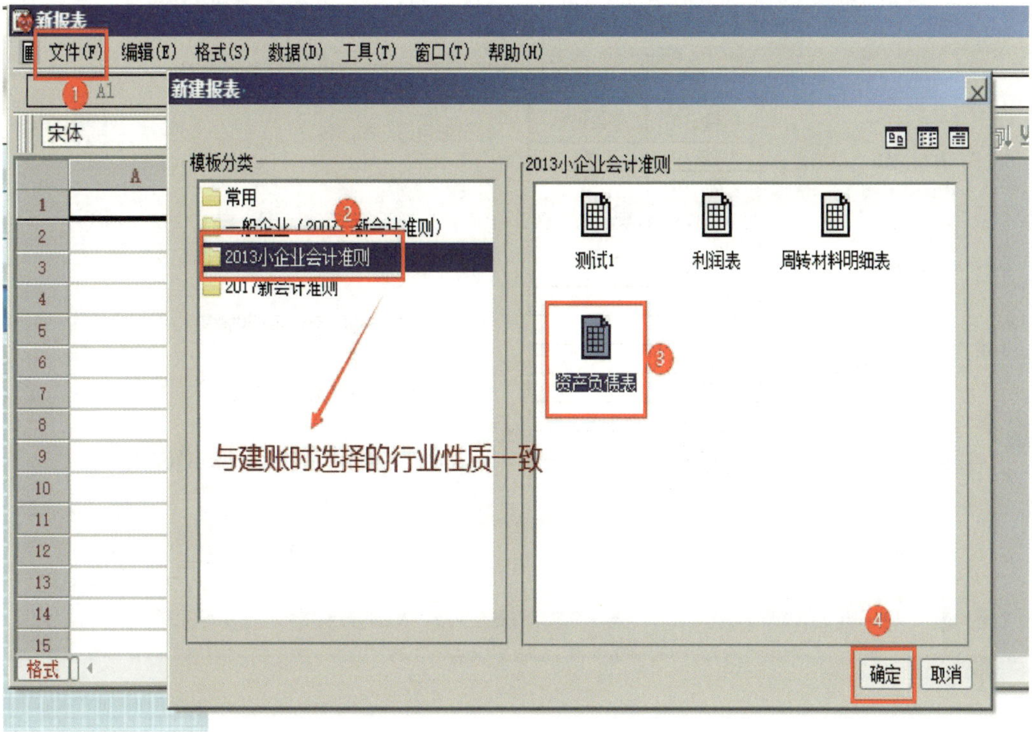

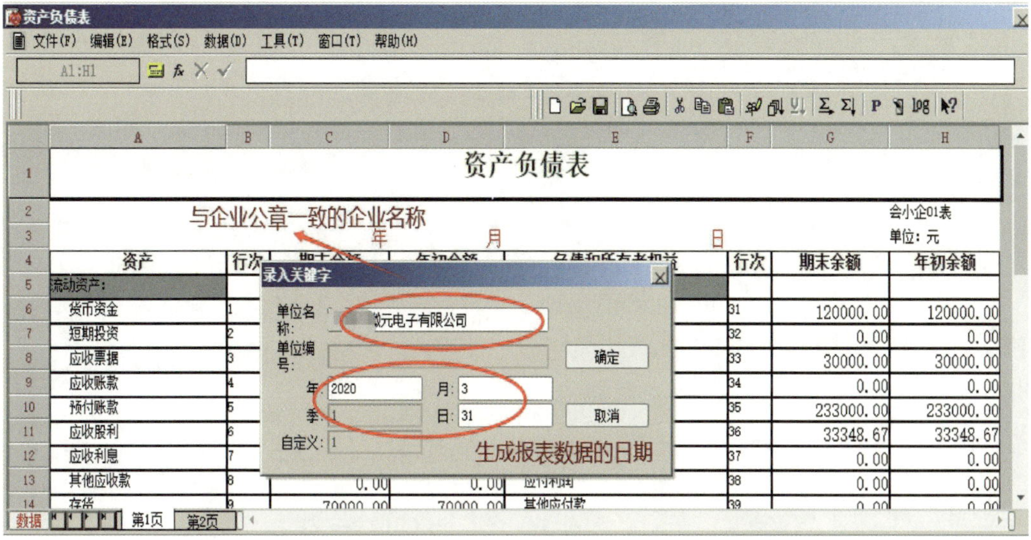

四、期末结账

月末结账前先进行账套备份再执行结账操作，结账完成之后，就可以进行下一个月的业务处理。

操作：单击[总账]→[期末]→[结账]→选择要结账的月份，依据向导完成本月结账操作。

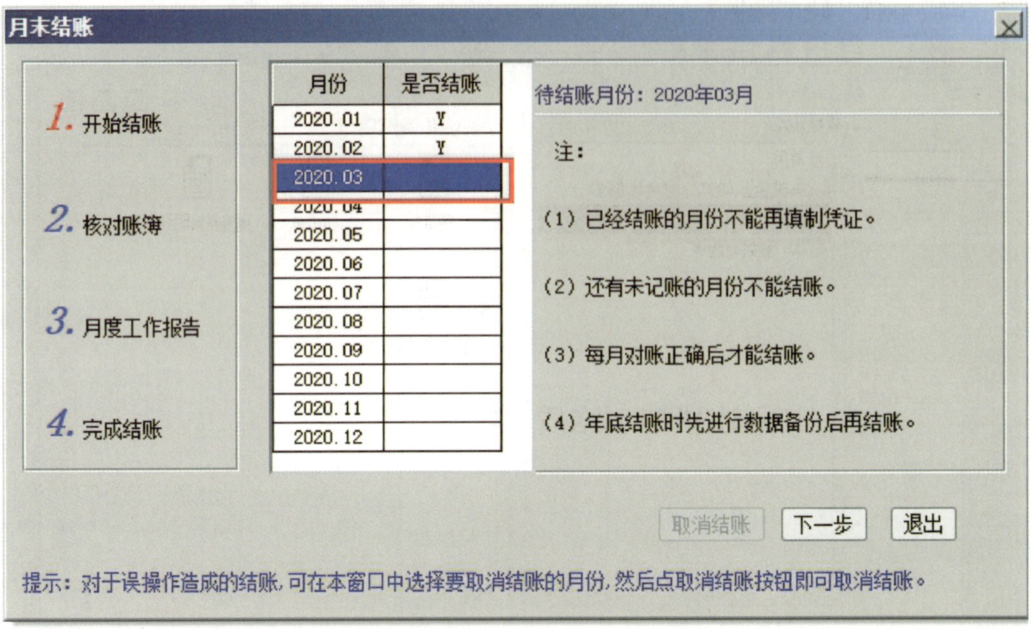

模块7 主要行业日常业务账务处理

7.1 常用业务账务处理

业务描述	摘要	会计分录	注意事项/涉税备注
从银行提取现金	提现	借：库存现金 　贷：银行存款	现金使用规范及用途
现金存入银行	存现	借：银行存款 　贷：库存现金	现金来源
收到各种投资	收到投资	借：银行存款/无形资产/固定资产等 　贷：实收资本——＊＊	银行进账单 固定资产验收单等
从银行借款	银行贷款	借：银行存款 　贷：短期借款/长期借款	借款备查簿
支付贷款利息	支付贷款利息	借：财务费用——利息支出 　贷：银行存款	利息备查簿
归还贷款本金	归还贷款本金	借：短期借款/长期借款 　贷：银行存款	银行回单
收回应收账款	收到欠款	借：银行存款/库存现金 　贷：应收账款——＊＊公司	银行回单
支付欠款	支付欠款	借：应付账款——＊＊公司 　贷：银行存款/库存现金	银行回单
购入固定资产	购入固定资产	借：固定资产——＊＊ 　应交税费——应交增值税——待认证进项税额 　贷：应付账款——＊＊公司/银行存款	专用发票
计提当期固定资产折旧	计提折旧	借：管理费用——折旧费 　销售费用——折旧费 　制造费用——折旧费 　在建工程——折旧费 　研发支出——折旧费 　其他业务成本——折旧费 　贷：累计折旧	折旧明细表

续表

业务描述	摘要	会计分录	注意事项/涉税备注
计提职工工资	计提工资	借：管理费用——工资 销售费用——工资 制造费用——工资 生产成本——直接人工 贷：应付职工薪酬——工资	工资表
用现金支付工资或委托银行代发工资	支付工资	借：应付职工薪酬——工资 贷：库存现金/银行存款	工资表、支票存根、网银支付单(盖章)
代扣款项	代扣款项	借：应付职工薪酬——工资 贷：其他应收款——社保费(个人部分) 其他应收款——代扣公积金(个人部分) 应交税费——代扣代缴个人所得税	工资表个人承担部分
缴纳个人所得税	支付个人所得税	借：应交税费——代扣代缴个人所得税 贷：银行存款	电子缴税回单
分配住房公积金缴费额	提取公积金	借：管理费用——公积金(单位部分) 销售费用——公积金(单位部分) 制造费用——公积金(单位部分) 生产成本——公积金(单位部分) 贷：应付职工薪酬——住房公积金	住房公积金分配表中单位承担部分
缴纳住房公积金	缴纳公积金	借：应付职工薪酬——住房公积金(单位部分) 其他应收款——代扣公积金(个人部分) 贷：银行存款	住房公积金汇缴书
分配企业社会保险费	提取社保费	借：管理费用——社保费 销售费用——社保费 制造费用——社保费 生产成本——社保费 贷：应付职工薪酬——社会保险费	社保分配表中的单位承担部分
缴纳企业社会保险费	缴纳社保费	借：应付职工薪酬——社会保险费 其他应收款——代扣社保费(个人部分) 贷：银行存款	银行回单
股东垫付企业备用金	股东垫付备用金	借：库存现金 贷：其他应付款——股东＊＊	收款证明

续表

业务描述	摘要	会计分录	注意事项/涉税备注
企业购买办用品	购办公用品	借：管理费用——办公费 　贷：库存现金	普通发票
企业支付电话费	支付电话费	借：管理费用——电话费 　贷：库存现金/银行存款	普通发票
企业支付水电费	支付水电费	借：管理费用——水电费 　制造费用——水电费 　贷：库存现金/银行存款	普通发票
企业支付房租	支付房租	借：管理费用——租赁费 　制造费用——租赁费 　贷：库存现金/银行存款	普通发票
企业支付快递费	支付快递费	借：管理费用——快递费 　贷：库存现金	普通发票
企业支付转账手续费	支付转账手续费	借：财务费用——手续费 　贷：银行存款/库存现金	银行回单、发票
企业支付保证金	支付保证金	借：其他应收款——＊＊公司 　贷：银行存款	银行回单
企业收回保证金	收回保证金	借：银行存款 　贷：其他应收款——＊＊公司	银行回单
企业收到承兑汇票	收到承兑汇票	借：应收票据——＊＊公司 　贷：应收账款——＊＊公司	承兑汇票
承兑汇票到期进账	承兑汇票到期进账	借：银行存款 　贷：应收票据——＊＊公司	银行回单
承兑汇票背书	承兑汇票背书	借：应付账款——＊＊公司 　贷：应收票据——＊＊公司	承兑汇票
企业获得利息收入	利息收入	借：银行存款 　贷：财务费用——利息收入 　电算化处理方法： 　借：银行存款 　借：财务费用——利息收入（金额用红字）	银行回单
企业支付合同违约金、行政罚款等	支付罚款	借：营业外支出——罚款支出 　贷：库存现金/银行存款	罚没完税证明

续表

业务描述	摘要	会计分录	注意事项/涉税备注
支付税控盘维护费	金税盘维护费	借：管理费用——办公费 贷：银行存款	普通发票（可抵减增值税）
企业认证当期的进项税额	认证进项税额	借：应交税费——应交增值税——进项税额 贷：应交税费——应交增值税——待认证进项税额	认证明细表
转出未交增值税	转出未交增值税	借：应交税费——应交增值税——销项税额 贷：应交税费——应交增值税——进项税额 应交税费——应交增值税——转出未交增值税 借：应交税费——应交增值税——转出未交增值税 贷：应交税费——未交增值税	增值税申报表
缴纳上月增值税	缴纳上月增值税	借：应交税费——未交增值税 贷：银行存款	增值税税单、银行回单
计提税金及附加	计提税金	借：税金及附加 贷：应交税费——应交城市维护建设税 应交税费——应交教育费附加 应交税费——应交地方教育费 应交税费——应交印花税	附加税申报表
计提本季度企业所得税	计提本季度企业所得税	借：所得税费用 贷：应交税费——应交企业所得税	所得税申报表
支付上季企业所得税	支付上季企业所得税	借：应交税费——应交企业所得税 贷：银行存款	所得税税单、银行回单
货到发票未到	暂估入账	借：库存商品/原材料——＊＊ 贷：应付账款——暂估应付款	入库单(合同价)
下月红字回冲上月暂估款（月初回冲法）	月初回冲上月暂估款	借：库存商品/原材料——＊＊(金额用红字) 贷：应付账款——暂估应付款(金额用红字)	红字回冲单
委托加工核算	发给外单位加工	借：委托加工物资 贷：原材料——＊＊	出库单
	支付加工费、运杂费等	借：委托加工物资 应交税费——应交增值税——进项税额 贷：库存现金/银行存款/应付账款——＊＊公司	加工费、运杂费专用发票
	收到加工完成验收入库的物资和剩余物料	借：库存商品——＊＊ 原材料——＊ 贷：委托加工物资	入库单

续表

业务描述	摘要	会计分录	注意事项/涉税备注
结转本年利润	结转本年利润	①本年利润余额在贷方的情况 借：本年利润 　　贷：利润分配——未分配利润 ②本年利润余额在借方的情况 借：利润分配——未分配利润 　　贷：本年利润	每年年末
年度企业所得税汇算清缴	计提所得税	借：以前年度损益调整 　　贷：应交税费——企业所得税	企业所得税申报表、银行回单
	支付所得税	借：应交税费——企业所得税 　　贷：银行存款	
	结转以前年度损益	借：利润分配——未分配利润 　　贷：以前年度损益调整	

7.2 制造业企业日常业务账务处理

一、制造业企业小规模纳税人日常业务账务处理

业务描述	摘要	会计分录	注意事项/涉税备注
企业购进原材料	购入材料	借：原材料——＊＊ 　　贷：库存现金	普通发票
企业领用原材料	领用原材料	借：生产成本——直接材料 　　贷：原材料——＊＊	领料单
产成品完工入库	产成品入库	借：库存商品——＊＊ 　　贷：生产成本——制造费用 　　　　生产成本——直接材料 　　　　生产成本——直接人工	入库单
企业销售产品，获得销售收入	销售产品	借：库存现金/银行存款/应收账款——＊＊公司 　　贷：主营业务收入——＊＊ 　　　　应交税费——应交增值税	专用发票/普通发票/不开具发票

续表

业务描述	摘要	会计分录	注意事项/涉税备注
企业享受增值税减免	结转减免的增值税	借：应交税费——应交增值税 贷：营业外收入——减免税款	增值税申报表
结转制造费用	结转制造费用	借：生产成本——制造费用 贷：制造费用	制造费用明细表
结转已销产品成本	结转销售成本	借：主营业务成本——＊＊ 贷：库存商品——＊＊	出库单

二、制造业企业一般纳税人日常业务账务处理

业务描述	摘要	会计分录	注意事项/涉税备注
企业购进原材料	购材料	借：原材料——＊＊ 应交税费——应交增值税——待认证进项税额 贷：银行存款/预付账款/应付账款——＊＊公司	专用发票
企业领用原材料	领用原材料	借：生产成本——直接材料 贷：原材料——＊＊	领料单
企业支付水电费	支付水电费	借：管理费用——水电费 制造费用——水电费 应交税费——应交增值税——待认证进项税额 贷：银行存款/预付账款/应付账款——＊＊公司	专用发票
企业支付销售产品的运输费用	支付运输费等	借：销售费用——运输费 应交税费——应交增值税——待认证进项税额 贷：库存现金/银行存款/预付账款/应付账款——＊＊公司	专用发票
产品完工入库	产成品入库	借：库存商品——＊＊ 贷：生产成本——制造费用 生产成本——直接材料 生产成本——直接人工	入库单
销售产品，取得销售收入	销售产品	借：应收账款/预收账款——＊＊公司 贷：主营业务收入——＊＊ 应交税费——应交增值税——销项税额	普通发票/专用发票/不开具发票

续表

业务描述	摘要	会计分录	注意事项/涉税备注
结转制造费用	结转制造费用	借：生产成本——制造费用 　贷：制造费用——工资 　　　制造费用——折旧费 　　　制造费用——水电费	制造费用明细表
结转已销产品成本	结转销售成本	借：主营业务成本——＊＊ 　贷：库存商品——＊＊	出库单
增值税进项税额转出	进项税额转出	借：原材料/库存商品——＊＊ 　贷：应交税费——应交增值税——进项税额转出	进项税额不得抵扣，进项税额部分转入相关成本
	转出未交增值税	借：应交税费——应交增值税——进项税额转出 　贷：应交税费——未交增值税	

7.3　商品流通企业日常业务账务处理

一、商品流通企业小规模纳税人日常账务处理

业务描述	摘要	会计分录	注意事项/涉税备注
采购商品，货到发票到	采购商品	借：库存商品——＊＊商品 　贷：库存现金/银行存款/应付账款——＊＊公司	普通发票
采购商品，货到发票未到，次月红冲	暂估入账	借：库存商品——＊＊商品 　贷：应付账款——暂估应付款	入库单
企业销售产品	销售商品	借：库存现金/银行存款/应收账款——＊＊公司 　贷：主营业务收入——＊＊商品 　应交税费——应交增值税	普通发票/专用发票/不开具发票
企业享受减免增值税	结转减免的增值税	借：应交税费——应交增值税 　贷：营业外收入——减免税款	增值税减免税申报明细表
结转已销产品成本	结转销售成本	借：主营业务成本——＊＊商品 　贷：库存商品——＊＊商品	出库单

二、商品流通企业一般纳税人日常业务账务处理

业务描述	摘要	会计分录	注意事项/涉税备注
企业销售产品	销售商品	借：应收账款/预收账款——＊＊公司 贷：主营业务收入——＊＊商品 应交税费——应交增值税——销项税额	普通发票/专用发票/不开具发票
结转已销产品成本	结转销售成本	借：主营业务成本——＊＊商品 贷：库存商品——＊＊商品	出库单
采购商品，货到发票到	采购商品	借：库存商品——＊＊商品 应交税费——应交增值税——待认证进项税额 贷：银行存款/预付账款/应付账款——＊＊公司	专用发票
采购商品，货到发票未到	暂估入账	借：库存商品——＊＊商品（不含税金额） 贷：应付账款——暂估应付款	入库单
票到回冲（单到回冲法）	单到红冲	①红字冲回之前的暂估入账商品 借：库存商品——＊＊商品(金额用红字) 贷：应付账款——暂估应付款(金额用红字) ②依据发票金额入账 借：库存商品——＊＊商品 应交税费——应交增值税——待认证进项税额 贷：银行存款/预付账款/应付账款——＊＊公司	专用发票
支付销售产品运输费	支付运输费	借：销售费用——运费 应交税费——应交增值税——待认证进项税额 贷：库存现金/银行存款/应付账款——＊＊公司	专用发票

7.4 现代服务业企业日常业务账务处理

一、物流行业企业日常业务账务处理

业务描述	摘要	会计分录	注意事项/涉税备注
提供物流服务	提供应税服务	借：库存现金/银行存款/应收账款——＊＊公司 贷：主营业务收入——服务收入 应交税费——应交增值税——销项税额	普通发票/专用发票/不开具发票

续表

业务描述	摘要	会计分录	注意事项/涉税备注
企业享受进项税额加计抵减	进项税额加计抵减（10%）	借：应交税费——应交增值税——进项税额加计抵减额 　　贷：其他收益	税额抵减情况表
结转成本	运输费用	借：主营业务成本——＊＊ 　　应交税费——应交增值税——待认证进项税额 　　贷：应付账款——＊＊公司	专用发票
结转保险费	货运险	借：管理费用——货运险 　　贷：其他应付款——＊＊公司	普通发票
支付仓储费	仓储费	借：管理费用——仓储费 　　贷：库存现金	普通发票

二、广告行业企业日常业务账务处理

业务描述	摘要	会计分录	注意事项/涉税备注
广告收入	广告收入	借：银行存款/预收账款/应收账款——＊＊公司 　　贷：主营业务收入——广告收入 　　　　应交税费——应交增值税-销项税额	普通发票/专用发票/不开具发票
支付广告相关成本、费用	广告相关费用（广告成本等）	借：主营业务成本——广告成本 　　应交税费——应交增值税——待认证进项税额 　　贷：库存现金/银行存款/应付账款——＊＊公司	专用发票
计提文化事业费	计提文化事业费	借：税金及附加 　　贷：应交税费——文化事业建设费	文化事业费申报表

三、咨询服务行业企业日常业务账务处理

业务描述	摘要	会计分录	注意事项/涉税备注
支付咨询费	咨询费用	借：主营业务成本——咨询成本 　　应交税费——应交增值税-待认证进项税额 　　贷：库存现金/银行存款/应付账款——＊＊公司	专用发票

续表

业务描述	摘要	会计分录	注意事项/ 涉税备注
取得咨询收入	咨询收入	借：银行存款/应收账款——＊＊公司 贷：主营业务收入——＊＊收入 应交税费——应交增值税——销项税额	普通发票/专用发票/不开具发票
企业享受进项税额加计抵减	进项税额加计抵减(加计10%)	借：应交税费——应交增值税——进项税额加计抵减额 贷：其他收益	

7.5　餐饮娱乐业企业日常业务账务处理

业务描述	摘要	会计分录	注意事项/ 涉税备注
企业取得会员充值款	会员充值	借：库存现金/银行存款 贷：预收账款	银行回单、现金收入证明
取得营业收入	客户消费收入	借：库存现金/银行存款/预收账款 贷：主营业务收入——餐饮收入 应交税费——应交增值税——销项税额	普通发票/专用发票/不开具发票
企业支付付快递费	付快递费	借：管理费用——快递费 应交税费——应交增值税——待认证进项税额 贷：库存现金	专用发票
月末结算食材款	月末结算食材款	借：应付账款——＊＊公司 贷：银行存款	银行回单
企业支付租金	支付租金	借：主营业务成本——房租 应交税费——应交增值税——待认证进项税额 贷：库存现金/银行存款	专用发票
企业支付水电费	支付水电费	借：主营业务成本——电费 ——水费 应交税费——应交增值税——待认证进项税额 贷：银行存款	专用发票
企业领用食材	食材领用	借：主营业务成本——原材料 贷：原材料——＊＊	领料单

续表

业务描述	摘要	会计分录	注意事项/涉税备注
食材采购入库	食材采购入库	借：原材料——＊＊ 　　应交税费——应交增值税——待认证进项税额 　　贷：银行存款/应付账款——＊＊公司	专用发票
月末盘存餐料冲成本	月末盘存餐料冲成本	借：原材料——＊＊ 　　贷：主营业务成本——原材料	入库单
企业享受进项税额加计抵减	进项税额加计抵减	借：应交税费——应交增值税——进项税额加计抵减额 　　贷：其他收益	加计15%抵减

7.6　电商行业企业日常业务账务处理

业务描述	摘要	会计分录	注意事项/涉税备注
企业购进商品	采购商品	借：库存商品——＊＊商品 　　应交税费——应交增值税——待认证进项税额 　　贷：银行存款/预付账款/应付账款——＊＊公司	专用发票
企业发出商品	发货	借：发出商品——＊＊商品 　　贷：库存商品——＊＊商品	出库单
客户退货	退货	借：库存商品——＊＊商品 　　贷：发出商品——＊＊商品	入库单
发货后收到货款，确认收入	收到货款	借：其他货币资金——支付宝账户存款 　　其他应收款——天猫佣金 　　贷：主营业务收入——＊＊商品 　　　　应交税费——应交增值税——销项税额	普通发票/专用发票/不开具发票
企业支付销售商品的运费	支付运费	借：销售费用——运费 　　贷：其他货币资金——支付宝账户存款	普通发票
用银行存款支付货款	支付货款	借：应付账款/预付账款——＊＊公司 　　贷：银行存款	银行回单
顾客好评返现	顾客好评返现	借：销售费用——返现费 　　贷：银行存款/其他货币资金——支付宝账户存款	银行回单/其他

续表

业务描述	摘要	会计分录	注意事项/涉税备注
支付商城的保证金	支付保证金	借：其他应收款——天猫佣金 贷：银行存款	银行回单
结转销售成本	结转销售成本	借：主营业务成本——＊＊商品 贷：发出商品——＊＊商品	发出商品汇总表
账户支付淘宝客佣金	支付淘宝客佣金	借：其他应收款——淘宝客佣金 贷：其他货币资金——支付宝账户存款	回单
	淘宝客佣金	借：销售费用——广告宣传费——淘宝 贷：其他应收款——淘宝佣金	普通发票
天猫公益捐赠或质量、包装损坏赔偿	天猫公益捐赠或质量、包装损坏赔偿	借：营业外支出 贷：银行存款/其他货币资金——支付宝账户存款	银行回单
支付技术服务费	支付技术服务费	借：其他应收款——天猫佣金 贷：银行存款/其他货币资金——支付宝账户存款	银行回单
年度技术服务费	当店铺达到协议销量的同时，该费用将给予返还	借：其他货币资金——在途资金——支付宝 贷：其他应收款——天猫佣金	回单
	当店铺没有达到协议销量的同时，该费用将扣减，同时申请开具年度技术服务费发票	借：销售费用——年度技术服务费 应交税费——应交增值税——待认证进项税额 贷：其他应收款——天猫佣金	专用发票/普通发票
参与直通车、钻展、聚划算等	充值	借：其他应收款——直通车账户存款 其他应收款——钻展账户存款 贷：银行存款/其他货币资金——支付宝账户存款	回单
	使用消耗后，申请对应的促销费用发票	借：销售费用——广告宣传费——直通车、钻展、聚划算 贷：其他应收款——直通车账户存款款 其他应收款——钻展账户存款	普通发票

续表

业务描述	摘要	会计分录	注意事项/涉税备注
买A送B发票上分别开具AB两种产品	确认收入	借：银行存款/库存现金 贷：主营业务收入——A 主营业务收入——B 应交税费——应交增值税——销项税额	普通发票/专用发票
	结转成本	借：主营业务成本——A 主营业务成本——B 贷：库存商品——A 库存商品——B	出库单
买A送B发票上只开具A，备注赠送B	确认收入	借：银行存款/库存现金 贷：主营业务收入——B 应交税费——应交增值税——销项税额	普通发票/专用发票
		借：销售费用 贷：库存商品——B 应交税费——应交增值税——销项税额	
	结转成本	借：主营业务成本——A 贷：库存商品——A	出库单

附录1 会计每月工作流程及清单

作为一个会计，永远都有操不完的心，每月月初需要报税，月中需要填写凭证、核算工资，月末还要结转成本、对账、结账、完成报表、反馈公司经营状况……越是忙乱的时候越容易出现差错，因此会计应将每月的工作进行归类，有计划有条理地进行。现以一般纳税人为例，列举会计人每月工作流程：

一、月初需要准备增值税纳税申报

企业增值税纳税申报的时间每月 1～15 日(如遇节假日会延期)，但是为了应对突发情况，会计人员尽量提前一点申报。

备注：对于申报金额，一般要根据企业销售额及企业增值税税负率来确定本月需要认证的进项税额，我们可以在保证我们的增值税纳税正常的情况下，对资金进行合理运用，所以我们可以事先计算好本月最佳的纳税金额。

二、计提附加税及相关费用

企业在计算缴纳增值税的同时，还应计提缴纳附加税(城市维护建设税和教育费附加、地方教育费附加)、印花税等。

三、网上申报纳税

无论是增值纳税还是附加税费等均可在网上申报，基本上每个地方的税务局针对当地的网上申报流程都有说明，也有相关的培训。网上申报纳税的基本流程是：

(1) 填写申报表

(2) 正式申报

(3) 网上划款

(4) 申报查询、划款查询：确保需要申报的申报表都已经申报、划款成功。

(5) 打印申报表和完税证明。

(6) 扣款成功后，可以到开户银行打印完税凭证。

※※(每月初到银行打印对账单和回单，税收完税证明在电子税务局打印)

四、日常会计事务

(1) 根据出纳的报销单，制作相关费用凭证；

(2) 根据销售合同，开具发票，并进行账务处理；
(3) 根据银行回单制作相关往来账务；
(4) 根据进货合同及收到的购进发票，制作成本凭证；
(5) 费用的计提与摊销：每月固定发生的计提业务，如固定资产计提折旧、无形资产摊销、水电费计提等。
(6) 根据工资报表，进行相关账务处理。
(7) 最后对损益类科目核算：所有单据入账后应认真归集当月损益类科目发生金额，将其分类转入“本年利润”科目，查看当月利润实现情况。

五、整理装订凭证。

定期对记账凭证按照编号顺序，外加封面、封底装订成册。

六、出具财务报表。

目前大部分企业都是利用财务软件进行账务处理，所以财务报表基本上都是自动生成的。但是作为会计人员，还是需要知道财务报表制作的原理，财务报表的每个项目是由哪些科目组成的，这些对于撰写财务分析报告是非常有帮助的。

七、开具发票和领购发票

月初会计一般要和业务部门商讨预计本月能确认的销售额，当月需要开具的发票金额，确定本月发票结存数是否足够，是否需要申领发票；同时通知采购部门，催促哪些单位款已付而发票未到的；催促供应商尽快开具进项发票。

八、月底与行政部门一起制作本月工资报表

九、核对处理的账务凭证

核对无误后才能进行账务结转，最后通过财务软件进行结账。

每个月结账前最好做一个备份。实际工作中，为了防止电脑或软件出现故障，保证财务数据的安全，建议会计人员对财务数据包括会计软件备份数据、开票备份数据以及网上申报软件的备份数据做好异地备份。

十、登记事项变更(按需办理)

根据实际情况按需要办理，可以选择网上办理。

十一、社保增减员(按需办理)

购买社保的公司，离职的员工需及时在社保局网站或社保局办理减员，在自然人电子税务局(扣缴端)登记离职。

※※每年 5 月 31 日之前要申报年度企业所得税汇算清缴

※※每年 6 月 30 日之前要做工商年报

附录2 实训案例

一、实训目的

通过本案例，读者能读懂企业常见的业务票据、整理票据、填制记账凭证并规范装订记账凭证。本书所有的业务票据均来自真实的企业业务，为保护企业隐私，本书对企业的业务票据的关键信息进行了适当的遮盖处理。

二、实训要求

（1）整理企业本月的财务票据。

（2）根据发生的经济业务，使用会计软件填制记账凭证，生成资产负债表和利润表。

（3）规范装订记账凭证。

（4）非记账凭证附件的原始凭证另行装订。

三、企业基本情况

东莞市顶好化工有限公司基本情况

企业名称	东莞市顶好化工有限公司
地址	东莞市高埗镇冼沙五坊第三工业区 A 栋
电　话	0769-88461888
纳税人识别号	914419006698079988
纳税人性质	一般纳税人（增值税税率 13%）
开户银行（账号）	中国建设银行（建业支行）（300010190010036114）
经营范围	其他化工产品销售
会计政策	执行《小企业会计准则》和《会计基础工作规范》（财政部）
固定资产折旧方法	年限平均法，按月计提折旧
存货计价方法	存货按实际成本计价，发出存货成本于月末采用一次加权平均法

四、实训资料

2021 年 1 月，东莞市顶好化工有限公司的会计人员将发生的经济业务票据按时间先后顺序及经济业务发生的内容进行整理，其中同一笔业务的票据用回形针夹好，并用铅笔标上顺序号，方便录入凭证及装订，整理结果如下：

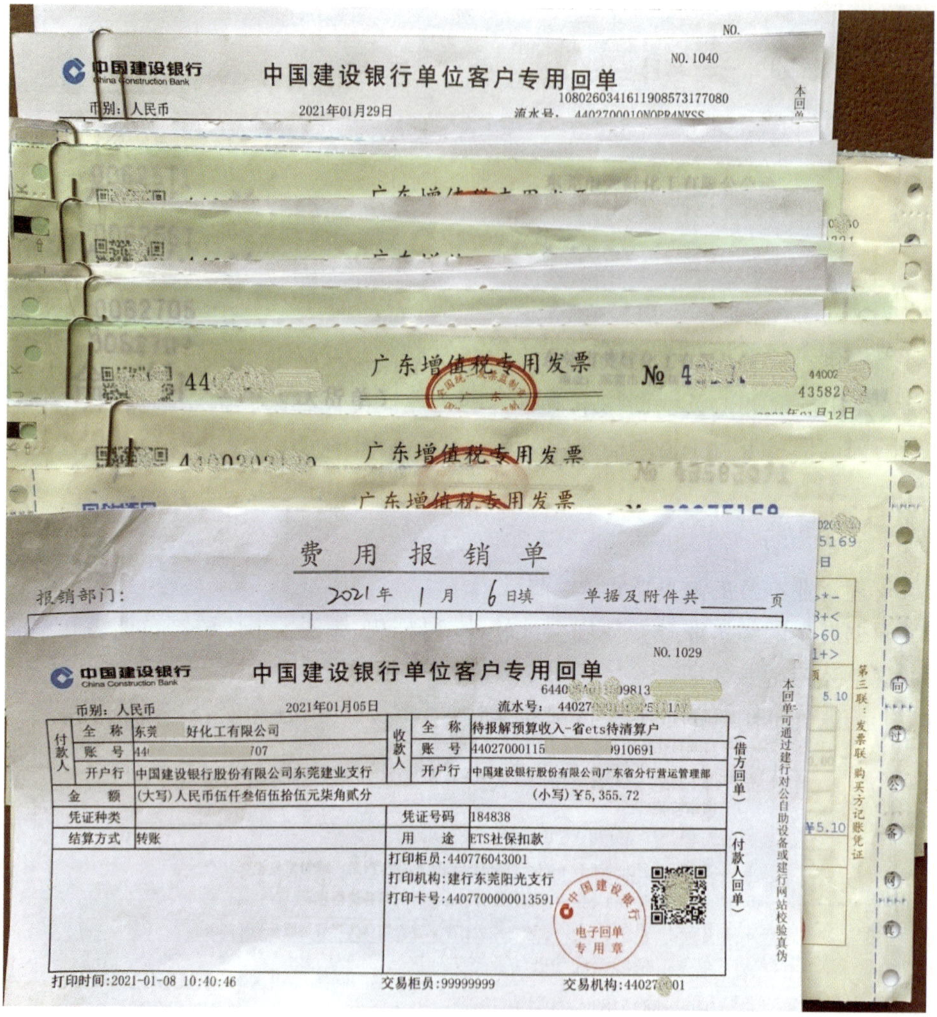

本月共发生 27 笔业务，具体如下：

（1）支付 1 月份社保费。

中国建设银行 China Construction Bank

中国建设银行单位客户专用回单

NO. 1029

644005A011609813765199038

币别：人民币　　2021年01月05日　　流水号：44027[redacted]

付款人	全　称	东莞市[redacted]化工有限公司	收款人	全　称	待报解预算收入-省ets待清算户
	账　号	44001[redacted]		账　号	44027[redacted]
	开户行	中国建设银行股份有限公司东莞建业支行		开户行	中国建设银行股份有限公司广东省分行营运管理部
金　额		(大写)人民币伍仟叁佰伍拾伍元柒角贰分			(小写)￥5,355.72
凭证种类			凭证号码		184838
结算方式		转账	用　途		ETS社保扣款
			打印柜员:440776043001 打印机构:建行东莞阳光支行 打印卡号:44077[redacted]		

(借方回单)(付款人回单)

本回单可通过建行对公自助设备或建行网站校验真伪

电子回单专用章

打印时间:2021-01-08 10:40:46　　交易柜员:99999999　　交易机构:440270001

（2）支付污水、垃圾处理费。

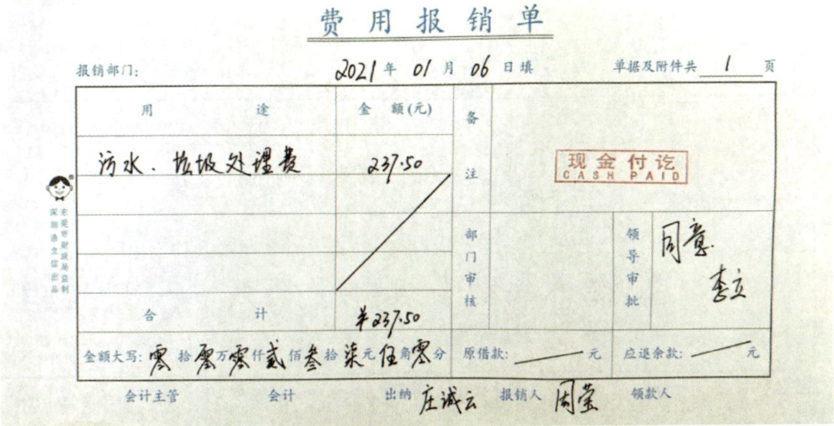

费用报销单

报销部门： 2021年01月06日填 单据及附件共 1 页

用途	金额（元）	备注	
污水、垃圾处理费	237.50	现金付讫 CASH PAID	
		部门审核	领导审批 同意 李立
合计	¥237.50		
金额大写：零拾零万零仟贰佰叁拾柒元伍角零分		原借款： 元	应退余款： 元

会计主管 会计 出纳 庄诚云 报销人 周莹 领款人

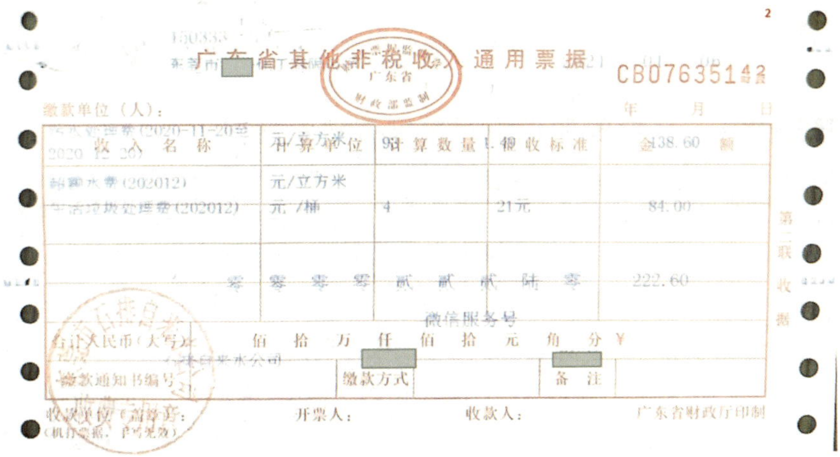

广东省其他非税收入通用票据 CB07635142

缴款单位（人）： 年 月 日

收入名称	计算单位	计算数量	征收标准	金额
污水处理费(2020-11-20至2020-12-20)	元/立方米	93		138.60
邮寄水费(202012)	元/立方米			
生活垃圾处理费(202012)	元/桶	4	21元	84.00
	零 零 零 零	贰 贰 贰 陆 零		222.60

微信服务号

合计人民币（大写） 佰 拾 万 仟 佰 拾 元 角 分 ¥

缴款通知书编号 缴款方式 [redacted] 备注 [redacted]

收款单位（盖章）： 开票人： 收款人： 广东省财政厅印制

（3）支付水费。

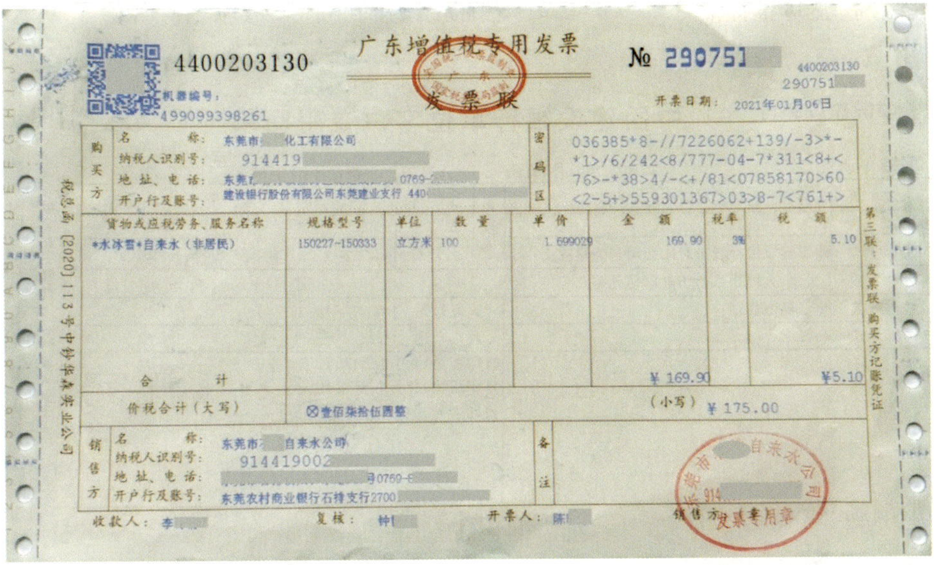

4400203130 广东增值税专用发票 № 290751[redacted]

发票联

机器编号：499099398261 开票日期：2021年01月06日

购买方 名称：东莞市[redacted]化工有限公司
纳税人识别号：914419[redacted]
地址、电话：东莞[redacted]0769-[redacted]
开户行及账号：建设银行股份有限公司东莞建业支行 440[redacted]

密码区 036385*8-//7226062+139/-3>*- *1>/6/242<8/777-04-7*311<8+< 76>-*38>4/-<+/81<07858170>60 <2-5+>559301367>03>8-7<761+>

货物或应税劳务、服务名称	规格型号	单位	数量	单价	金额	税率	税额
*水冰雪*自来水（非居民）	150227-150333	立方米	100	1.699029	169.90	3%	5.10
合计					¥169.90		¥5.10
价税合计（大写）	⊗壹佰柒拾伍圆整				（小写）¥175.00		

销售方 名称：东莞市[redacted]自来水公司
纳税人识别号：914419002[redacted]
地址、电话：[redacted]0769-[redacted]
开户行及账号：东莞农村商业银行石排支行2700[redacted]

收款人：李[redacted] 复核：钟[redacted] 开票人：陈[redacted] 销售方（章）

第三联：发票联 购买方记账凭证

支付证明单

2021年01月06日　　第01号

事由或品名	数量	单位	单价	金额
支付自来水费	100	立方米	1.75	17500
现金付讫 CASH PAID				
合计金额（大写）零佰零拾零万零仟壹佰柒拾伍元零角零分 ￥175.00				
受款人及地址		未能取得单据原因		

主管人　　会计　　出纳 庄诚云　　记账　　证明人　　经手人 刘婷

（4）支付货款。

中国建设银行 China Construction Bank　中国建设银行单位客户专用回单

NO.1031　　4

1080020251610088797228278

币别：人民币　　2021年01月08日　　流水号：44077[redacted]

付款人	全称	东莞市[redacted]化工有限公司	收款人	全称	东莞市[redacted]有限公司
	账号	44001[redacted]		账号	81148[redacted]
	开户行	中国建设银行股份有限公司东莞建业支行		开户行	中信银行股份有限公司东莞北区支行
金额	(大写)人民币陆仟壹佰贰拾元整				(小写)￥6,120.00
凭证种类	电子转账凭证		凭证号码	103370462523	
结算方式	转账		用途	货款	
			打印柜员:440776043001 打印机构:建行东莞阳光支行 打印卡号:44077[redacted] 中国建设银行 电子回单专用章		

打印时间:2021-02-02 16:14:16　　交易柜员:　　交易机构:440778736

（借方回单）（付款人回单）

本回单可通过建行对公自助设备或建行网站校验真伪

中国建设银行 China Construction Bank　中国建设银行单位客户专用回单

NO.1030　　4

1080020201610088582229235

币别：人民币　　2021年01月08日　　流水号：44077[redacted]

付款人	全称	东莞市[redacted]化工有限公司	收款人	全称	广州市[redacted]贸易有限公司
	账号	44001[redacted]		账号	36020[redacted]
	开户行	中国建设银行股份有限公司东莞建业支行		开户行	中国工商银行股份有限公司广州同福中路支行
金额	(大写)人民币贰万伍仟肆佰元整				(小写)￥25,400.00
凭证种类	电子转账凭证		凭证号码	103370444328	
结算方式	转账		用途	货款	
			打印柜员:440776043001 打印机构:建行东莞阳光支行 打印卡号:44077[redacted] 中国建设银行 电子回单专用章		

打印时间:2021-02-02 16:14:16　　交易柜员:　　交易机构:440778736

（借方回单）（付款人回单）

本回单可通过建行对公自助设备或建行网站校验真伪

（5）支付手续费。

NO. 1033

中国建设银行 China Construction Bank

中国建设银行单位客户专用回单

1060010D31610168562061246

币别：人民币　　2021年01月09日　　流水号：44077[redacted]

户名：东莞市[redacted]化工有限公司	账号：44001[redacted]	
项目名称	工本费/转账汇款手续费/手续费	金额
收费	1.00	1.00
合计金额	(大写)人民币壹元整	¥1.00

付款方式：转账
业务类型：收费项目：对公人民币转账、汇款（含退汇）-
摘要：收费

打印柜员：440776043001
打印机构：建行东莞阳光支行
打印卡号：44077[redacted]

中国建设银行 电子回单专用章

打印时间：2021-02-02 16:14:16　　交易柜员：　交易机构：440778736

本回单可通过建行对公自助设备或建行网站校验真伪

NO. 1032

中国建设银行 China Construction Bank

中国建设银行单位客户专用回单

1060010D31610168561061224

币别：人民币　　2021年01月09日　　流水号：44077[redacted]

户名：东莞市[redacted]化工有限公司	账号：44001[redacted]	
项目名称	工本费/转账汇款手续费/手续费	金额
收费	10.00	10.00
合计金额	(大写)人民币壹拾元整	¥10.00

付款方式：转账
业务类型：收费项目：对公人民币转账、汇款（含退汇）-
摘要：收费

打印柜员：440776043001
打印机构：建行东莞阳光支行
打印卡号：44077[redacted]

中国建设银行 电子回单专用章

打印时间：2021-02-02 16:14:16　　交易柜员：　交易机构：440778736

本回单可通过建行对公自助设备或建行网站校验真伪

（6）支付上月工资。

东莞市[redacted]化工限公司工资表

2020年12月

序号	姓名	基本工资	津贴	补助	加班费	请假扣款	应发合计	养老保险	医疗保险	失业保险	扣回社保	扣回公积金	个得税	实发	签名
1	宋[redacted]	3000.00	302.42	0.00	0.00	0.00	3302.42	270.08	26.53	5.81	302.42	0.00	0.00	3000.00	宋[redacted]
2	文[redacted]	4000.00	302.42	0.00	0.00	0.00	4302.42	270.08	26.53	5.81	302.42	0.00	0.00	4000.00	文[redacted]
3	赖[redacted]	5100.00	302.42	0.00	0.00	0.00	5402.42	270.08	26.53	5.81	302.42	86.00	0.00	5014.00	赖[redacted]
4	刘[redacted]	4000.00	302.42	0.00	0.00	0.00	4302.42	270.08	26.53	5.81	302.42	0.00	0.00	4000.00	刘[redacted]
5	宋[redacted]	4800.00	302.42	0.00	0.00	0.00	5102.42	270.08	26.53	5.81	302.42	0.00	0.00	4800.00	[redacted]
6	卢[redacted]	4800.00	303.36	0.00	0.00	0.00	5103.36	270.08	26.53	6.75	303.36	0.00	0.00	4800.00	卢[redacted]
	合计	25700.00	1815.46	0.00	0.00	0.00	27515.46	1620.48	159.18	35.80	1815.46	86.00	0.00	25614.00	

审核：　　制表：[redacted]

（7）销售纯水性封口胶。

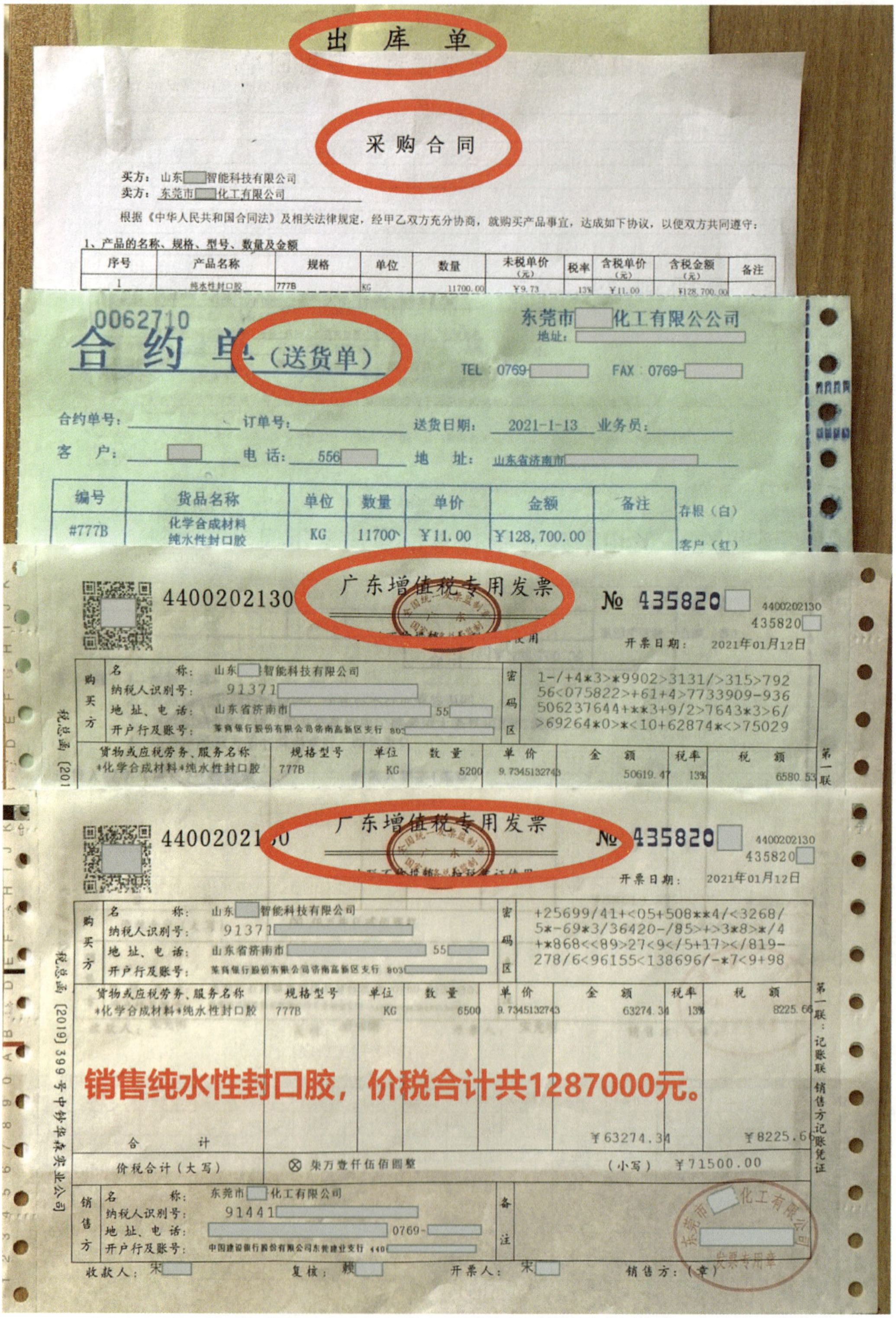
出 库 单
采购合同
买方：山东智能科技有限公司
卖方：东莞市化工有限公司
根据《中华人民共和国合同法》及相关法律规定，经甲乙双方充分协商，就购买产品事宜，达成如下协议，以便双方共同遵守：
1、产品的名称、规格、型号、数量及金额
序号 产品名称 规格 单位 数量 未税单价（元） 税率 含税单价（元） 含税金额（元） 备注
1 纯水性封口胶 777B KG 11700.00 ¥9.73 13% ¥11.00 ¥128,700.00
0062710
合约单（送货单）
东莞市化工有限公司公司
地址：
TEL：0769-
FAX：0769-
合约单号： 订单号： 送货日期：2021-1-13 业务员：
客 户： 电 话：556 地 址：山东省济南市
编号 货品名称 单位 数量 单价 金额 备注
#777B 化学合成材料 纯水性封口胶 KG 11700 ¥11.00 ¥128,700.00
存根（白）
客户（红）
4400202130
广东增值税专用发票
№ 435820
4400202130
435820
开票日期：2021年01月12日
购买方 名称：山东智能科技有限公司
纳税人识别号：91371
地址、电话：山东省济南市 55
开户行及账号：齐鲁银行股份有限公司济南高新区支行 803
密码区 1-/+4*3>*9902>3131/>315>792 56<075822>+61+4>7733909-936 506237644+**3+9/2>7643*3>6/ >69264*0>*<10+62874*<>75029
货物或应税劳务、服务名称 规格型号 单位 数量 单价 金额 税率 税额
*化学合成材料*纯水性封口胶 777B KG 5200 9.7345132743 50619.47 13% 6580.53
广东增值税专用发票
№ 435820
4400202130
435820
开票日期：2021年01月12日
购买方 名称：山东智能科技有限公司
纳税人识别号：91371
地址、电话：山东省济南市 55
开户行及账号：齐鲁银行股份有限公司济南高新区支行 803
密码区 +25699/41+<05+508**4/<3268/ 5*-69*3/36420-/85>+>3*8>*/4 +*868<<89>27<9</5+17></819- 278/6<96155<138696/-*7<9+98
货物或应税劳务、服务名称 规格型号 单位 数量 单价 金额 税率 税额
*化学合成材料*纯水性封口胶 777B KG 6500 9.7345132743 63274.34 13% 8225.66
销售纯水性封口胶，价税合计共1287000元。
合 计 ¥63274.34 ¥8225.66
价税合计（大写） ⊗柒万壹仟伍佰圆整 （小写） ¥71500.00
销售方 名称：东莞市化工有限公司
纳税人识别号：91441
地址、电话：0769-
开户行及账号：中国建设银行股份有限公司东莞建业支行 440
备注
收款人：宋 复核：赖 开票人：宋 销售方：（章）
第一联：记账联 销售方记账凭证
税总函［2019］399号中钞华森实业公司

（8）销售胶水。

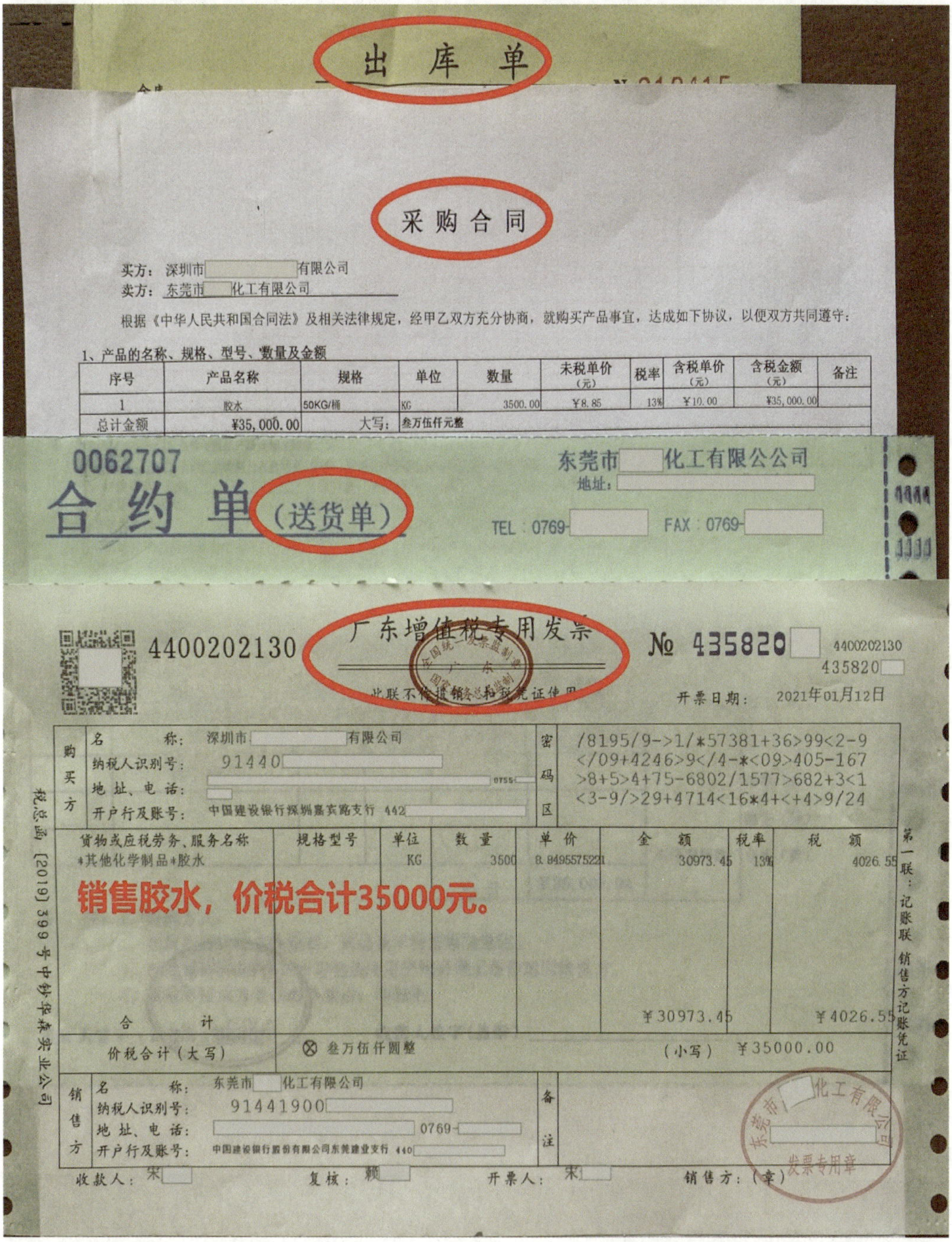

出 库 单

采购合同

买方：深圳市[redacted]有限公司
卖方：东莞市[redacted]化工有限公司

根据《中华人民共和国合同法》及相关法律规定，经甲乙双方充分协商，就购买产品事宜，达成如下协议，以便双方共同遵守：

1、产品的名称、规格、型号、数量及金额

序号	产品名称	规格	单位	数量	未税单价（元）	税率	含税单价（元）	含税金额（元）	备注
1	胶水	50KG/桶	KG	3500.00	￥8.85	13%	￥10.00	￥35,000.00	
总计金额	￥35,000.00	大写：	叁万伍仟元整						

0062707
合约单（送货单）
东莞市[redacted]化工有限公公司
地址：[redacted]
TEL：0769-[redacted] FAX：0769-[redacted]

广东增值税专用发票
4400202130 № 435820[redacted]
4400202130
435820[redacted]
此联不作报销、扣税凭证使用
开票日期：2021年01月12日

购买方
名称：深圳市[redacted]有限公司
纳税人识别号：91440[redacted]
地址、电话：[redacted]0755-[redacted]
开户行及账号：中国建设银行深圳嘉宾路支行 442[redacted]

密码区
/8195/9->1/*57381+36>99<2-9
</09+4246>9</4-*<09>405-167
>8+5>4+75-6802/1577>682+3<1
<3-9/>29+4714<16*4+<+4>9/24

货物或应税劳务、服务名称	规格型号	单位	数量	单价	金额	税率	税额
*其他化学制品*胶水		KG	3500	8.8495575221	30973.45	13%	4026.55
合计					￥30973.45		￥4026.55
价税合计（大写）	⊗叁万伍仟圆整				（小写）￥35000.00		

销售胶水，价税合计35000元。

销售方
名称：东莞市[redacted]化工有限公司
纳税人识别号：91441900[redacted]
地址、电话：[redacted] 0769-[redacted]
开户行及账号：中国建设银行股份有限公司东莞建业支行 440[redacted]

备注

收款人：宋[redacted] 复核：赖[redacted] 开票人：宋[redacted] 销售方：（章）

东莞市[redacted]化工有限公司 发票专用章

第一联：记账联 销售方记账凭证

税总函［2019］399号中钞华森实业公司

（9）销售胶水。

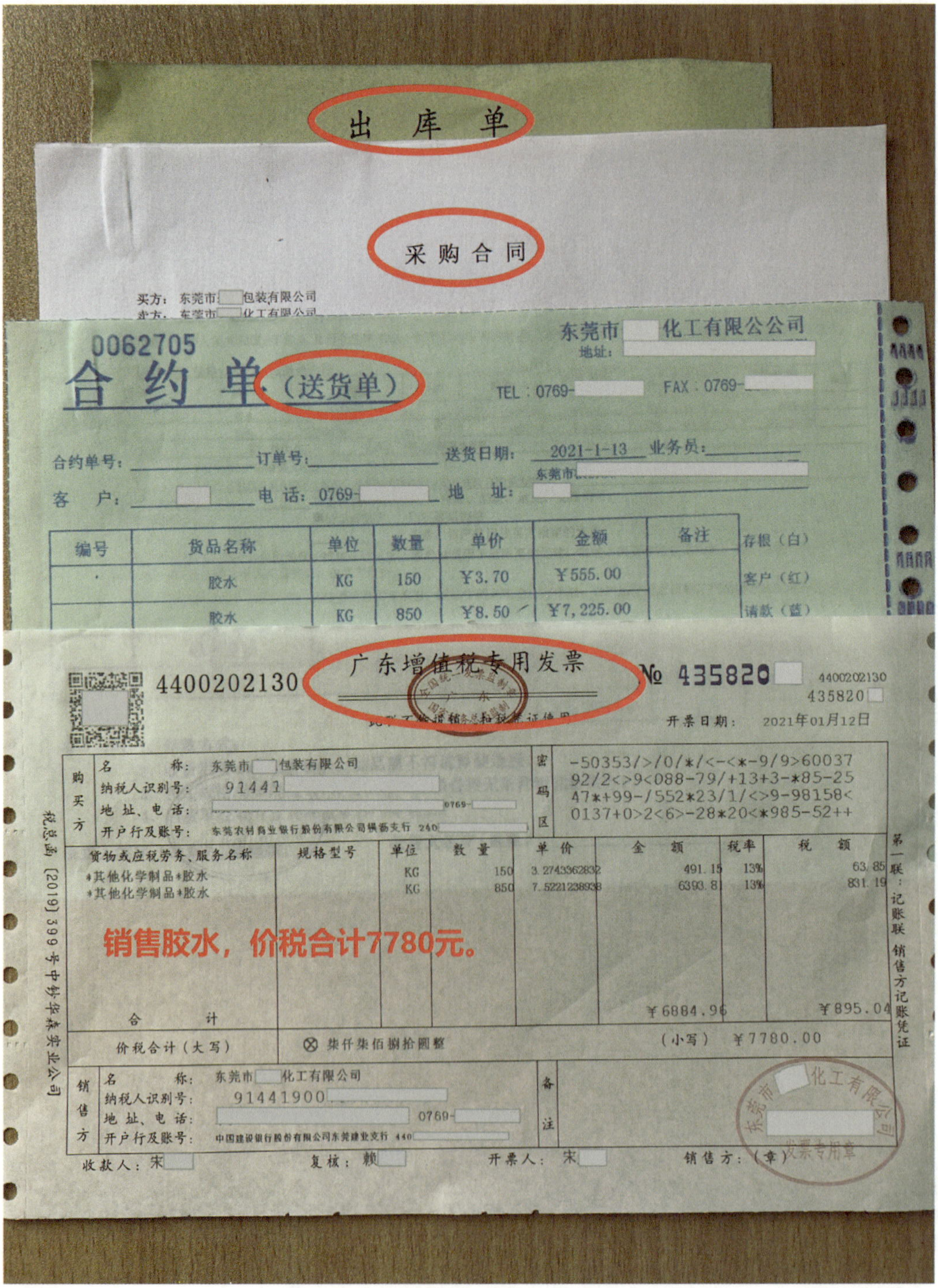
出 库 单
采 购 合 同
买方：东莞市　包装有限公司
0062705
东莞市　化工有限公公司
地址：
合 约 单（送货单）
TEL：0769-
FAX：0769-
合约单号：
订单号：
送货日期：2021-1-13
业务员：
客 户：
电 话：0769-
地 址：
编号
货品名称
单位
数量
单价
金额
备注
胶水 KG 150 ￥3.70 ￥555.00
胶水 KG 850 ￥8.50 ￥7,225.00
存根（白）
客户（红）
请款（蓝）
4400202130
广东增值税专用发票
№ 435820
开票日期：2021年01月12日
购买方
名 称：东莞市　包装有限公司
纳税人识别号：91441
地址、电话：0769-
开户行及账号：东莞农村商业银行股份有限公司横沥支行 240
密码区
-50353/>/0/*/<-<*-9/9>60037
92/2<>9<088-79/+13+3-*85-25
47*+99-/552*23/1/<>9-98158<
0137+0>2<6>-28*20<*985-52++
货物或应税劳务、服务名称
规格型号
单位
数量
单价
金额
税率
税额
*其他化学制品*胶水 KG 150 3.2743362832 491.15 13% 63.85
*其他化学制品*胶水 KG 850 7.5221238938 6393.81 13% 831.19
销售胶水，价税合计7780元。
合 计 ￥6884.96 ￥895.04
价税合计（大写） ⊗柒仟柒佰捌拾圆整 （小写）￥7780.00
销售方
名 称：东莞市　化工有限公司
纳税人识别号：91441900
地址、电话：0769-
开户行及账号：中国建设银行股份有限公司东莞建业支行 440
备注
收款人：宋
复核：赖
开票人：宋
销售方：（章）
第一联：记账联 销售方记账凭证
税总函［2019］399号中钞华森实业公司

（10）销售胶水。

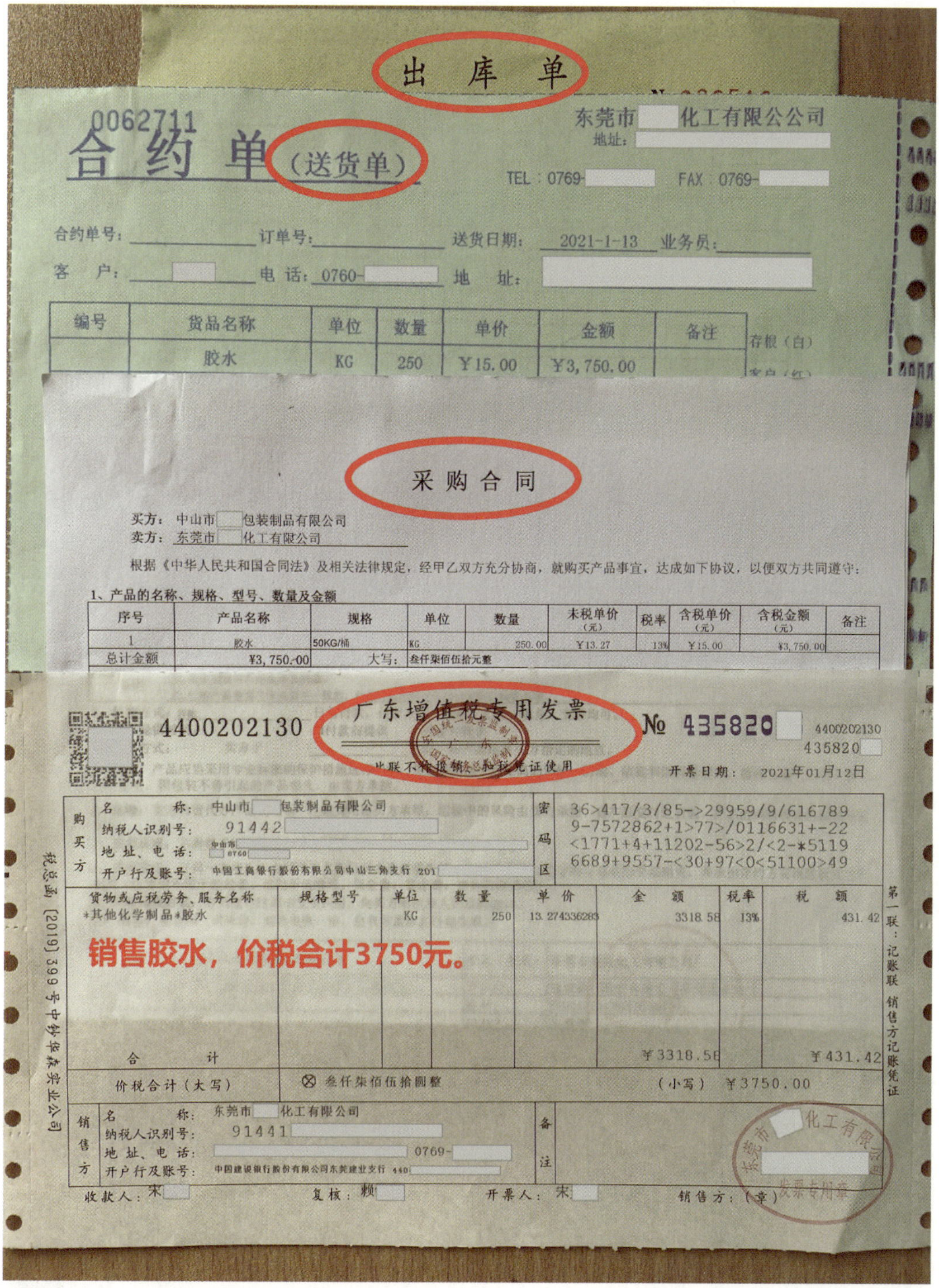

出 库 单

0062711

合约单（送货单）

东莞市　化工有限公司

地址：

TEL：0769-　FAX：0769-

合约单号：　订单号：　送货日期：2021-1-13　业务员：

客　户：　电　话：0760-　地　址：

编号	货品名称	单位	数量	单价	金额	备注
	胶水	KG	250	￥15.00	￥3,750.00	

存根（白）

采 购 合 同

买方：中山市　包装制品有限公司

卖方：东莞市　化工有限公司

根据《中华人民共和国合同法》及相关法律规定，经甲乙双方充分协商，就购买产品事宜，达成如下协议，以便双方共同遵守：

1、产品的名称、规格、型号、数量及金额

序号	产品名称	规格	单位	数量	未税单价（元）	税率	含税单价（元）	含税金额（元）	备注
1	胶水	50KG/桶	KG	250.00	￥13.27	13%	￥15.00	￥3,750.00	
总计金额	￥3,750.00	大写：	叁仟柒佰伍拾元整						

广东增值税专用发票

4400202130　№ 435820　4400202130　435820

此联不作报销、扣税凭证使用

开票日期：2021年01月12日

购买方　名称：中山市　包装制品有限公司

纳税人识别号：91442

地址、电话：中山市　0760

开户行及账号：中国工商银行股份有限公司中山三角支行 201

密码区：36>417/3/85->29959/9/616789 9-7572862+1>77>/0116631+-22 <1771+4+11202-56>2/<2-*5119 6689+9557-<30+97<0<51100>49

货物或应税劳务、服务名称	规格型号	单位	数量	单价	金额	税率	税额
*其他化学制品*胶水		KG	250	13.274336283	3318.58	13%	431.42
合　计					￥3318.58		￥431.42

价税合计（大写）　⊗叁仟柒佰伍拾圆整　（小写）￥3750.00

销售方　名称：东莞市　化工有限公司

纳税人识别号：91441

地址、电话：　0769-

开户行及账号：中国建设银行股份有限公司东莞建业支行 440

备注

收款人：宋　复核：赖　开票人：宋　销售方：（章）

税总函［2019］399号中钞华森实业公司

第一联：记账联　销售方记账凭证

销售胶水，价税合计3750元。

（11）销售胶水。

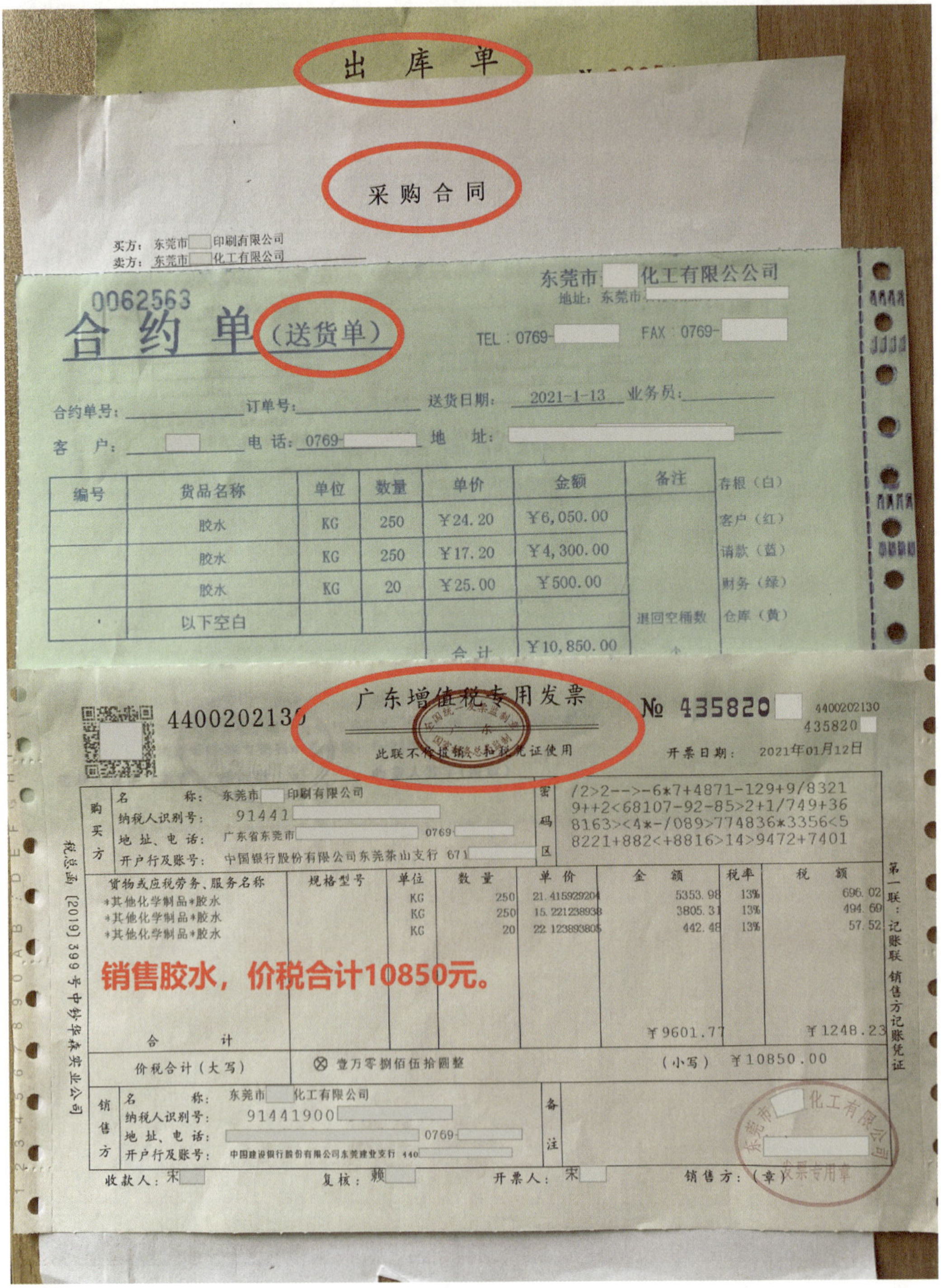

出 库 单

采 购 合 同

买方：东莞市　印刷有限公司
卖方：东莞市　化工有限公司

东莞市　化工有限公公司
地址：东莞市

0062563

合 约 单（送货单）

TEL：0769-　FAX：0769-

合约单号：　订单号：　送货日期：2021-1-13　业务员：
客　户：　电　话：0769-　地　址：

编号	货品名称	单位	数量	单价	金额	备注
	胶水	KG	250	￥24.20	￥6,050.00	
	胶水	KG	250	￥17.20	￥4,300.00	
	胶水	KG	20	￥25.00	￥500.00	
	以下空白					退回空桶数
				合 计	￥10,850.00	

存根（白）　客户（红）　请款（蓝）　财务（绿）　仓库（黄）

广东增值税专用发票

4400202130　№ 435820　4400202130　435820

此联不作报销、扣税凭证使用　开票日期：2021年01月12日

购买方　名　称：东莞市　印刷有限公司
纳税人识别号：91441
地址、电话：广东省东莞市　0769-
开户行及账号：中国银行股份有限公司东莞茶山支行 671

密码区
/2>2-->-6*7+4871-129+9/8321
9++2<68107-92-85>2+1/749+36
8163><4*-/089>774836*3356<5
8221+882<+8816>14>9472+7401

货物或应税劳务、服务名称	规格型号	单位	数量	单价	金额	税率	税额
*其他化学制品*胶水		KG	250	21.415929204	5353.98	13%	696.02
*其他化学制品*胶水		KG	250	15.221238938	3805.31	13%	494.69
*其他化学制品*胶水		KG	20	22.123893805	442.48	13%	57.52
合　计					￥9601.77		￥1248.23
价税合计（大写）	⊗壹万零捌佰伍拾圆整				（小写）￥10850.00		

销售胶水，价税合计10850元。

销售方　名　称：东莞市　化工有限公司
纳税人识别号：91441900
地址、电话：　0769-
开户行及账号：中国建设银行股份有限公司东莞建业支行 440

备注

收款人：宋　复核：赖　开票人：宋　销售方：（章）

第一联：记账联　销售方记账凭证

税总函〔2019〕399号中钞华森实业公司

(12)销售胶水。

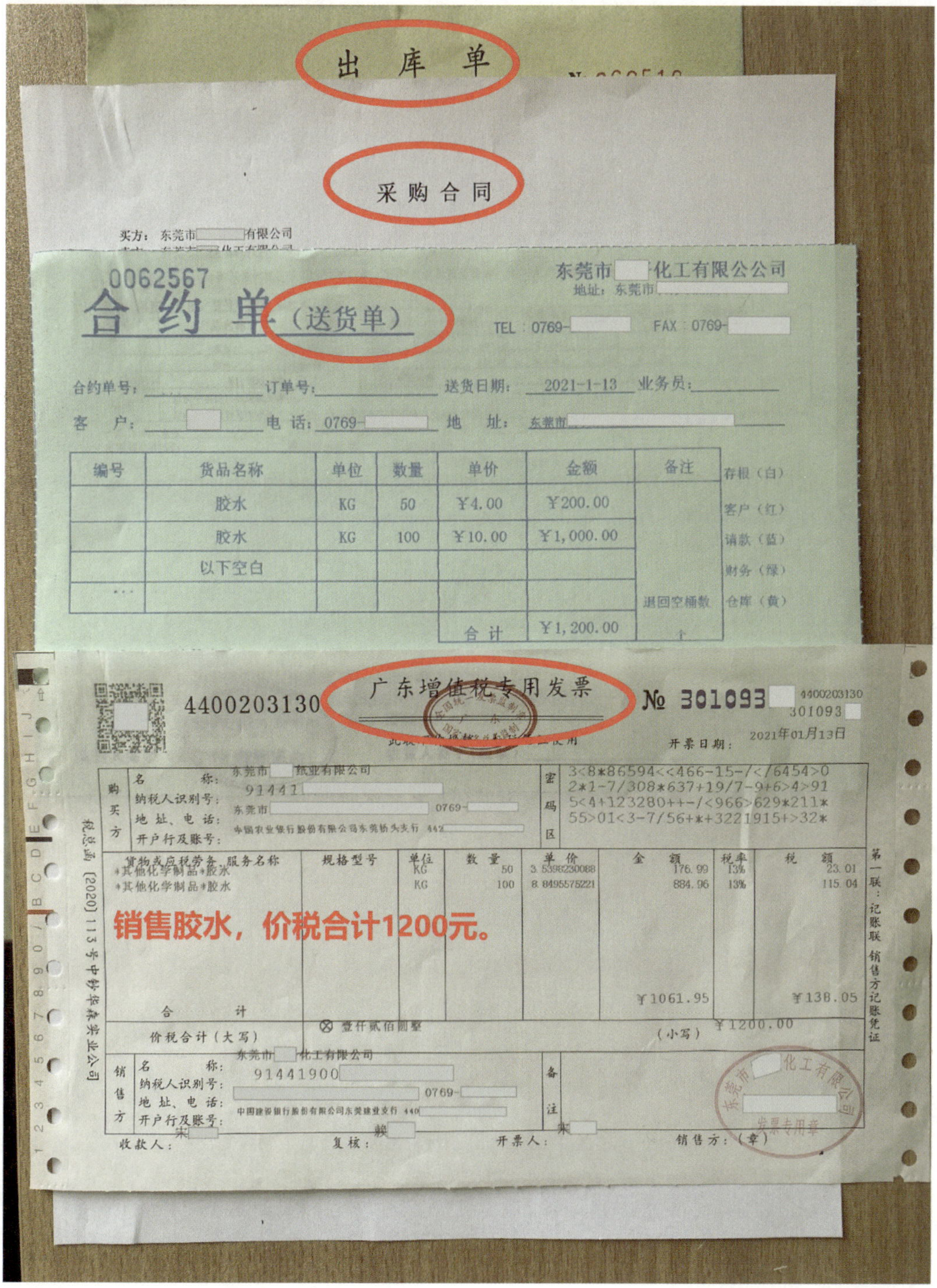
出 库 单
采 购 合 同
买方：东莞市 有限公司
0062567
东莞市 化工有限公公司
地址：东莞市
合约单（送货单）
TEL：0769-
FAX：0769-
合约单号：
订单号：
送货日期：2021-1-13
业务员：
客 户：
电 话：0769-
地 址：东莞市
编号 货品名称 单位 数量 单价 金额 备注
胶水 KG 50 ￥4.00 ￥200.00
胶水 KG 100 ￥10.00 ￥1,000.00
以下空白
退回空桶数
合计 ￥1,200.00
存根（白） 客户（红） 请款（蓝） 财务（绿） 仓库（黄）
广东增值税专用发票
4400203130
№ 301093
开票日期：2021年01月13日
购买方 名称：东莞市 纸业有限公司
纳税人识别号：91441
地址、电话：东莞市 0769-
开户行及账号：中国农业银行股份有限公司东莞长安支行 442
密码区
3<8*86594<<466-15-/</6454>0
2*1-7/308*637+19/7-9+6>4>91
5<4+123280++-/<966>629*211*
55>01<3-7/56+*+3221915+>32*
货物或应税劳务、服务名称 规格型号 单位 数量 单价 金额 税率 税额
*其他化学制品*胶水 KG 50 3.5398230088 176.99 13% 23.01
*其他化学制品*胶水 KG 100 8.8495575221 884.96 13% 115.04
销售胶水，价税合计1200元。
合 计 ￥1061.95 ￥138.05
价税合计（大写） ⊗壹仟贰佰圆整 （小写）￥1200.00
销售方 名称：东莞市 化工有限公司
纳税人识别号：91441900
地址、电话：0769-
开户行及账号：中国建设银行股份有限公司东莞建业支行 440
备注
收款人： 复核： 开票人： 销售方：（章）
第一联：记账联 销售方记账凭证
税总函［2020］113号中钞华森实业公司
发票专用章

（13）销售胶水。

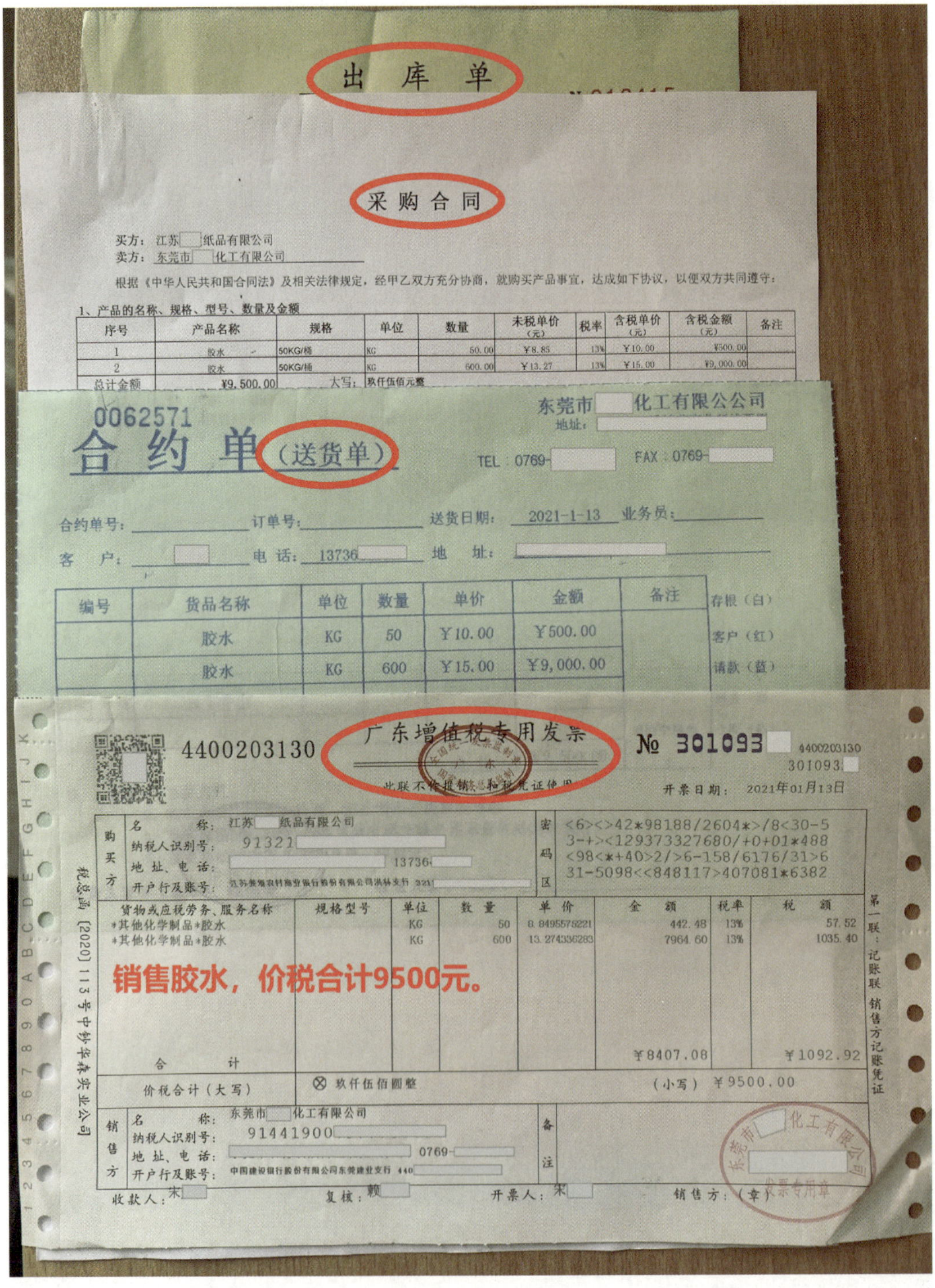

（14）购入胶水及封口胶。

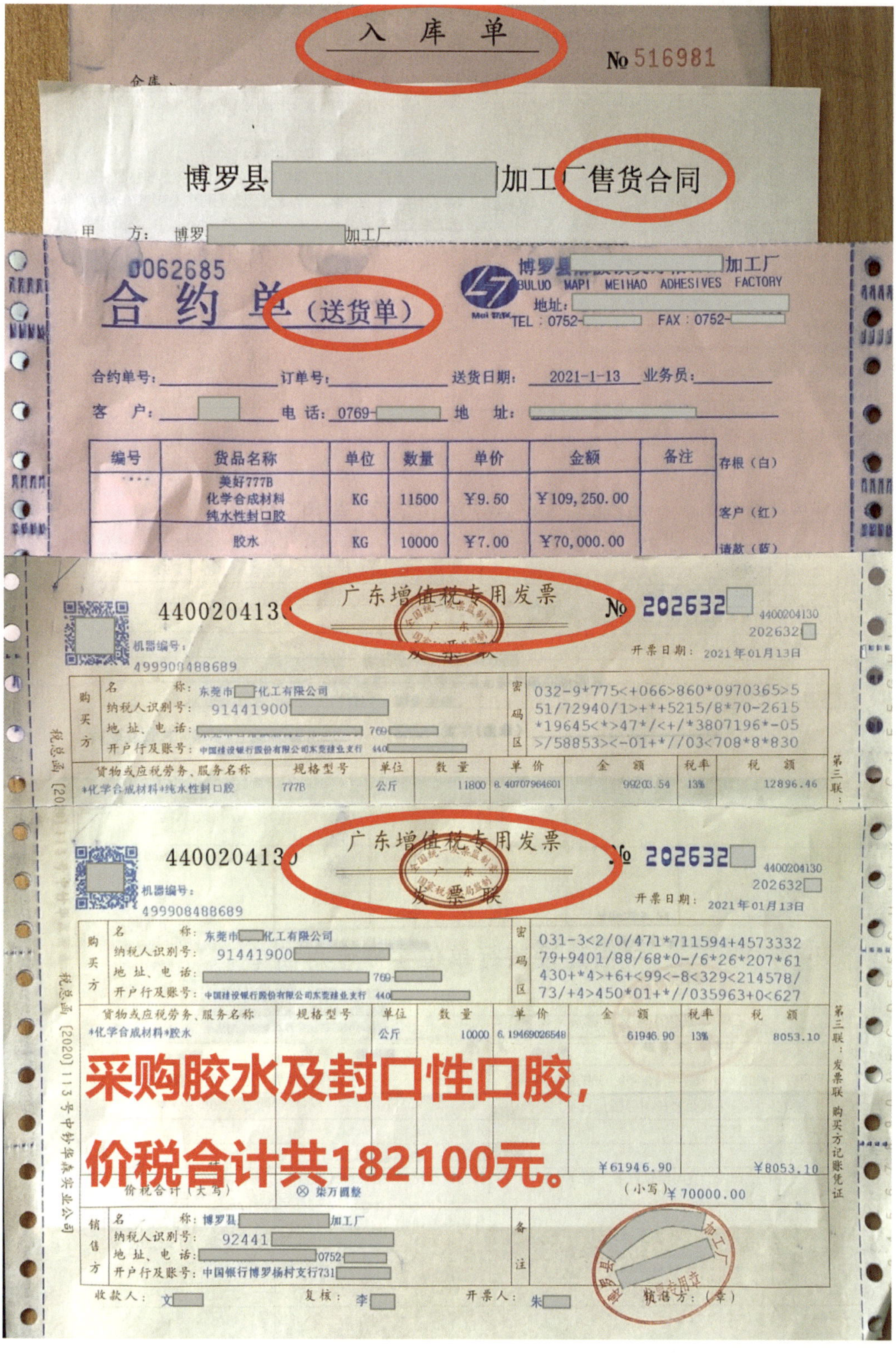

入 库 单
№ 516981
博罗县
加工厂售货合同
甲 方：博罗
加工厂
0062685
合 约 单（送货单）
博罗县
加工厂
BULUO MAPI MEIHAO ADHESIVES FACTORY
地址：
TEL：0752-
FAX：0752-
合约单号：
订单号：
送货日期：2021-1-13
业务员：
客 户：
电 话：0769-
地 址：
编号
货品名称
单位
数量
单价
金额
备注
美好777B 化学合成材料 纯水性封口胶
KG
11500
￥9.50
￥109,250.00
胶水
KG
10000
￥7.00
￥70,000.00
存根（白）
客户（红）
请款（蓝）
广东增值税专用发票
4400204130
№ 202632
4400204130
202632
机器编号：
499908488689
开票日期：2021年01月13日
名 称：东莞市
化工有限公司
纳税人识别号：91441900
地 址、电 话：
769-
开户行及账号：中国建设银行股份有限公司东莞建业支行 440
032-9*775<+066>860*0970365>5
51/72940/1>+*+5215/8*70-2615
19645<>47*/<+/*3807196*-05
>/58853><-01+*//03<708*8*830
货物或应税劳务、服务名称
规格型号
单位
数量
单价
金额
税率
税额
*化学合成材料*纯水性封口胶
777B
公斤
11800
8.40707964601
99203.54
13%
12896.46
广东增值税专用发票
№ 202632
开票日期：2021年01月13日
名 称：东莞市
化工有限公司
纳税人识别号：91441900
开户行及账号：中国建设银行股份有限公司东莞建业支行 440
031-3<2/0/471*711594+4573332
79+9401/88/68*0-/6*26*207*61
430+*4>+6+<99<-8<329<214578/
73/+4>450*01+*//035963+0<627
*化学合成材料*胶水
公斤
10000
6.19469026548
61946.90
13%
8053.10
采购胶水及封口性口胶，
价税合计共182100元。
￥61946.90
￥8053.10
价税合计（大写）
⊗柒万圆整
（小写）￥70000.00
名 称：博罗县
加工厂
纳税人识别号：92441
地 址、电 话：
0752-
开户行及账号：中国银行博罗杨村支行731
收款人：文
复 核：李
开票人：朱
销售方：（章）
第三联：发票联 购买方记账凭证

（15）支付上月税金。

NO. 15

中国建设银行 China Construction Bank

中国建设银行单位客户专用回单

转账日期：2021年01月15日　　　　凭证字号：30012[redacted]

纳税人全称及纳税人识别号(信用代码)：东莞市[redacted]化工有限公司 91441[redacted]

付款人全称：东莞市[redacted]化工有限公司　　　　咨询（投诉）电话：95533

付款人账号：44001[redacted]　　　　征收机关名称（委托方）：国家税务总局东莞市税务局石排税务分局

付款人开户银行：建行东莞建业支行　　　　收款国库（银行）名称：国家金库东莞市中心支库191500000(

小写（合计）金额：¥3,756.95　　　　缴款书交易流水号：20210[redacted]

大写（合计）金额：人民币叁仟柒佰伍拾陆元玖角伍分　　　　税票号码：34419[redacted]

税（费）种名称	所属时期	实缴金额
印花税	20201201 20201231	44.30
城市维护建设税	20201201 20201231	168.76
教育费附加	20201201 20201231	101.25
增值税	20201201 20201231	3375.14
地方教育附加	20201201 20201231	67.50

中国建设银行 电子回单 专用章

本回单可通过建行对公自助设备或建行网站校验真伪

（16）支付本月住房公积金。

NO. 1035　　16

中国建设银行 China Construction Bank

中国建设银行单位客户专用回单

644006A011611096427306308

币别：人民币　　2021年01月20日　　流水号：44027[redacted]

付款人	全　称	东莞市[redacted]化工有限公司	收款人	全　称	东莞市住房公积金管理中心结算户
	账　号	44001[redacted]		账　号	44001[redacted]
	开户行	中国建设银行股份有限公司东莞建业支行		开户行	
金　额		(大写)人民币壹佰柒拾贰元整			(小写)¥172.00
凭证种类			凭证号码		0000000150850505
结算方式		转账	用　途		对公
			打印柜员：440776043001 打印机构：建行东莞阳光支行 打印卡号：44077[redacted]		

中国建设银行 电子回单 专用章

打印时间：2021-02-02 16:14:16　　交易柜员：99999999　　交易机构：440270001

（借方回单）（付款人回单）

本回单可通过建行对公自助设备或建行网站校验真伪

（17）收到货款。

NO. 1036　　17

中国建设银行 China Construction Bank

中国建设银行单位客户专用回单

1080260341611326262492696

币别：人民币　　2021年01月23日　　流水号：44027[redacted]

付款人	全　称	中山市[redacted]包装制品有限公司	收款人	全　称	东莞市[redacted]化工有限公司
	账　号	20110[redacted]		账　号	44001[redacted]
	开户行	中国工商银行股份有限公司中山分行业务处理中心		开户行	中国建设银行股份有限公司东莞建业支行
金　额		(大写)人民币叁仟柒佰伍拾元整			(小写)¥3,750.00
凭证种类		电汇凭证	凭证号码		
结算方式		转账	用　途		电子汇入
汇款交易日期：20210122 支付清算业务类型：A100 汇款合约编号：03305[redacted] 实际收款人帐户：44001[redacted] 实际收款人户名：东莞市[redacted]化工有限公司 实际收款人汇入行：中国建设银行东莞建业支行 汇出行行名：中国工商银行股份有限公司中山分行业务处理中心 汇款备注：电子汇入			打印柜员：440776043001 打印机构：建行东莞阳光支行 打印卡号：44077[redacted] 汇款附言：		

中国建设银行 电子回单 专用章

打印时间：2021-02-02 16:14:16　　交易柜员：99999999　　交易机构：440270001

（贷方回单）（收款人回单）

本回单可通过建行对公自助设备或建行网站校验真伪

(18) 收到货款。

18

中国建设银行 China Construction Bank

中国建设银行单位客户专用回单

NO. 1037

1080260341611635455089088

币别：人民币　　2021年01月26日　　流水号：44027[redacted]

付款人	全　称	江苏[redacted]纸品有限公司	收款人	全　称	东莞市[redacted]化工有限公司
	账　号	32128[redacted]		账　号	44001[redacted]
	开户行	江苏姜堰农村商业银行股份有限公司洪林支行		开户行	中国建设银行股份有限公司东莞建业支行
金　额	(大写)人民币玖仟伍佰元整				(小写)¥9,500.00
凭证种类	电汇凭证		凭证号码		
结算方式	转账		用　途	货款货款	

汇款交易日期：20210126 支付清算业务类型：A100
汇款合约编号：03305[redacted]
实际收款人帐户：44001[redacted]
实际收款人户名：东莞市[redacted]化工有限公司
实际收款人汇入行：中国建设银行东莞建业支行
汇出行行名：江苏姜堰农村商业银行股份有限公司洪林支行
汇款备注：货款

打印柜员：440776043001
打印机构：建行东莞阳光支行
打印卡号：44077[redacted]
汇款附言：货款

中国建设银行 电子回单专用章

打印时间：2021-02-02 16:14:16　　交易柜员：99999999　　交易机构：440270001

(贷方回单)　(收款人回单)

本回单可通过建行对公自助设备或建行网站校验真伪

(19) 收到货款。

19

中国建设银行 China Construction Bank

中国建设银行单位客户专用回单

NO. 1038

1080260341611738279046831

币别：人民币　　2021年01月27日　　流水号：44027[redacted]

付款人	全　称	东莞[redacted]纸业有限公司	收款人	全　称	东莞市[redacted]化工有限公司
	账　号	44298[redacted]		账　号	44001[redacted]
	开户行	中国农业银行股份有限公司东莞分行资金清算中心		开户行	中国建设银行股份有限公司东莞建业支行
金　额	(大写)人民币壹仟贰佰元整				(小写)¥1,200.00
凭证种类	电汇凭证		凭证号码		
结算方式	转账		用　途	货款	

汇款交易日期：20210127 支付清算业务类型：A100
汇款合约编号：03305[redacted]
实际收款人帐户：44001[redacted]
实际收款人户名：东莞市[redacted]化工有限公司
实际收款人汇入行：中国建设银行东莞建业支行
汇出行行名：中国农业银行股份有限公司东莞分行资金清算中心
汇款备注：电子汇入

打印柜员：440776043001
打印机构：建行东莞阳光支行
打印卡号：44077[redacted]
汇款附言：货款

中国建设银行 电子回单专用章

打印时间：2021-02-02 16:14:16　　交易柜员：99999999　　交易机构：440270001

(贷方回单)　(收款人回单)

本回单可通过建行对公自助设备或建行网站校验真伪

(20) 收到货款。

20

中国建设银行 China Construction Bank

中国建设银行单位客户专用回单

NO. 1040

1080260341611908573177080

币别：人民币　　2021年01月29日　　流水号：44027[redacted]

付款人	全　称	东莞市[redacted]包装有限公司	收款人	全　称	东莞市[redacted]化工有限公司
	账　号	24001[redacted]		账　号	44001[redacted]
	开户行	东莞农村商业银行股份有限公司横沥支行		开户行	中国建设银行股份有限公司东莞建业支行
金　额	(大写)人民币柒仟柒佰捌拾元整				(小写)¥7,780.00
凭证种类	电汇凭证		凭证号码		
结算方式	转账		用　途	材料款转账	

汇款交易日期：20210129 支付清算业务类型：A100
汇款合约编号：03305[redacted]
实际收款人帐户：44001[redacted]
实际收款人户名：东莞市[redacted]化工有限公司
实际收款人汇入行：中国建设银行东莞建业支行
汇出行行名：东莞农村商业银行股份有限公司横沥支行
汇款备注：电子汇入

打印柜员：440776043001
打印机构：建行东莞阳光支行
打印卡号：44077[redacted]
汇款附言：材料款转账

中国建设银行 电子回单专用章

打印时间：2021-02-02 16:14:16　　交易柜员：99999999　　交易机构：440270001

(贷方回单)　(收款人回单)

本回单可通过建行对公自助设备或建行网站校验真伪

20

NO. 1039

中国建设银行 China Construction Bank

中国建设银行单位客户专用回单

1080260341611893397850877

币别：人民币　　2021年01月29日　　流水号：44027[redacted]

付款人	全　称	深圳市[redacted]印刷有限公司	收款人	全　称	东莞市[redacted]化工有限公司
	账　号	00008[redacted]		账　号	44001[redacted]
	开户行	深圳农村商业银行股份有限公司		开户行	中国建设银行股份有限公司东莞建业支行
金　额	(大写)人民币壹仟伍佰元整				(小写)¥1,500.00
凭证种类	电汇凭证		凭证号码		
结算方式	转账		用　途	12月份货款	

汇款交易日期:20210129 支付清算业务类型:A100
汇款合约编号:03305[redacted]
实际收款人帐户:44001[redacted]
实际收款人户名:东莞市[redacted]化工有限公司
实际收款人汇入行:中国建设银行东莞建业支行
汇出行行名:深圳农村商业银行股份有限公司
汇款备注:电子汇入

打印柜员:440776043001
打印机构:建行东莞阳光支行
打印卡号:44077[redacted]
汇款附言:12月份货款

中国建设银行 电子回单专用章

打印时间:2021-02-02 16:14:16　　交易柜员:99999999　　交易机构:440270001

(贷方回单)(收款人回单)

本回单可通过建行对公自助设备或建行网站校验真伪

（21）收到货款。

21

NO. 1041

中国建设银行 China Construction Bank

中国建设银行单位客户专用回单

1010026331611989417012256

币别：人民币　　2021年01月30日　　流水号：44200[redacted]

付款人	全　称	深圳市[redacted]印刷包装有限公司	收款人	全　称	东莞市[redacted]化工有限公司
	账　号	44201[redacted]		账　号	44001[redacted]
	开户行	中国建设银行股份有限公司深圳嘉宾路支行		开户行	中国建设银行股份有限公司东莞建业支行
金　额	(大写)人民币叁万伍仟元整				(小写)¥35,000.00
凭证种类	0038		凭证号码	103413164327	
结算方式	转账		用　途	货款	

打印柜员:440776043001
打印机构:建行东莞阳光支行
打印卡号:44077[redacted]

中国建设银行 电子回单专用章

打印时间:2021-02-02 16:14:16　　交易柜员:　　交易机构:442000006

(贷方回单)(收款人回单)

本回单可通过建行对公自助设备或建行网站校验真伪

（22）结转本月销售成本。

22

科目余额表数量金额式

2021年01月

核算单位：东莞市[redacted]化工有限公司　　单位：元

科目编号	科目名称	规格型号	计量单位	期初余额				借方发生数			贷方发生数			期末余额			
				方向	数量	单价	金额	数量	单价	金额	数量	单价	金额	方向	数量	单价	金额
1405	库存商品			借			52,356.46			161,150.44			137,369.13	借			76,137.77
1405-00005	纯水性封口胶	777B	公斤	借	2,300	8.4071	19,336.28	11,800	8.4071	99,203.54	11,700	8.4071	98,362.83	借	2,400	8.4071	20,176.99
1405-00008	胶水		kg	借	2,995	7.1987	21,560.00	10,000	6.1947	61,946.90	6,070	6.4261	39,006.30	借	6,925	6.4261	44,500.60
1405-00010	纯水性封口胶	3099B	KG	借	700	16.3717	11,460.18							借	700	16.3717	11,460.18
	资产合计			借			52,356.46			161,150.44			137,369.13	借			76,137.77

（23）1月认证抵扣进项税额。

23

【东莞市[redacted]化工有限公司】【2021年01月】增值税专用发票清单

发票代码	发票号码	开票日期	货物、应税劳务及服务	金额	税率	税额	价税合计	抵扣月份	销方单位名称
4400204130	202632[redacted]	2021-01-13	*化学合成材料*纯水性封口胶	99203.54	13%	12896.46	112100.00	2021-01	博罗县麻陂镇[redacted]加工厂
4400204130	202632[redacted]	2021-01-13	*化学合成材料*胶水	61946.90	13%	8053.10	70000.00	2021-01	博罗县麻陂镇[redacted]加工厂

抵扣发票2张，金额161,150.44元，税额20,949.56元，有效税额20,949.56元。

（24）结转本月未交增值税。

24

增值税纳税申报表（适用于增值税一般纳税人）

根据国家税收法律法规及增值税相关规定制定本表。纳税人不论有无销售额，均应按税务机关核定的纳税期限填写本表，并向当地税务机关申报。

税款所属时间：2021年01月01日 至 2021年01月31日　填表日期：2021年02月04日　单位：元至角分

纳税人识别号：	91441[redacted]		所属行业：	其他化工产品批发	
纳税人名称：	东莞市[redacted]化工有限公司	法定代表人姓名：[redacted]	注册地址：	东莞市[redacted]	生产经营地址：东莞市[redacted]
开户银行及帐号：	中国建设银行股份有限公司东莞建业支行44001[redacted]	企业登记注册类型：	私营有限责任公司	电话号码：	

项目		栏次	一般项目		即征即退项目	
			本月数	本年累计	本月数	本年累计
销售额	（一）按适用税率计税销售额	1	174,141.60	174,141.60	0.00	0.00
	其中：应税货物销售额	2	174,141.60	174,141.60	0.00	0.00
	应税劳务销售额	3	0.00	0.00	0.00	0.00
	纳税检查调整的销售额	4	0.00	0.00	0.00	0.00
	（二）按简易办法计税销售额	5	0.00	0.00	0.00	0.00
	其中：纳税检查调整的销售额	6	0.00	0.00	0.00	0.00
	（三）免、抵、退办法出口销售额	7	0.00	0.00	—	—
	（四）免税销售额	8	0.00	0.00	—	—
	其中：免税货物销售额	9	0.00	0.00	—	—
	免税劳务销售额	10	0.00	0.00	—	—
税款计算	销项税额	11	22,638.40	22,638.40	0.00	0.00
	进项税额	12	20,949.56	20,949.56	0.00	0.00
	上期留抵税额	13	0.00	—	0.00	—
	进项税额转出	14	0.00	0.00	0.00	0.00
	免、抵、退应退税额	15	0.00	0.00	—	—
	按适用税率计算的纳税检查应补缴税额	16	0.00	0.00	—	—
	应抵扣税额合计	17=12+13-14-15+16	20,949.56	—	0.00	—
	实际抵扣税额	18（如17<11，则为17，否则为11）	20,949.56	0.00	0.00	0.00
	应纳税额	19=11-18	1,688.84	1,688.84	0.00	0.00
	期末留抵税额	20=17-18	0.00	—	0.00	—
	简易计税办法计算的应纳税额	21	0.00	0.00	0.00	0.00
	按简易计税办法计算的纳税检查应补缴税额	22	0.00	0.00	—	—
	应纳税额减征额	23	0.00	0.00	0.00	0.00
	应纳税额合计	24=19+21-23	1,688.84	1,688.84	0.00	0.00
税款缴纳	期初未缴税额（多缴为负数）	25	3,375.14	3,375.14	0.00	0.00
	实收出口开具专用缴款书退税额	26	0.00	0.00	—	—
	本期已缴税额	27=28+29+30+31	3,375.14	3,375.14	0.00	0.00
	①分次预缴税额	28	0.00	—	0.00	—
	②出口开具专用缴款书预缴税额	29	0.00	—	—	—
	③本期缴纳上期应纳税额	30	3,375.14	3,375.14	0.00	0.00
	④本期缴纳欠缴税额	31	0.00	0.00	0.00	0.00
	期末未缴税额（多缴为负数）	32=24+25+26-27	1,688.84	1,688.84	0.00	0.00
	其中：欠缴税额（≥0）	33=25+26-27	0.00	—	0.00	—
	本期应补（退）税额	34＝24-28-29	1,688.84	—	0.00	—
	即征即退实际退税额	35	—	—	0.00	0.00
	期初未缴查补税额	36	0.00	0.00	—	—
	本期入库查补税额	37	0.00	0.00	—	—
	期末未缴查补税额	38=16+22+36-37	0.00	0.00	—	—
授权声明	是否代理申报：○是 ◉否 代理人名称： 代理人地址： 代理人员身份证件类型： 代理人员身份证件号码： 授权人签字[redacted]	如果你已委托代理人申报，请填写下列资料： 为代理一切税务事宜，现授权（地址）为本纳税人的代理申报人，任何与本 申报表有关的往来文件，都可寄予此人。	申报人声明	本纳税申报表是根据国家税收法律法规及相关规定填报的，我确定它是真实的、可靠的、完整的。 声明人签字：[redacted]		

主管税务机关：国家税务总局东莞市[redacted]　接收人：　接收日期：

（25）计算税金及附加。

25

城市维护建设税、教育费附加、地方教育附加申报表

税款所属期限：2021年01月01日至2021年01月31日

纳税人识别号(统一社会信用代码)：9144[redacted]

金额单位：元（列至角分）

纳税人信息	名称	东莞市[redacted]化工有限公司	登记类型	☑单位☐个人		
	登记注册类型	私营有限责任公司	所属行业	其他化工产品批发		
	身份证件号码	44132[redacted]	联系方式	13926[redacted]		

本期是否适用增值税小规模纳税人减征政策（减免性质代码_城市维护建设税：07049901，减免性质代码_教育费附加：61049901，减免性质代码_地方教育附加：99049901）	☐是☑否	减征比例_城市维护建设税（%）	0.0000%
		减征比例_教育费附加（%）	0.0000%
		减征比例_地方教育附加（%）	0.0000%
本期是否适用试点建设培育产教融合型企业抵免政策	☐是☑否	当期新增投资额	0.00
		上期留抵可抵免金额	0.00
		结转下期可抵免金额	0.00

税（费）种	计税（费）依据 增值税 一般增值税	增值税 免抵税额	消费税	营业税	合计	税率（征收率）	本期应纳税（费）额	本期减免税（费）额 减免性质代码	减免税（费）额	本期增值税小规模纳税人减征额	试点建设培育产教融合型企业 减免性质	本期抵免金额	本期已缴税（费）额	本期应补（退）税（费）额
	1	2	3	4	5=1+2+3+4	6	7=5×6	8	9	10	11	12	13	14=7-9-10-12-13
县城、镇（增值税附征）	1688.84	0.00		——	1688.84	5.0000%	84.44		0.00	0.00		0.00	0.00	84.44
增值税教育费附加	1688.84	0.00		——	1688.84	3.0000%	50.67		0.00	0.00		0.00	0.00	50.67
增值税地方教育附加	1688.84	0.00		——	1688.84	2.0000%	33.78		0.00	0.00		0.00	0.00	33.78
合计	5066.52	0.00	0.00	——	5066.52	——	168.89	——	0.00	0.00		0.00	0.00	168.89

计税依据修改原因			
免抵税额修改原因			
以下由纳税人填写： 谨声明：本纳税申报表是根据国家税收法律法规及相关规定填报的，是真实的、可靠的、完整的。 纳税人（签章）			
经办人：	[redacted]		
经办人身份证号：	44132[redacted]	受理人：	
代理机构签章：		受理税务机关（章）：	
代理机构统一社会信用代码：		受理日期：	

（26）计提本月工资。

26

东莞市[redacted]化工限公司工资表

2021年1月

序号	姓名	基本工资	津贴	补助	加班费	请假扣款	应发合计	养老保险	医疗保险	失业保险	扣回社保	扣回公积金	个得税	实发	签名
1	宋[redacted]	3000.00	302.42	0.00	0.00	0.00	3302.42	270.08	26.53	5.81	302.42	0.00	0.00	3000.00	
2	文[redacted]	4000.00	302.42	0.00	0.00	0.00	4302.42	270.08	26.53	5.81	302.42	0.00	0.00	4000.00	
3	赖[redacted]	5100.00	302.42	0.00	0.00	0.00	5402.42	270.08	26.53	5.81	302.42	86.00	0.00	5014.00	
4	刘[redacted]	4000.00	302.42	0.00	0.00	0.00	4302.42	270.08	26.53	5.81	302.42	0.00	0.00	4000.00	
5	宋[redacted]	4800.00	302.42	0.00	0.00	0.00	5102.42	270.08	26.53	5.81	302.42	0.00	0.00	4800.00	
6	卢[redacted]	4800.00	303.36	0.00	0.00	0.00	5103.36	270.08	26.53	6.75	303.36	0.00	0.00	4800.00	
	合计	25700.00	1815.46	0.00	0.00	0.00	27515.46	1620.48	159.18	35.80	1815.46	86.00	0.00	25614.00	

审核：　　　　　　制表：[redacted]

（27）计提本月折旧。

27

固定资产

2021年01月

核算单位：东莞市[redacted]化工有限公司

编码	资产名称	资产类别	使用部门	购入月份	原值	数量	预计使用月数	残值率（%）	期初累计折旧	月折旧额	本月折旧	净值	状态	录入月份	计提费用科目	累计折旧科目
00001	厢式运输车	运输工具	办公室	201703	108,000.00	1	120	5.00	38,475.00	855.00	855.00	68,670.00	在用	201901	560201管理费用-折旧费	160201累计折旧-厢式运输车
	合计				108,000.00				38,475.00	855.00	855.00	68,670.00				

五、经济业务处理

通过金蝶软件完成2021年1月所有经济业务的处理，现附上凭证简表。

日期	凭证字号	摘要	科目	借方金额	贷方金额
2021-01-05	记-001	支付1月份社保费	122105 其他应收款-代扣社保费(个人部分)	1，815.46	
		支付1月份社保费	560210 管理费用-社会保险费	3，540.26	
		支付1月份社保费	100201 银行存款-建行		5，355.72
2021-01-06	记-002	支付污水，垃圾处理费	560203 管理费用-办公费	237.50	
		支付污水，垃圾处理费	1001 库存现金		237.50
2021-01-06	记-003	支付水费，29075169	560204 管理费用-水电费	169.90	
		支付水费，29075169	222124 应交税费-待认证进项税额	5.10	
		支付水费，29075169	1001 库存现金		175.00
2021-01-08	记-004	支付货款	2202 应付账款-广州市××贸易有限公司	25，400.00	
		支付货款	2202 应付账款-东莞市××胶粘剂有限公司	6，120.00	
		支付货款	100201 银行存款-建行		31，520.00
2021-01-09	记-005	支付手续费	560302 财务费用-手续费	10.00	
		支付手续费	560302 财务费用-手续费	1.00	
		支付手续费	100201 银行存款-建行		11.00
2021-01-10	记-006	支付上月工资	221108 应付职工薪酬-工资	27，515.46	
		支付上月工资	122105 其他应收款-代扣社保费(个人部分)		1，815.46
		支付上月工资	122108 其他应收款-代扣公积金(个人部分)		86.00
		支付上月工资	1001 库存现金		25，614.00
2021-01-12	记-007	销售收入	1122 应收账款-山东××智能科技有限公司	128，700.00	
		销售收入，(数量：11，700公斤，单价：9.7345)	5001 主营业务收入-纯水性封口胶777B		113，893.81
		销售收入	22210105 应交税费-应交增值税-销项税额		14，806.19
2021-01-12	记-008	销售收入	1122 应收账款-深圳市××印刷包装有限公司	35，000.00	
		销售收入，(数量：3，500kg，单价：8.8496)	5001 主营业务收入-胶水		30，973.45

续表

日期	凭证字号	摘要	科目	借方金额	贷方金额
2021-01-12	记-008	销售收入	22210105 应交税费-应交增值税-销项税额		4，026.55
2021-01-12	记-009	销售收入	1122 应收账款-东莞市××包装有限公司	7，780.00	
		销售收入，（数量：1，000kg，单价：6.885）	5001 主营业务收入-胶水		6，884.96
		销售收入	22210105 应交税费-应交增值税-销项税额		895.04
2021-01-12	记-010	销售收入	1122 应收账款-中山市××包装制品有限公司	3，750.00	
		销售收入，（数量：250kg，单价：13.2743）	5001 主营业务收入-胶水		3，318.58
		销售收入	22210105 应交税费-应交增值税-销项税额		431.42
2021-01-12	记-011	销售收入	1122 应收账款-东莞市××印刷有限公司	10，850.00	
		销售收入（数量：520kg，单价：18.4649）	5001 主营业务收入-胶水		9，601.77
		销售收入	22210105 应交税费-应交增值税-销项税额		1，248.23
2021-01-13	记-013	销售收入	1122 应收账款-东莞市××纸业有限公司	1，200.00	
		销售收入（数量：150kg，单价：7.0797）	5001 主营业务收入-胶水		1，061.95
		销售收入	22210105 应交税费-应交增值税-销项税额		138.05
2021-01-13	记-014	购入胶水（数量：11，800 公斤，单价：8.4071）	1405 库存商品-纯水性封口胶 777B	99，203.54	
		购入胶水（数量：10，000kg，单价：6.1947）	1405 库存商品-胶水	61，946.90	
		购入胶水	222124 应交税费-待认证进项税额	20，949.56	
		购入胶水	2202 应付账款-博罗县麻陂镇××粘合剂加工厂		182，100.00

续表

日期	凭证字号	摘要	科目	借方金额	贷方金额
2021-01-15	记-015	支付上月税金	222102 应交税费-未交增值税	3，375.14	
		支付上月税金	222107 应交税费-应交城市维护建设税	168.76	
		支付上月税金	222109 应交税费-应交教育费附加	101.25	
		支付上月税金	222110 应交税费-应交地方教育费附加	67.50	
		支付上月税金	222104 应交税费-应交印花税	44.30	
		支付上月税金	100201 银行存款-建行		3，756.95
2021-01-20	记-016	支付本月住房公积金	122108 其他应收款-代扣公积金(个人部分)	86.00	
		支付本月住房公积金	560213 管理费用-住房公积金	86.00	
		支付本月住房公积金	100201 银行存款-建行		172.00
2021-01-23	记-017	收货款	100201 银行存款-建行	3，750.00	
		收货款	1122 应收账款-中山市××包装制品有限公司		3，750.00
2021-01-26	记-018	收货款	100201 银行存款-建行	9，500.00	
		收货款	1122 应收账款-江苏××纸品有限公司		9，500.00
2021-01-27	记-019	收货款	100201 银行存款-建行	1，200.00	
		收货款	1122 应收账款-东莞市××纸业有限公司		1，200.00
2021-01-29	记-020	收货款	100201 银行存款-建行	9，280.00	
		收货款	1122 应收账款-深圳市××印刷有限公司		1，500.00
		收货款	1122 应收账款-东莞市××包装有限公司		7，780.00
2021-01-30	记-021	收货款	100201 银行存款-建行	35，000.00	
		收货款	1122 应收账款-深圳市××印刷包装有限公司		35，000.00

续表

日期	凭证字号	摘要	科目	借方金额	贷方金额
2021-01-31	记-022	结转本月销售成本	5401 主营业务成本	137，369.13	
		结转本月销售成本（数量：11,700公斤，单价：8.4071）	1405 库存商品-纯水性封口胶 777B		98，362.83
		结转本月销售成本（数量：6,070kg，单价：6.4261）	1405 库存商品-胶水		39，006.30
2021-01-31	记-023	1月认证抵扣进项税额	22210101 应交税费-应交增值税-进项税额	20，949.56	
		1月认证抵扣进项税额	222124 应交税费-待认证进项税额		20，949.56
2021-01-31	记-024	结转本月未交增值税	22210105 应交税费-应交增值税-销项税额	22，638.40	
		结转本月未交增值税	22210101 应交税费-应交增值税-进项税额		20，949.56
		结转本月未交增值税	22210103 应交税费-应交增值税-转出未交增值税		1，688.84
		结转本月未交增值税	22210103 应交税费-应交增值税-转出未交增值税	1，688.84	
		结转本月未交增值税	222102 应交税费-未交增值税		1，688.84
2021-01-31	记-025	计提税金及附加	5403 税金及附加	227.89	
		计提税金及附加	222107 应交税费-应交城市维护建设税		84.44
		计提税金及附加	222109 应交税费-应交教育费附加		50.67
		计提税金及附加	222110 应交税费-应交地方教育费附加		33.78
		计提税金及附加	222104 应交税费-应交印花税		59.00
2021-01-31	记-026	计提本月工资	560209 管理费用-职工薪酬	27，515.46	
		计提本月工资	221108 应付职工薪酬-工资		27，515.46
2021-01-31	记-027	计提本月折旧	560201 管理费用-折旧费	855.00	
		计提本月折旧	160201 累计折旧-厢式运输车		855.00

续表

日期	凭证字号	摘要	科目	借方金额	贷方金额
2021-01-31	记-028	结转本月损益（数量：11，700 公斤，单价：9.7345）	5001 主营业务收入-纯水性封口胶 777B	113，893.81	
		结转本月损益（数量：6，070kg，单价：9.9255）	5001 主营业务收入-胶水	60，247.79	
		结转本月损益	5401 主营业务成本		137，369.13
		结转本月损益	5403 税金及附加		227.89
		结转本月损益	560201 管理费用-折旧费		855.00
		结转本月损益	560204 管理费用-水电费		169.90
		结转本月损益	560209 管理费用-职工薪酬		27，515.46
		结转本月损益	560210 管理费用-社会保险费		3，540.26
		结转本月损益	560213 管理费用-住房公积金		86.00
		结转本月损益	560226 管理费用-物业管理费		237.50
		结转本月损益	560302 财务费用-手续费		11.00
		结转本月损益	3103 本年利润		4，129.46

六、凭证装订与保管

（1）按照编号顺序整理凭证，加上凭证汇总表、银行对账单、资产负债表及利润表等；规范装订凭证，外加封面、封底装订成册，并在装订线上加贴封签。

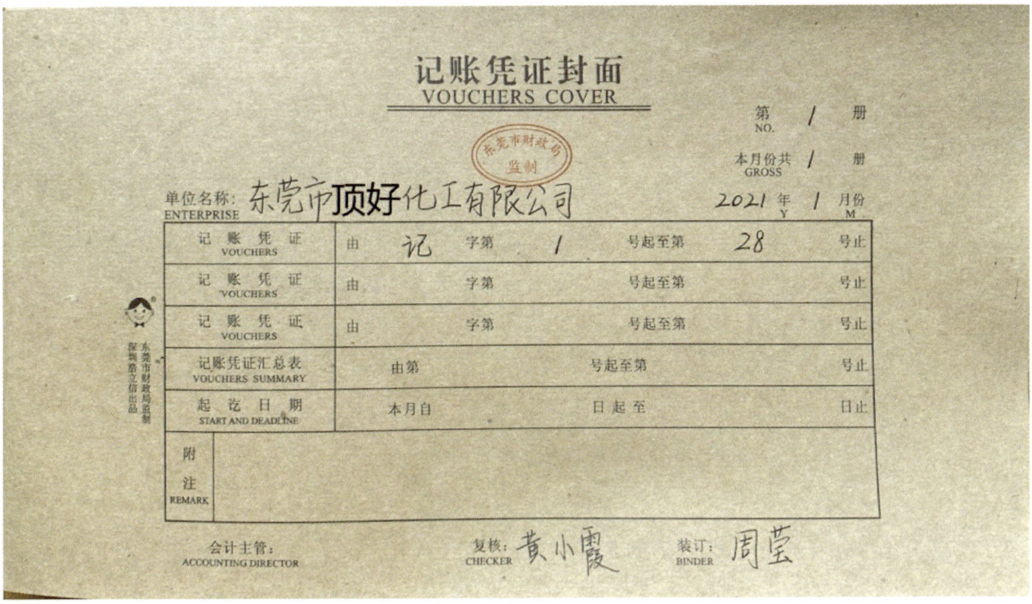

记账凭证封面
VOUCHERS COVER

第 1 册 NO.
本月份共 1 册 GROSS
单位名称：东莞市顶好化工有限公司 ENTERPRISE
2021 年 Y 1 月份 M

记账凭证 VOUCHERS	由	记	字第	1	号起至第 28	号止
记账凭证 VOUCHERS	由		字第		号起至第	号止
记账凭证 VOUCHERS	由		字第		号起至第	号止
记账凭证汇总表 VOUCHERS SUMMARY	由第				号起至第	号止
起讫日期 START AND DEADLINE	本月自				日起至	日止
附注 REMARK						

会计主管：ACCOUNTING DIRECTOR　复核：CHECKER 黄小霞　装订：BINDER 周莹

（2）抵扣联装订保管。

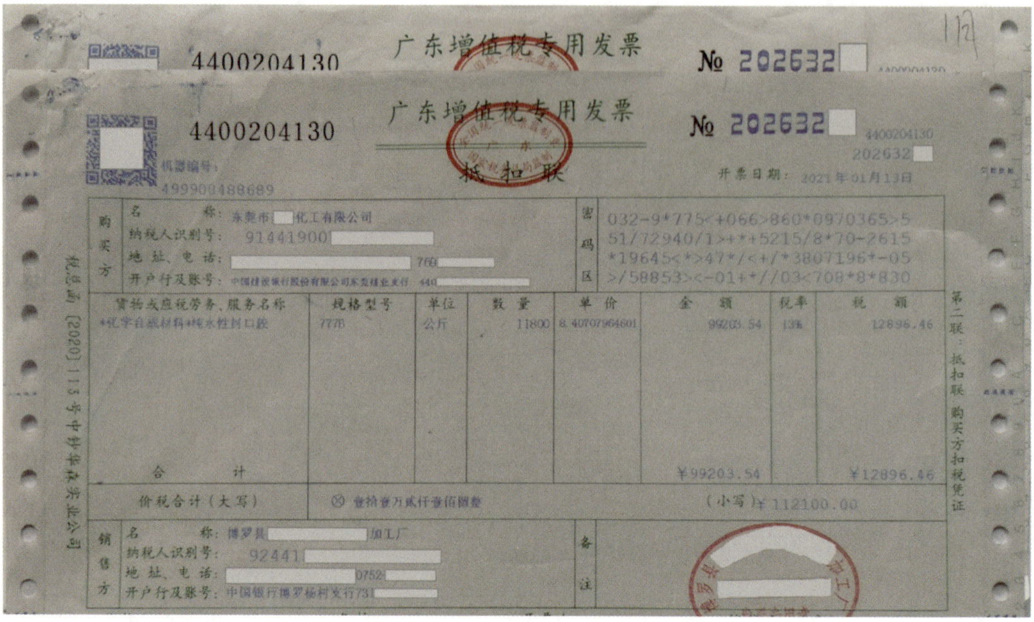

广东增值税专用发票

4400204130 №202632

抵扣联

机器编号：499908488689

4400204130
202632

开票日期：2021年01月13日

购买方 名称：东莞市 化工有限公司
纳税人识别号：91441900
地址、电话：768
开户行及账号：中国建设银行股份有限公司东莞樟亩支行 440

密码区 032-9*775<+066>860*0970365>5
51/72940/1>+*+5215/8*70-2615
19645<>47*/<+/*3807196*-05
>/58853><-01+*//03<708*8*830

货物或应税劳务、服务名称	规格型号	单位	数量	单价	金额	税率	税额
*化学合成材料*纯水性封口胶	777B	公斤	11800	8.40707964601	99203.54	13%	12896.46
合计					¥99203.54		¥12896.46

价税合计（大写）⊗壹拾壹万贰仟壹佰圆整 （小写）¥112100.00

销售方 名称：博罗县 加工厂
纳税人识别号：92441
地址、电话：0752-
开户行及账号：中国银行博罗杨村支行731

备注

税总函〔2020〕113号中钞华森实业公司

第二联：抵扣联 购买方扣税凭证

（3）凭证保管。